国家出版基金项目
NATIONAL PUBLICATION FOUNDATION

General Textual Research
on Dissemination of Editions of
Marxist Classical Works

马克思主义经典文献传播通考

杨金海　李惠斌　艾四林　主编

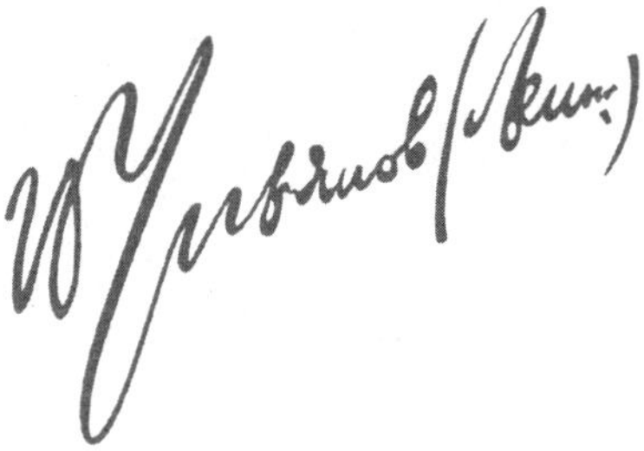

《帝国主义是资本主义的最高阶段》王唯真译本考

李　婷　著

辽宁人民出版社

图书在版编目（CIP）数据

《帝国主义是资本主义的最高阶段》王唯真译本考 / 李婷著．—沈阳：辽宁人民出版社，2021.4
（马克思主义经典文献传播通考 / 杨金海，李惠斌，艾四林主编）
ISBN 978-7-205-10168-8

Ⅰ．①帝… Ⅱ．①李… Ⅲ．①《帝国主义论》—列宁著作研究 Ⅳ．①A821.64

中国版本图书馆CIP数据核字（2021）第040527号

出版发行：辽宁人民出版社
地址：沈阳市和平区十一纬路25号　邮编：110003
电话：024-23284321（邮　购）　024-23284324（发行部）
传真：024-23284191（发行部）　024-23284304（办公室）
http://www.lnpph.com.cn
印　　刷：辽宁新华印务有限公司
幅面尺寸：160mm×230mm
印　　张：22.75
字　　数：280千字
出版时间：2021年4月第1版
印刷时间：2021年4月第1次印刷
责任编辑：刘再升
装帧设计：晓笛设计工作室　舒刚卫
责任校对：冯　莹　张　越
书　　号：ISBN 978-7-205-10168-8

定　　价：99.00元

马克思主义经典文献传播通考

本丛书研究得到“教育部哲学社会科学研究‘庆祝中国共产党成立百年’重大专项”资助

总序

呈献给读者的这套“马克思主义经典文献传播通考”，旨在立足于21世纪中国和世界发展的历史高度，对我国1949年以前马克思、恩格斯、列宁等重要著作的中文版本进行收集整理，并作适当的版本、文本考证研究，供广大读者特别是致力于深入研究马克思主义经典作家原著的读者阅读使用。计划出版100种，4年内陆续完成编写和出版工作。

一、“马克思主义经典文献传播通考”概念界定

“马克思主义经典文献传播通考”在我国学术界是一个全新的概念。之所以这样说，是因为过去从未有人用过这一术语，甚至未曾有过这一理念。在我国学术界，对中国传统经典文献的考据乃至通考性的整理研究并不鲜见，包括对儒、释、道等经典的通考性整理研究成果十分丰富，但对近百年来中文版马克思主义经典文献的考据以及整理性研究只是近年来才逐渐为人们所认识，至于在此基础上的通考性整理研究还几乎没有进入人们的视野。所以，首先有必要对这里所说的“马克思主义经典文献传播通考”这一概念

的含义进行说明。

第一，这里所说的“马克思主义经典文献”，主要是指中文版的马克思、恩格斯、列宁的著作，斯大林的重要著作也适当列入。这些经典文献在中国的翻译传播，如果从1899年初马克思、恩格斯的名字和《共产党宣言》的片段文字传入中国算起，迄今已有120年时间，而且经典著作的翻译传播今天仍然在进行中。但为了工作方便，我们这里主要收集整理1949年以前的经典文献。原因是中华人民共和国成立后的经典著作翻译成果比较系统、完整，又使用比较标准的现代汉语，翻译术语也比较一致，在可见的时间内不需要进行深入的考证说明，同时我们人力有限，也无力做如此浩大的经典文献整理研究工作，只好留待后人去做。再则，这里所列入的主要是比较完整的经典著作文本，不包括片段译文文本，因为这些片段译文太过繁多复杂，我们也无力进行全面的整理研究。当然，个别十分重要的片段译文，也会在考据说明中论及，有的还会附上原文或部分原文。但总体说来，片段译文整理研究工作，也只能留待后人去作分门别类的整理研究了。

第二，这里所说的马克思主义经典文献“传播”，主要是指上述经典文本的翻译、出版，有时也会涉及学习、运用这些著作及其社会影响的情况。这些经典文献在我国的片段翻译传播从清末就开始了。其中，中国资产阶级改良派、革命派等都做过一些工作，但那时人们只是把马克思主义作为西方学术思潮之一来介绍，并没有自觉地把它当作指导中国社会发展的思想来研究运用。真正自觉把马克思主义作为指导中国革命的思想是十月革命之后的事。毛泽东曾经说过：“十月革命一声炮响，给我们送来了马克思列宁主义。”[①]正是从这个意义上说的，是完全正确的。也正是在这个意义上说，李大钊是马克思主义中国化的第一人。在李大钊的引领下，五四新文化运动期间，马克思主义经典文献在中国的翻译传播形成了高潮。在这一时代大潮的推动下，1920年8月，陈望道翻译的《共产党宣言》完整中文译本在上海出版，这是我国历史上第一本完整的中文版马克思主义经典著作，从此开始了大量翻译马克思主义经典著作的历程。特别是1921年中国共产党成立后，我们党更加自觉地有组织、有计划地翻译经典著作。在土地革命战争、抗日战争、解放战争期间，在十分困难的条件下，这一工作始终没有停止。特别是在延安时期，于1938年5月5日马克思诞辰纪念日，中共中央成立了“马列学院”，其主要任务之一就是翻译马列经典著作。以此为阵地，我们党所领导建立的马克思主义翻译和理论研究队伍做了大量工作，到1949年中华人民共和国成立前，主要的马克思主义经典著作中文文本基本上都出版了。同时，在国民党统治区和日伪军占领区，很多进步人士和出版机构特别是三联书店，为马克思主义经典著作的翻译出版作出了重要贡献。设在苏联的莫斯科外国文书籍出版局的中文部为翻译出版中文版马克思主义经典著作作出了特殊重要的贡献。我们这套丛书就是要系统地反映经典著作翻译传播的这一历史过程。同时，也适当反映学习、运用马克思主义理论的历史面貌。

第三，这里所说的马克思主义经典文献传播“通考”，主要是指对上述经典文本的考据性整理和研究。文献考据或考证研究是中国学者作

① 毛泽东：《论人民民主专政》，载《毛泽东选集》第四卷，人民出版社1991年版，第1471页。

学问的优秀传统，也是中国学术的一个显著特点。比如古代的经学研究，一定要作相关的文字学、训诂学、版本学、辨伪学、音韵学等的考证研究。没有这些考证工作，得出的结论就靠不住。我们力求继承这个传统，同时，借鉴现代文献学研究方法，来从事马克思主义经典文献传播研究。按照古今文献考据方法，我们将深入考证研究马克思主义经典著作等文献传入中国的各个方面、各个环节，包括文本考据、版本考据、术语考据、语义考据、语用考据、辨伪考据、人物事件考证等。（1）文本考据是对经典著作文本的翻译以及文本内容进行考证研究。如对《共产党宣言》1949年前多个中文版本的翻译情况进行考证并进行各个文本内容的比较研究，考证前人对有关重要思想理解的变化。（2）版本考据是对经典著作等文献的出版性质和版次的考证研究。如《共产党宣言》的某个中文译本是否一个独立译本、是第几次印刷等，都要考证清楚。（3）术语考据主要是对经典著作中的重要概念、术语以及人名、地名的考证研究。如“社会主义”这个概念在历史上曾经有多种译法，这就需要考证清楚。（4）语义考据是对概念含义变化的考证研究。如对“社会主义”的理解在历史上曾经多种多样，需要考证清楚。（5）语用考据是对概念的运用和发展的考证研究。（6）辨伪考据是对有关文献的真假进行考证研究。如有的文章不是马克思写的，而被误认为是马克思写的，后来收入了《马克思恩格斯全集》中文第一版中，这就需要澄清。（7）人物事件考证是对翻译者、传播者以及相关事件等进行考证，以期弄清经典文献翻译出版的来龙去脉。进一步讲，每一类考据又有很多种具体研究工作。如文本考据，包括中外文的文本载体形式研究、文本内容类别研究、文本收集典藏研究、文本整理利用研究、经典作家手稿研究、翻译手稿比较研究、文本研究的历史发展概况研究等。一句话，要做到“辨章学术，考镜源流”。这样，我们的文献考证工作才能做扎实。

同时，还力求借鉴西方解释学的方法，对有关重要概念作更深入的考证研究。既要对某一概念作小语境的考证，即上下文考证，又要作大语境考证，即对当时人们普遍使用此类术语的情况以及当时的历史文化背景作考证研究。进行这些考据工作很有意义，但绝非易事，这就要求我们掌握马克思主义经典著作的翻译史、传播史以及当时整个社会的语言文字环境，还要掌握外文，能够进行外文和中文的比较研究、各个中文版本的比较研究以及相关版本的比较研究。只有这样，才能准确把握经典作家思想的含义，对有关文本、译者的工作等作出公正合理的评价。

在这里，“通考”工作的两个方面即文献整理与考证研究是不可分割的。一方面要把这些文本整理出来，另一方面要把这些文本以及相关的问题考证研究清楚。文献整理是前提和基础，没有前期的文献收集整理就不可能进行深入研究；但考证研究又能够反过来促进文献整理，帮助我们进一步弄清文献之间的关系以及发现新文献，比较完整地再现经典文献的历史风貌。

第四，“马克思主义经典文献传播通考”是一个跨学科、跨专业、综合性、基础性的概念。总体上说，它是马克思主义学科的范畴，但也是文献学、传播学、翻译学、语言学、历史学、文化学、思想史等学科的概念。所以，要深化考证研究工作，需要各个学科的学者共同努力。我们这里只能为各个学科的研究做一些基础性工作。

还需要说明的是，正如大家所知道的，对任何概念的界定都有其局限性，它只能大致说明事物的本质、内涵，而不可能囊括一切。“马克思主义经典文献传播通考”这个概念也是如此，因为它涉及问题、学科太多，不可能十分精确，故而只能作上述大致说明。对这项工作内涵的理解，大家还可以进一步探讨。我们的想法是，“行胜于言”，无论如何，先把这一工作开展起来，在以后的工作中再逐步完善。

二、马克思主义经典文献传播通考何以必要

开展马克思主义经典文献传播通考这项工作之所以必要，是因为事出有因，且势在必然。总体而言，这是中国改革开放40多年实践发展的必然，也是马克思主义理论界乃至整个社会思想文化界深入研究探讨一系列重大理论问题的逻辑必然。

“问题是时代的呼声。”20世纪80年代和90年代初，伴随着改革开放的推进，人们对以往所理解的马克思主义基本理论、基本观点等提出了不少质疑。特别是在“什么是马克思主义”“什么是社会主义”这些重大问题上，人们普遍感觉到过去没有弄清楚，需要重新加以理解。邓小平曾经说过：“不解放思想不行，甚至于包括什么叫社会主义这个问题也要解放思想。”[①]他后来又强调说：“什么叫社会主义，什么叫马克思主义？我们过去对这个问题的认识不是完全清醒的。”[②]于是，如何真正全面而准确地理解马克思主义、社会主义成为改革开放时代的大问题。围绕着这个重大时代课题展开了多方面讨论，形成了很多不同

① 《邓小平文选》第二卷，人民出版社1994年版，第312页。

② 《邓小平文选》第三卷，人民出版社1993年版，第63页。

观点。

为回答时代面临的课题，人们重新回到“经典文本”，力图把握马克思主义、科学社会主义最原初最本真的含义。这种情况反映到理论界，就提出了“回到马克思”的口号。由此很多学者发表了一系列文章、著作，讨论了各种解读马克思主义经典文本的方式，如“以马解马”即用马克思的话解读，“以恩解马”即以恩格斯的话解读，“以苏解马”即以苏联式马克思主义解读，“以中解马”即以中国化马克思主义解读，等等。这些讨论对人们从不同角度深化对马克思主义的认识发挥了积极作用，但是，问题依然没有被很好解决，因为对文本的理解各有不同，争论仍然不可避免。

随着探讨的深入，人们进一步追问起“文本翻译”问题。有人力图回到经典著作的外文文本即欧洲语言文本，认为中文版的“文本翻译”存在问题。例如，有人认为《共产党宣言》中的“消灭私有制”翻译错了，影响了对所有制改造的理解，这是我们在很长时期内追求“一大二公”社会主义所有制的根源所在，应当翻译为“扬弃私有制”，即对私有制既克服又保留。此种理解似乎可以为改革开放政策提供理论支撑，但也有对马克思主义经典著作的实用主义解读嫌疑，由此同样遭到了批评。

随着对经典文本翻译问题探讨的深入，“版本研究”被提上日程。人们发现在不同历史时期，翻译者对经典著作中重要术语的翻译是不同的，这表明中国人对马克思主义重要观点的理解是在不断变化、不断深入的。比如，在中华人民共和国成立之前，《共产党宣言》有6个完整而独立的中文译本，其中对“消灭私有制”的翻译均不完全相同。1920年陈望道译本是："所以共产党的理论，一言以蔽之，就是：废止私有财产。"1930年华岗译本是："所以共产党的理论可以用一句话来综结，就是：废止私有财产。"1938年成仿吾、徐冰译本是："在这个意义上，共产党人可以把自己的理论归纳在这一句话内：废除私有财产。"1943年8月博古译本是："在这个意义上，共产党人可以用一句话表示自己的理论：消灭私有财产。"1943年9月陈瘦石译本是："从这一意义上说，共产党的理论可用一句话概括：废除私产。"1949年莫斯科译本是："从这个意义上说，共产党人可以把自己的理论概括为一句话：消灭私有制。"可见，关于"消灭私有制"这一重要语句的译法有一个越来越准确的过程。原来译为"废止私有财产"等，只看到了这一观点的表象，只有译为"消灭私有制"才能抓住实质，即从经济制度上解决资本主义国家的社会问题。陈瘦石（当时生活在国民党统治下的知识分子）译为"废除私产"，很不准确，甚至有曲解，因为共产党人要废除的是私有财产制度，而不是简单废除包括私人生活资料在内的私产。由于人们在不同时期、不同社会条件下对《共产党宣言》理解不同，这就需要深入研究这部书的各个版本，并在此基础上进行历史性的文本比较研究。

经典著作"版本研究"深化的一个重要标志应当说是对《共产党宣言》版本的全面考证研究。1998年是《共产党宣言》发表150周年。为纪念这部不朽经典，也为更好理解马克思主义的本质要义，中央编译局和中央电视台联合制作了大型电视文献纪录片《共产党宣言》，笔者作为本片的主要撰稿人，和老专家胡永钦研究员一起对《共产党宣言》的中文版本第一次作了比较全面的梳理，发现这部书总共有12个独立而完整的中文译本，中华人民共和国成立前后分别有6个译本。[①]后来中国人民大学的高放教授又作了进一步研究，认为连同中国香港、台湾等地中文译本，《共产党宣言》共有23个中译本。[②]此后，学术界研究《德意志意识形态》《资本论》等经典著作版本的成果也越来越多。通过版本比较研究，人们对经典作家思想的理解越来越深。

对经典文本、翻译、版本研究的深入，又促使马克思主义“传播史”研究兴盛起来。人们发现，只孤立研究某一经典著作的文本、翻译、版本还不够，要深入把握中国人对马克思主义基本观点理解的变化，还需要研究马克思主义在中国传播的完整历史，包括马克思恩格斯列宁名字的翻译、经典著作的片段翻译、经典文本的完整翻译以及出版传播等。比如，关于马克思的名字翻译在历史上就有十几种，包括“马克司”“马尔克斯”“马陆科斯”“马尔格士”“麦喀氏”“马儿克”“马尔克”“马克斯”等。通过研究传播史，才能把各个历史阶段的各种经典著作文本的关系弄清楚，通过对其中话语体系主要是概念体系的研究，从整体上弄清中国人100多年来对马克思主义、社会主义的重要概念、主要思想观点的理解。比如“社会主义”一词，在1899年2月发表的《大同学》一文中被译为“安民新学”，这是按照中国传统儒家思想对社会主义的理解；后来借用日文翻译术语，学术界广泛认同并接受了“社会主义”一词的译法，但对它的理解仍然很不相同。比如，孙中山理解

① 杨金海、胡永钦：《〈共产党宣言〉在中国的翻译、出版和传播》，载《科学社会主义》1998年“纪念《共产党宣言》发表一百五十周年”特刊；又见杨金海：《〈共产党宣言〉与中华民族的百年命运》，载《光明日报》2008年7月3日。

② 高放：《〈共产党宣言〉有23种中译本》，载《光明日报》2008年10月16日。

的社会主义和后来共产党人理解的社会主义就很不相同。实际上，直到今天我们学术界乃至整个思想界对社会主义的理解还在深化。传播史研究就是要研究这种变化发展的历史，从中发现规律性的东西，澄清人们在一些重大理论问题上的模糊认识，特别是要避免重复劳动。因为有很多现在争论的问题在历史上曾经出现过，有的早已解决，但由于人们不了解历史，常常旧话重提，造成重复劳动甚至新的思想混乱。传播史研究可以有效弥补这方面的不足。

中央编译局的学者们在马克思主义传播史研究方面做了大量工作。从20世纪50年代开始，由于翻译马克思主义经典著作的需要，编译局前辈学者就在不断研究梳理前人的翻译成果，并开展了马克思主义传播史方面的初步研究和宣传普及工作。1954年，中央编译局举办了“马列主义在中国的传播”展览，之后编辑了《马克思列宁主义著作在中国的传播》一书；1957年，为纪念十月革命胜利40周年，又与北京图书馆（即现在国家图书馆前身）合作主办展览；1963年，中央编译局专家丁守和、殷叙彝出版了《从五四启蒙运动到马克思主义的传播》一书；1983年，为纪念马克思逝世100周年，举办了“马克思恩格斯著作在中国”展览，之后编辑整理并由人民出版社出版了《马克思恩格斯著作在中国的传播》一书；1998年，举办了“《共产党宣言》发表一百五十周年”展览，并与中央电视台合作创作了两集文献纪录片《共产党宣言》，笔者为主笔；2011年，为庆祝中国共产党成立90周年，建立了我国第一个“马克思主义传播史展览馆”，创作了8集文献纪录片《思想的历程》，并由中央编译出版社出版《思想的历程——马克思主义在中国的百年传播》一书，笔者为总撰稿；2018年，为纪念马克思诞辰200周年，在国家博物馆举办“真理的力量——纪念马克思诞辰200周年”主题展览。2018年，根据中央机构改革方案，中共中央编译局与中共中央党史研究室、中共中央文献研究室合并成立了中共中央党史和文献研究院，但中央编译局的牌子仍然保留，以便继续用该名出版马列著作，有关专家学者仍然奋斗在马克思主义传播史研究的前沿阵地。由笔者牵头、一批中青年学者参加承担的国家社科基金重点项目“马克思主义传播史研究”正在进行，其出版成果《马克思主义传播史（中国卷）》两卷本也即将推出。

我国各高校、科研机构以及有关学者在马克思主义传播史研究方面作出了重要贡献。1955年，苏联学者柯托夫的《马克思主义在俄国的传播》一书由于深翻译，在时代出版社出版；次年，苏联学者巴特里凯也夫的《俄国现代无产阶级的出现——马克思主义在俄国的传播》由孟世昌翻译，在上海人民出版社出版。受苏联专家的影响，中国学者也开始研究马克思主义传播问题。比如，北京大学的黄楠森教授等于20世纪50—60年代，就开始研究马克思主义哲学史，其中包括马克思主义传播史内容，70年代初编成油印本。改革开放后，他与施德福、宋一秀教授一起正式出版了三卷本的《马克思主义哲学史》；后来黄楠森又与庄福龄、林利一起主编了八卷本《马克思主义哲学史》，其中第四卷讲马克思主义哲学在俄国的传播与发展，第七卷讲马克思主义哲学在中国的传播和发展。北京大学的林代昭、潘国华于1983年编辑了《马克思主义在中国——从影响传入到传播》，作为“中国近代思想和文化史料集刊”出版。中国人民大学的林茂生于1984年出版了《马克思主义在中国的传播》一书。中国社会科学院近代史研究所的唐宝林于1997年出版了《马克思主义在中国100年》，后来又再版，影响很大。此外，还有其他学者发表了若干关于马克思主义传播史的著作和文章。如姜义华在1983年《近代史研究》第1期发表《马克思主义在中国的初期传播与近代中国的启蒙运动》一文；高军在1986年完成《五四运动前马克思主义在中国的介绍与传播》一书，由湖南人民出版社出版；王炯华于1988年出版《李达与马克思主义哲学在中国》；桂遵义于1992年出版《马克思主义史学在中国》等。

进入21世纪后，我国学者在马克思主义传播史方面的研究成果更多，视野更广阔，特别是深化了分门别类的研究。一是加强早期传播的研究。如王东等于2009年出版《马列著作在中国出版简史》；田子渝等于2012年出版《马克思主义在中国初期传播史（1918—1922）》；方红于2016年出版《马克思主义在中国的早期翻译与传播》等。二是加强分支学科传播史的研究，包括马克思主义哲学、经济学、法学、新闻学、文艺理论、党建理论、宗教理论等传播史研究。如谈敏于2008年出版《回溯历史——马克思主义经济学在中国的传播前史》；庄福龄于2015年出版《中国马克思主义哲学传播史论》；胡为雄于2015年出版《马克思主义哲学在中国传播与发展的百年历史》；文正邦于2014年出版《马克思主义法哲学在中国》；张小军于2016年出版《马克思主义法学理论在中国的传播与发展（1919—1966）》；丁国旗于2017年出版《马克思主义文艺理论在中国》等。三是加强地方传播史研究。如淮北市委党史研究室于2004年出版《中国共产党淮北地方史》第一卷，专门用一节讲述了“马克思主义在淮北的传播”；闫化川于2017年出版《马克思主义是怎样生根中国的——马克思主义在山东早期传播研究》；2017年，黄进华出版《马克思主义在哈尔滨传播的历史经验和现实启示》。四是加强对马克思主义翻译家和理论家的研究。如叶庆科于2006年出版《杨匏安：我国传播马克思主义的先驱》；郭刚于2010年出版《中国早期马克思主义的传播——梁启超与西学东渐》；笔者主编的《姜椿芳文集》《张仲实文集》分别于2011年、2015年问世，其中包括对姜椿芳、张仲实两位马克思主义翻译大家所作贡献的研究介绍；西南财经大学经济学院和马克思主义经济学研究院编《陈豹隐全集》于2013年之后陆续出版；湖南常德市赵必振研究会对我国马克思主义传播的早期学者赵必振的文献进行整理编纂，于2018年出版《赵必振文集》。五是加强对经典文本解读史、概念史的研究。如王刚于2011年出版《马克思主义中国化的起源语境研究——20世纪30年代前马克思主义在中国的传播及中国化》；尹德树于2013年出版《文化视域下马克思主义在中国的早期传播与发展》。近几年来，一些学者还发表了一系列关于马克思主义概念史的文章，深化了传播史研究。

随着马克思主义传播史研究的深化，系统性的马克思主义“文献编纂”乃至“马藏编纂”工作被提上日程。人们越来越发现，要完整把握马克思主义精髓，特别是要完整把握100多年来中国人对马克思主义理解的情况，需要系统整理马克思主义经典文献。在经典文献典藏方面，中央编译局做了较多工作。由于工作需要，这里的专家学者收集整理了国内最丰富、最齐全的马克思主义经典文献，其中包括中华人民共和国成立后所有中文版的马克思主义经典文献，以及各种外文版的马克思主义经典文献，也包括中华人民共和国成立前的不少经典著作文本文献。国家图书馆、上海图书馆等也拥有丰富的马克思主义经典文献典藏。但即使如此，也不能够满足马克思主义经典文本、版本以及传播史研究的需要，因为这些文献典藏总的来说具有零散性，特别是早期文献，分散珍藏在不同图书馆和有关机构的资料室，人们使用起来很不方便。为此，近些年来不少学者把文献考据研究与文献编纂工作紧密结合起来，推出不少成果。如吕延勤主编《马克思主义在中国早期传播史料长编（1917—1927）》（上、中、下卷），2016年由长江出版社出版；田子渝主编《马克思主义在中国早期传播著作选集（1920—1927）》三卷本，于2018年由湖北人民出版社出版。这些经典文献整理出版大大方便了马克思主义传播的考据研究。但目前的文献整理出版工作仍然有局限性，十月革命之前和大革命之后的经典文献整理出版较少。

于是，学者们提出应当编纂“马藏”。大家知道，中国历史上各个主要学派都有自己的典藏体系，儒家有“儒藏”，佛家有“佛藏”，道家有“道藏”。马克思主义作为在近现代中国影响最大的思想体系，也应当而且能够建立自己的典藏体系。顾海良教授是这方面的领军人物，他领导的北京大学《马藏》编纂工程于2015年3月启动，已经取得初步成果，于2017年5月4日发布出版第一批书共5卷，370万字。他认为，《马藏》编纂工作的任务是“把与马克思主义发展有关的文献集大成地编纂荟萃为一体”，这是很正确的。但这项工作太复杂庞大，需要众多学者一起来做才有可能最终完成。

最近几年，笔者根据中央编译局马克思主义文献典藏情况，围绕“马藏”体系建立也提出了一些想法。笔者认为，“马藏”体系应当包括三个层次：一是核心层，即马克思、恩格斯、列宁等经典作家的手稿以及最初发表的文献；二是基本层，即《马克思恩格斯全集》历史考证版即原文版（亦称MEGA版）、《列宁全集》俄文版等经典著作的外文版本，《马克思恩格斯全集》中文第一、二版，《列宁全集》中文第一、二版，中国化马克思主义经典著作；三是外围层，包括经典著作各种版本的选集、文集、专题读本、单行本，以及研究马克思主义经典的代表性著作。这些经典文献有上千卷，可以与中国历史上任何典藏系列（如儒藏、道藏、佛藏）相媲美。[①]顺便说一句，“马藏”体系的建立将意味着中国现代文化典藏基础的确立，它和中国传统文化典藏一起构成中华文化的典藏体系，其意义远远超出了马克思主义经典著作文本和传播史研究本身。根据这个想法，我们不同单位或部门的学者应当根据自己的工作实际开展工作。“马藏”体系的核心层、基本层实际上一直是由中央编译局在做的，也比较完善了。我们今天最需要做的就是“补短板”，即把外围层中的各种零散的历史性的经典文本文献收集整理起来，供大家作历史性研究之用。这些历史性的经典文献也很多，所以应当首先把中华人民共和国成立前比较完整的经典著作文本整理出来，以供马克思主义经典文本、版本、传播史考据等研究之用。

于是，我们的“马克思主义经典文献传播通考”丛书也就应运而生了。可见，开展这项工作，不是我们一时激动的产物，而是我国学术界马克思主义理论研究逐步深化的逻辑必然，做好这项工作也是当务之急。这项工作做好了，不仅有助于马克思主义经典著作翻译和文本、版本、传播史的研究，也能够为建立完整的“马藏”体系提供历史上的各种基础文本，还有助于整个中国现代思想文化的研究和建设。

---

① 杨金海：《马克思主义发展史学科群建设之思——马克思主义传播史研究视角》，载《北京行政学院学报》2018年第1期。

三、马克思主义经典文献传播通考何以可能

今天进行马克思主义经典文献传播通考是否可行？回答是肯定的。如果放在20年前，做这项工作几乎是不可能的。因为那时大家还没有对马克思主义理论进行深入的文本、版本、传播史、概念史、解读史等考据研究的概念，更没有建立“马藏”的想法，所以，也就不可能有此思想动力。这是从主观上讲的。从客观上看也是如此。当时的研究还很不够，也还没有今天这样发达的信息技术，所以要弄清中华人民共和国成立前究竟有多少经典著作文本已经翻译出来、藏在何处，是很困难的，就更不用说把各种经典著作的不同文本收集起来并整理出版了。

经过长期的积累，特别是近几十年的经典著作研究，今天我们已经具备了进行马克思主义经典文献传播通考的基本条件。

一是越来越多的人意识到经典文献考据研究的重要性，不仅把马克思主义作为意识形态来研究，而且进一步把马克思主义作为科学的学术体系乃至“新国学”之重要内容来研究。长期以来，在我国有一种不正确的认识，就是认为马克思主义是一种意识形态，没有学术性，甚至不是学问。实际上，意识形态也有科学与非科学之分。马克思主义是一种科学的意识形态，由此决定了它具有科学性，完全可以作为学术来研究。之所以有人认为它不具有学术性，一方面，是因为这些人不懂马克思主义；另一方面，是因为我们马克思主义学界在学术、文化层面研究马克思主义不够，有分量的学术成果不多。要克服这一缺陷，就要努力借鉴其他学科的研究方法，包括借鉴我国传统的学术文化研究方法，拿

出可以与其他学科相媲美的学术成果来。例如建立“马藏”体系就是很好的学术性工作。2014年在成中英先生八十大寿庆祝会上，笔者尝试性地提出“新国学”概念。所谓“新国学”，就是包括马克思主义学说在内的中华学术体系，是当代整个中华文化的基础。我们以往所说的“国学”实际上是“老国学”，即以儒、释、道为主的中国传统学术体系，今天这样讲还说得过去，但实际上已经不准确了，再过若干年就更不科学了，因为我们今天还有马克思主义学说。毫无疑问，自五四新文化运动以来，马克思主义在我国已经逐步成为中华学术体系的重要组成部分，可以与传统的儒、释、道等相媲美，因此不能把它排斥在国学之外。类似情况，在历史上是有过先例的。大家知道，佛学是西汉时传入中国的，是外来文化，但2000年后的今天，谁还能说它不是中国文化之一部分呢？马克思主义也是这样，况且它比佛学的作用要大得多，它传入中国才100多年，就深刻改变了中华民族的命运，也深刻改变了中国传统文化，已经成为当今中华文化的重要组成部分乃至核心部分。随着时间的推移，将来我们的国学体系一定会把“马学”加进来，形成“儒、释、道、马”并驾齐驱、以“马”为魂的繁荣发展局面。当然，“马学”作为“新国学”的重要组成部分并为人们所接受，还需要努力构建自己的学术体系。比如要借鉴中国传统学术文化研究的方法，像整理编纂《四库全书》那样，把马克思主义“经”“史”“子”“集”等都整理出来，形成蔚为壮观的经典体系、学术体系，供后人研究之用。此外，我们对马克思主义的各种研究也要具有深厚的学理性。这样，“马学”作为科学的学术体系才能够完善起来。“知难行易”，应当说经过这些年学界同仁的共同努力，已经有越来越多的人意识到马克思主义经典文本整理和考据工作的重要性。这就为顺利推进这项工作奠定了思想基础。

二是这些年有关马克思主义经典文本整理研究的成果越来越多，使得我们基本知道了有哪些经典文本、版本及其传播、珍藏等情况。特别是近几年来，这些研究成果每年都在成倍地增长。很多深藏密室的历史文献被挖掘出来，包括一些经典文本、马克思主义经典著作翻译家、出版家、教育家以及取经潮、取经路线、传播方式等，成为学界研究的热点。与之相伴随，马克思主义经典著作原文版、手稿的收集整理和深度研究成果也越来越多。中央编译局的学者在这方面的成果较多。笔者在经典文献研究方面也做了一些工作，如与冯雷共同主编了37卷“马克思主义研究资料”丛书；与李惠斌主编了40卷“马克思主义经典著作研究读本”丛书。王学东主编了64卷“国际共产主义运动历史文献”丛书。这三套丛书均由中央编译出版社出版。清华大学艾四林主编了20卷“马克思主义经典著作导读”丛书。北京大学聂锦芳主编了12卷“重读马克思——文本及其思想”丛书。其他单位学者在这方面的成果也越来越多。这些经典文献的收集整理和相关大型丛书的编辑出版，以及学术界同仁的大量相关研究成果的发表，为我们推进马克思主义经典文献考据工作提供了丰富资料。

三是马克思主义经典文本考据研究队伍日益壮大，经验日益丰富，方法不断更新。不仅马克思主义理论界很多学者在从事这方面工作，而且其他各界学者也参与进来，包括翻译界、历史学界、民族学界、宗教学界、文学艺术界等方面的学者近些年来都在积极挖掘整理、考据马克思主义的有关历史文献，使得马克思主义经典文本考据研究逐渐成为

"显学"。自2004年中央马克思主义理论研究和建设工程实施以来，培养了一支老、中、青结合的马克思主义学术队伍。各个大学马克思主义学院相继建立，各级社会科学院的马克思主义研究机构日益建立和完善，党和政府、军队研究机构里马克思主义理论研究队伍不断扩大，社会思想文化界对马克思主义理论的研究、宣传和普及工作在加强，这些都大大加速了马克思主义学术队伍培养和学科建设的步伐。特别是近年来，一批优秀的中青年马克思主义学者茁壮成长。他们思维敏捷，年富力强，外语水平很高，知识结构新颖，研究方法现代，不仅能够借鉴中国传统的考据方法，也能够借鉴西方解释学方法等进行研究，越来越具备了中外比较研究、历史比较研究的能力，由此，成为经典文本考据研究的中坚力量。

四是当今发达的信息技术为我们查找、收集、研究经典文本文献提供了快捷便利的条件。进行深入的经典文献考证，需要掌握大量国内外文献资料。比如要用到马克思手稿，而原始手稿的大约三分之二珍藏在荷兰皇家科学院国际社会历史研究所档案馆，三分之一珍藏在俄罗斯国家社会政治史档案馆；要考证经典文本的翻译，还会用到日文版经典著作文本，而这些大多珍藏在日本，个别文本分散珍藏在我国各地的图书馆。要大量使用这些资料在过去几乎是不可能的，但是在今天，通过网络信息技术，就可以比较好地解决这些问题。再者，随着我国现代化事业的推进，我们的经济实力越来越强，在马克思主义经典文本研究方面的投入越来越多。这些物质力量的增强为我们开展这样大规模的整理编纂工作提供了保障。

总体而言，经过马克思主义学界同仁的长期努力，中国已经成为当今世界最大的马克思主义经典著作翻译和研究国家。特别是近些年来，我国学者关于经典文本考据研究的理念越来越新、成果越来越多、队伍越来越强、保障条件越来越好。随着马克思主义学院的建立，马克思主义理论教学和科研工作越来越受到重视，学科体系建设越来越完善，我们的研究成果也越来越有用武之地。这些都为我们深入开展大规模的经典文献整理和研究提供了现实可能性。

四、“马克思主义经典文献传播通考”丛书编写的思路和原则

马克思主义经典著作是学习和研究马克思主义理论的基础文本，历来为人们所重视。在我国马克思主义传播史上，曾经翻译出版过很多种经典著作的中文本。比如，《共产党宣言》总共有至少12个完整的中文译本；《资本论》在1949年以前也有好几个中文译本。这样说来，光是1949年以前翻译出版的经典著作文本或专题文献文本就有上百种。这些不同的中文译本反映了中国人在不同历史时期对马克思主义经典著作理解的不同水平。

编辑这套丛书的直接目的，是要把1949年以前的主要经典著作文本原汁原味地编辑整理出来，并作适当的考证说明，供大家作深入的历史比较研究、国际比较研究之用；从更长远的目的看，是要为建构完整的中国马克思主义典藏体系、学术体系、话语体系乃至为建构现代中华文化体系做一些基础性工作；最终目的，则是要通过历史比较，总结经验，澄清是非，廓清思想，统一认识，破除对马克思主义错误的或教条

式的理解，全面而准确地把握马克思主义理论精髓，弘扬马克思主义精神，继承马克思主义理论，在此基础上深化对中国化马克思主义的理解和研究，为推进当代中国马克思主义、21世纪马克思主义，确保科学社会主义伟大事业长久发展提供科学的理论支撑。

本丛书体现如下特点，这也是丛书编写工作所力求遵循的原则：第一，体现历史性和系统性。本丛书主要收集1949年以前的经典著作中文译本，对1949年以后个别学者的译本也适当收入。中华人民共和国成立后由中央编译局翻译出版的经典著作，由于各大图书馆都可以查到，且各种译本变化不大，故不在收录范围。对所收集的历史文献力求系统、完整，尽可能收集齐全1949年以前经典著作的各种译本，按照历史顺序进行编排。对同一译本的不同版本，尽可能收集比较早且完整的版本。对特别重要的片段译文作为附录收入。第二，突出文献性和考证性。力求原汁原味地反映各种经典著作的历史风貌。为此，采取影印形式，将经典著作的文本完整地呈现给读者。同时，要对文本的情况进行适当的考证研究，包括对原著者、译者、该译本依据的原文本、译本翻译出版和传播的情况及其影响等作出科学说明。这些考证研究要有充分的史料根据，经得起历史检验。要力求充分反映国内外有关研究成果，特别是要充分反映我国改革开放以来在经典著作文本、版本研究方面所发现的新文献、取得的新成果。第三，力求权威性和准确性。一方面，所收集的经典著作文本力求具有权威性和准确性。力求收集在当时具有权威性的机构出版的、质量最高的经典译本，避免采用后人翻印的、文字错误较多的文本。另一方面，考证分析所依据的其他文献资料，也力求具有权威性和准确性。要选择国内外在该研究领域最具权威性的专家学者的最具代表性的观点和最有影响力的文章。再者，对文本有关问题的阐述，比如，对人名、地名、术语变化的说明，或对错字、漏字等印刷错误的说明等，要具有权威性和准确性。第四，力求做到史论结合、论从史出。本丛书的主要任务是对经典文本以及相关问题进行历史性的考证梳理，但考证不是目的，而是手段，根本目的还是要深化对马克思主义基本理论和基本观点的全面的、准确的理解，并最终用以指导实践。所以，在考证研究的同时，要始终牢记最终目标，以便从历史文献的分析研究中得出令人信服的科学结论。所以，在每一经典文本的考证说明中，都既要说明经典文本文献的来龙去脉以及考证梳理的情况，又要从中得出若干具有启发性的结论，以帮助读者正确认识经典著作中的有关重要思想，特别是要在统一认识、消除无谓争论上下功夫。这样，该丛书就不仅能够为读者提供原始的经典著作文本文献，还能够为读者进一步研究这些文本提供尽可能丰富的、具有权威性和准确性的相关文献资料，并提供尽可能中肯的观点和方法，从而能够使丛书成为马克思主义典藏的重要组成部分而流芳后世。

基于上述考虑，本丛书采取大致统一的编写框架。除导言外，各个读本均由四个部分组成。一是原著考证部分，其中包括对原著的作者、写作、文本主要内容、文本的出版与传播情况的考证性介绍；二是译本考证部分，包括对译本的译者、翻译过程、译本主要特点、译本的出版和传播情况的考证梳理；三是译文考订部分，包括对译文的质量进行总体评价，对有关重要术语进行比较说明，对错误译文、错误术语或错误印刷进行查考、辨析和校正性说明；四是原译文影印部分，主要收入完整的原著译本，同时作为附录适当收入前人关于该书的片段译文。

通过这样的考证研究，力求凸显这套丛书的编辑思路，即对经典著作的文本、版本有一个建立在考据研究基础上的总体性认识。每一本书都要能够回答这样一些问题：如这本书是什么，它在马克思主义发展史上的地位如何，它在世界上的传播情况怎样，它是什么时候传播到中国的；该中文本的译者是谁，译本的版本、传播、影响、收藏情况怎样；该译本中的重要概念是如何演化的，中国人对这些概念的理解过程怎样，对我们今天的理论研究和实践探索特别是对解决今天有关重大理论问题的争论有何启示，等等。这些问题回答好了，就能够帮助读者更深入地理解经典著作中的思想观点，并能够从文本的历史比较、国际比较中把握中国化马克思主义发展的思想历程，从而为进一步深化马克思主义理论研究提供深厚的思想资源和学理支撑。

“日月光华，旦复旦兮。”我们是怀着一种迎接中华民族伟大复兴的历史使命感、对马克思主义学术文化的深深敬畏之情来做这项工作的。一是敬畏经典。近百年来，为振兴中华民族，为推进中国思想文化的现代化，无数志士仁人历经千辛万苦把马克思主义真经取回来，并通过翻译研究形成了汗牛充栋的马克思主义经典文献，由此奠定了中国现代文化的典藏基础，为实现中华文化从传统形态向现代形态转化作出了巨大贡献。我们面前的这些文献，正是在马克思主义传播过程中形成的“马藏”中的重要经典文本。拂去历史尘埃，整理、考证和再现这些经典文献的历史原貌，发掘其中的深厚文化意蕴，敬畏之心油然而生。能够通过我们的工作使这些闪耀着历史光芒的典籍和伟大思想更好地传承下去，为中国现代文化体系的建设打下坚实的典藏基础，正是本丛书作者和编者的共同期愿所在。二是敬畏先驱。近百年来，一代又一代翻译家和理论家薪火相传，把马克思主义经典引进中国，特别是在民主革命时期，很多翻译工作是在十分困难和危险的条件下进行的，有不少先辈为此贡献了一生乃至宝贵生命。他们的事迹可歌可泣，他们的艰辛堪比大唐圣僧玄奘西天取经，他们的历史功绩和伟大精神将在历史的天空熠熠生辉！能够通过我们的这项工作，让一代代后人记住这些历史人物和历史故事并将先辈们的宝贵精神传承下去，我们将备感荣幸。三是敬畏责任。面对百年来形成的浩如烟海的马克思主义经典文献需要研究整理，面对百年来一批批可敬可爱的译介者需要研究介绍，面对百年来马克思主义中国化的伟大历程需要梳理继承，我们需要做的工作太多太多。由此，不论是作者还是编者，都不能不对自己所从事的这项工作产生出由衷的敬畏之情。唯有通过努力，精心整理好这些文献，为最终形成完整的中国特色马克思主义典藏体系作一点贡献，为马克思主义学说在中国乃至世界千秋万代薪火相传做一点铺路工作，才能告慰马克思主义经典作家，告慰这些理论先驱和翻译巨匠们！

2018年是马克思诞辰200周年，《共产党宣言》发表170周年；2019年是中国先进分子自觉选择马克思主义作为观察中国和世界命运之思想武器100周年；2020年是《共产党宣言》第一个完整的中文译本问世100周年；2021年是中国共产党成立100周年，这一个个光辉的历史节点展现出马克思主义在中国发展的强大生命力。在这个新时代的新时期，陆续出版大型丛书“马克思主义经典文献传播通考”，对推进马克思主义理论研究和建设工作，有着特殊重要的意义。

需要说明的是，对于经典文本的研究，往往会有仁者见仁、智者见智的情况。所以，尽管我们在组织编写工作中努力体现上述编写思路、原则和精神，书中的观点也不一定都很成熟，不可能与每一位读者的观点完全一致。加之每位作者研究角度不同，水平各异，每一本书的结构、篇章、内容、观点都不尽相同，其权威性也不尽一致，其中很可能有疏漏和错误之处，谨请读者批评指正。

该丛书在设计、编写和出版过程中，得到了各方面的大力支持。清华大学马克思主义学院将这项工作列入重要议事日程，作为该院马克思主义传播史研究中心重大项目，艾四林院长以及各位同事对此项工作给予大力支持。中共中央党史和文献研究院（中央编译局）十分重视对马克思主义传播史的研究，对此项研究给予各个方面的支持。国家出版基金将该丛书列入资助项目，辽宁省委宣传部将此项目列入文化精品扶持项目。辽宁出版集团和辽宁人民出版社在丛书的选题策划和编辑出版中做了大量工作。在编写过程中，中共中央党史和文献研究院（中央编译局）信息资料馆、国家图书馆、上海图书馆、清华大学图书馆、北京大学图书馆、国家博物馆等单位给予鼎力支持。本丛书中汲取了我国学者大量的研究成果。该项目顾问、我国马克思主义理论界德高望重的陈先达教授、赵家祥教授等专家对丛书的编写工作给予热情指导，编委会成员和各位作者为丛书的编写付出了辛勤劳动。

谨在此一并致以衷心的谢意！

杨金海

2019年5月5日于清华大学善斋

目录

CONTENTS

001 总　序 / 杨金海

001 导　言

007 《帝国主义是资本主义的最高阶段》原版考释
008 一、写作及出版背景
020 二、各版本说明
028 三、内容简介

043 《帝国主义是资本主义的最高阶段》王唯真译本考释
044 一、译介背景
050 二、译者介绍
055 三、编译过程及出版情况

061 《帝国主义是资本主义的最高阶段》王唯真译本译文解析
062 一、术语考证
071 二、观点疏正
078 三、译文校释

089 结　语

093 参考文献

097 原版书影印

331 后　记

导言

《帝国主义是资本主义的最高阶段》亦称《帝国主义论》，由列宁写作于1916年上半年，主要分析自19世纪末期以来资本主义历史发展新变化，这部著作在马克思主义的理论发展史上具有重要的地位。列宁主义之所以被称为帝国主义和无产阶级革命时代的马克思主义，就在于他运用了马克思主义的基本原理和方法，科学地分析了资本主义发展的新变化和新特点，从本质上揭示了资本主义的发展必然从自由竞争走向垄断，必然带来资本主义各国发展的不平衡，从而使资本主义呈现出腐朽性和寄生性，为争夺殖民地和重新瓜分世界而发生激烈矛盾冲突，为无产阶级的社会主义革命准备了历史条件。正如列宁在“俄文版序言”中所说：“我希望我这本小册子能有助于理解帝国主义的经济实质这个基本经济问题，不研究这个问题，就根本不会懂得如何去认识现在的战争和现在的政治。”①

《帝国主义论》以大量的各国发展数据以及严谨的逻辑分析说明了资本主义从自由竞争走向垄断的内在必然性，从而揭示出当代资本主义发展的本质性规律，并在此基础上概括了当代资本主义的五大特征及其各个特征之间的逻辑联系，成为运用马克思主义的唯物史观和唯物辩证法去分析社会现实的典范。如果说《资本论》是马克思依据自由竞争时期的事实分析资本主义的发展的不朽之著，那么《帝国主义论》则是

① 中共中央马克思恩格斯列宁斯大林著作编译局：《列宁专题文集——论资本主义》，人民出版社2009年版，第99页。

《资本论》的直接继承和发扬，是依据垄断、金融寡头统治和对世界的瓜分的新的资本主义发展的事实，对当代资本主义的本质及其运行规律的揭示，为我们正确认识当代资本主义社会及其发展趋势提供了科学的思维方法。

20世纪发生了两次世界大战，给人类带来了巨大的灾难，这是以往人类历史上从来没有过的现象。甚至在当代，和平与发展已成为时代主题的条件下，世界仍然动荡不安，个别资本主义大国还想充当世界霸主，无理挑起各种争端和冲突，这就促使我们反思造成这一切的深层原因。其实列宁早在100多年前所写的《帝国主义论》中，就以令人信服的深刻分析揭示了造成当代世界矛盾冲突的根本原因，即它根源于垄断资本要独占世界的本性。在列宁看来，垄断是当代资本主义发展的最突出特点，“如果必须给帝国主义下一个尽量简短的定义，那就应当说，帝国主义是资本主义的垄断阶段”[①]。正因为资本主义发展进入到了垄断阶段，追求利益最大化的要求，使资本输出具有了至关重要的意义，因而侵略扩张、争夺殖民地和瓜分世界就根源于这种垄断资本的本性之中，这正是世界动荡不安和矛盾冲突的根本原因。

列宁对资本主义新变化的分析以及由此揭示的第一次世界大战的经济根源，为人们提供了正确认识当代世界的科学方法，成为无产阶级进行革命斗争的理论武器。他关于帝国主义是垂死的资本主义的论断，坚定了无产阶级进行社会主义革命的信心和斗志。所以，《帝国主义论》出版后，不但在俄国受到了广泛欢迎，直接引导了十月社会主义革命的

① 中共中央马克思恩格斯列宁斯大林著作编译局：《列宁专题文集——论资本主义》，人民出版社2009年版，第175页。

胜利，而且在20世纪20年代之后先后被译成法文、德文、英文、日文、中文等多国文字出版，在世界范围内广泛传播。《帝国主义论》是列宁论著中流传最广的著述之一，他对帝国主义经济根源的揭示，被世人公认为最有创见性的思想，是对马克思主义理论的突出贡献。在苏联从20世纪20年代起直至80年代，《帝国主义论》中的思想观点都是理论界探讨的重要话题，因此，对《帝国主义论》的研究具有重大的理论和现实意义。

中国也是翻译出版列宁这一著作最早的国家之一，据北京图书馆《列宁著作在中国：1919—1992年文献调研报告》考证，在这一时间段内共有12个版本出版发行。最早的是柯柏年1924年5月12—30日在《觉悟》杂志上发表的标题为“帝国主义”的译文，节译了《帝国主义论》的第一至六节。第二年出版了单行本。此后至新中国成立时，又有刘埜平、章一元、唯真、高希圣、吴清友等9个译本发行。新中国成立后又有3个译本[①]，主要是唯真校译的根据莫斯科外国文书籍出版局1950年出版的中文版《列宁文集》（两卷集）中所载译文排印的和中央编译局译的译本这两种。[②]除了以上考证的12个版本外，2015年人民出版社又出版了一个新的单行本，这样，截至2015年中国先后就有《帝国主义论》的13种中文译本。此外，1958年出版的根据《列宁全集》俄文第四版译出的《列宁全集》中文版第二十二卷以及1972年出版的《列

① 北京图书馆：《列宁著作在中国：1919—1992年文献调研报告》，书目文献出版社1995年版，第128—129页。

② 人民出版社马列著作编辑室：《马克思恩格斯列宁斯大林著作中文本书目、版本、简介（1950—1983）》，人民出版社1985年版，第122页。

宁选集》中文第二版第二卷都收录了《帝国主义论》这一著作。

《帝国主义论》的主题和内容由于同当时的中国国情密切相关，因而在中国流传比较广泛，并曾被规定为“干部必读”的12本马列经典著作之一。我们在这些先后流传的译本中选择了唯真早年的校译本进行考察，是出于这样的考虑：首先，唯真译本是翻译较早的全译本，虽然它是在1939年才由重庆生活书店出版，但它实际上是来自1931年莫斯科外国工人出版社出版的《列宁选集》中文版第八卷，后于1938年又出了单行本，重庆生活书店1939年的唯真译本不过是这一版本的重新排印。[①]正因为是20世纪30年代初比较早的全译本，而当时这一论著的全译本只有刘埜平译本和章一元译本，因而通过对这一译本的考察，可以更好地了解中国共产党人对马克思列宁主义经典的掌握程度、认识水平以及译介的水平，明晰列宁思想在马克思主义中国化过程中的意义和作用。其次，这一译本是个人翻译向有组织地系统地译介的过渡成果。在马克思主义中国化早期的译介过程中，翻译什么经典，怎样认定这些经典，包括怎样翻译，都同个人的意愿、兴趣、认识水平相关。但这一译本不同，它是由莫斯科外国工人出版社组织在苏联学习的一些有较好中、外文基础和翻译经验的人员来进行翻译的。最初的译者是伯虎和流沙，唯真是校对者。而在重庆生活书店的这一译本中则署名王唯真是译者（据考证应是谢唯真）。谢唯真在1930年时是共产国际出版部的专职译员，1937年又担任了莫斯科外国文书籍出版局中文编译主任，而这一译本又出自莫斯科外国工人出版社的中译部这样的专业翻译机构，这就

① 北京图书馆：《列宁著作在中国：1919—1992年文献调研报告》，书目文献出版社1995年版，第128页。

使译介摆脱了早期个人主观性，因而通过对这一译本的考证，可以发现个人翻译与有组织翻译的不同特点，更好地掌握马列经典著作的中文译介的发展过程。最后，这一译本与以后的“干部必读”的唯真译本可以说是姊妹篇，“干部必读”的唯真译本是出自1947年莫斯科外国文书籍出版局出版的《列宁文选》（两卷集）第一卷，由唯真校译，1949年出版单行本，被指定为12本“干部必读”的马列经典著作之一[①]。这两个版本都署名唯真校译，原本都出自莫斯科外国文书籍出版局，只是相差了16年。对比两个版本的异同，可以清楚地看出这16年来人们在理解程度、认识水平和译介水平方面的变化，更好地掌握马克思主义中国化的历史发展进程。

① 北京图书馆：《列宁著作在中国：1919—1992年文献调研报告》，书目文献出版社1995年版，第128—129页。

《帝国主义是资本主义的最高阶段》原版考释

一、写作及出版背景

列宁写作《帝国主义论》是在1916年的1—6月，写作的直接原因是应孤帆出版社的约稿，撰写一部论述帝国主义的著作。《列宁专题文集——论资本主义》的注41是这样解释的："根据马·高尔基的倡议，1915年12月在彼得格勒成立的孤帆出版社准备出版一套题为《战前和战时的欧洲》的通俗丛书，并委托在巴黎的米·尼·波克罗夫斯基编辑这套丛书。波克罗夫斯基约请列宁撰写这套丛书中带导言性质即关于帝国主义的一种，列宁接受了这一建议。""……1916年1月，列宁在伯尔尼开始撰写《帝国主义是资本主义的最高阶段》一书。2月列宁移居苏黎世，继续研究帝国主义问题和撰写此书。他除了利用苏黎世州立图书馆的藏书外，还从其他城市借阅一些书籍。1916年6月19日（7月2日）《帝国主义是资本主义的最高阶段》一书完稿，列宁把手稿挂号寄给了波克罗夫斯基。高尔基在1916年9月29日给波克罗夫斯基的信里说，列宁的这本书'的确很出色'，可单独出版。……1917年中这本书用《帝国主义是资本主义的最新阶段（通俗的论述）》的书名在彼得格勒出版，书中附有列宁回国后于1917年4月26日写的序言。列宁1920年7月为本书法文版和德文版写的序言，对本书内容作了一些重要的概括和补充。”①

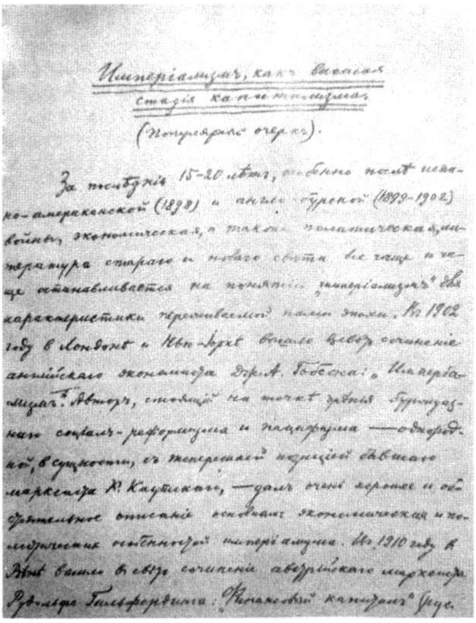
Имперіализмъ, какъ высшая стадія капитализма.
(Популярный очеркъ).

1916年列宁《帝国主义是资本主义的最高阶段》一书手稿第1页

《帝国主义论》虽然是列宁应出版社之约而撰写的丛书类著作，并且在题目上标明了是“通俗的论述”，但它绝不是列宁一时心血来潮的结果，也绝不是为了出版而撰写的著作。当时正值第一次世界大战期间，俄国国内面临着战争和革命的诸多尖锐的矛盾，而在思想意识领域，国际的、国内的各种改良主义、社会沙文主义等错误的认识和观点遮蔽着人们的视野，干扰着人们的正确认识。面对这样复杂的矛盾斗争环境，很难想象列宁作为一个革命家和党的领袖会放下革命斗争工作去写作一本通俗的读物。列宁这时撰写论述帝国主义的著作，一定有这样做的理由，出版社的约稿不过是一个契机而已。据考证，自《资本论》问世以后资本主义发展出现的新变化，一直是列宁关注和研究的中心，尤其是1914年7月以后，为了正确认识第一次世界大战的性质，为无产阶级的革命斗争提供思想理论武器，列宁集中精力系统地研究了帝国主义的各种问题，阅读了大量书籍，并认真作了读书笔记和摘录。我们今天称作《关于帝国主义的笔记》的著作就反映了列宁的研究过程和成果。“列宁很早就注意到了资

① 中共中央马克思恩格斯列宁斯大林著作编译局：《列宁专题文集——论资本主义》，人民出版社2009年版，第311—312页。

本主义发展中的新现象，他在1895—1913年写的一系列著作中都揭示和分析了帝国主义时代所具有的个别特征。他还非常注意论述资本主义的最新书籍的出版。第一次世界大战爆发后，出于领导革命斗争的需要，他从1915年中开始，在伯尔尼集中力量认真研究有关帝国主义的问题。他从148本书籍（德文书106本，法文书23本，英文书17本和俄文译本两本）和刊登在49种不同的期刊（德文34种，法文7种，英文8种）上的232篇文章（德文206篇，法文13篇，英文13篇）中作了共约50个印张的摘录、提要、笔记等等（这些资料于1939年用《关于帝国主义的笔记》的书名在苏联首次出版，见《列宁全集》第二版第五十四卷）。列宁研究、检验和科学地分析了浩瀚的实际资料，为写作《帝国主义是资本主义的最高阶段》一书作了准备。”[①]同时，《帝国主义论》也正是这种研究成果的体现。出版社的约稿，正与列宁的研究主题吻合，所以列宁欣然答应了请求，要把通过揭示本质的深入分析和以大量事实为根据的通俗描述统一起来，向世人尤其是无产阶级及其政党表明对资本主义的发展和帝国主义战争的本质的看法，以指导无产阶级革命的顺利进行。

出版社的约稿是本书写作的直接原因，那么列宁为什么又会长期关注这一问题，并在第一次世界大战开始后又集中精力来研究这一问题呢？通过对《帝国主义论》的研读我们可以分析出以下三点原因。

第一，资本主义的发展出现了新变化，必须分析这种变化的经济原因，以揭示其本质、特征和发展趋势。《资本论》问世时的19世纪60—70年代，资本主义自由竞争的商品经济发展到顶点，资产阶级的绝大多

---

① 中共中央马克思恩格斯列宁斯大林著作编译局：《列宁专题文集——论资本主义》，人民出版社2009年版，第311页。

数经济学家都认为自由竞争是一种自然规律，是价值规律的本质要求，对商品经济的发展来说是动力之源，是必须遵循的铁律。但这些经济学家没有看到，自由竞争恰恰意味着它的相反方面，自由竞争是垄断的对立面，它所反对的就是垄断，自由竞争本性上是排斥垄断的。但事实恰恰相反，自由竞争产生着垄断，最后要走向垄断。因为自由竞争意味着优胜劣汰，这就需要企业做大、做强，甚至需要同一行业的不同企业之间以及不同行业的企业之间进行联合，以在竞争中处于优势地位，这就导致生产的日益社会化趋势，生产日益集中，这种生产的集中就排斥了自由竞争，从而产生了垄断组织，一旦垄断组织在经济运行中居于主导地位，资本主义的发展就由自由竞争阶段转向垄断阶段，这就是《资本论》问世后，资本主义世界发展的新变化。列宁通过大量事实的分析，举出了大量的统计例子说明，在19世纪末和20世纪初，垄断和生产集中，以及金融银行对工业和生产的控制，已是常见的现象，成为全部经济生活的基础。由此列宁得出结论："自由竞争产生生产集中，而生产集中发展到一定阶段就导致垄断。现在，垄断已经成了事实。……而生产集中产生垄断，则是现阶段资本主义发展的一般的和基本的规律。"①

这种对资本主义发展新状况的关注，是列宁写作《帝国主义论》的主要原因之一，因为只有研究揭示出这种变化的内在必然性和基本运行机制，才能有助于对资本主义社会的发展、对战争和现代政治得出科学的认识。我们知道在此前的一段时间内，列宁集中精力研究了黑格尔的

---

① 中共中央马克思恩格斯列宁斯大林著作编译局：《列宁专题文集——论资本主义》，人民出版社2009年版，第111页。

辩证法，认识到黑格尔的辩证法其实是以概念范畴的逻辑运动的形式表现出来的认识的规律，这即是黑格尔辩证法的过程集合体的思想，把事物的存在放在发展过程及其内在必然性的联系中去理解。列宁认为，马克思的《资本论》就是这种现实在展开中表现为必然性的思维方式运用的光辉范例。马克思就是把黑格尔辩证法的合理形式运用于政治经济学，通过对商品交换和生产的内在矛盾本性的分析，从而揭示出自由竞争阶段的资本主义发展规律。“虽说马克思没有留下‘逻辑’（大写字母的），但他遗留下《资本论》的逻辑，应当充分利用这种逻辑来解决这一问题。”[①]马克思在《资本论》中对资本主义的分析，那种历史和逻辑相统一的严密性，深深影响了列宁，为列宁树立了榜样，所以，列宁要继承马克思的事业，利用辩证矛盾的方法去分析资本主义发展所产生的新变化，就要揭示出新变化的深刻根源——经济的必然性。由此，列宁由自由竞争导致的生产集中和垄断去分析资本主义当时的经济和政治的发展，去说明第一次世界大战爆发的原因，从而得出了帝国主义是无产阶级社会革命的前夜的论断，为无产阶级指明了前进的方向。可见，对资本主义发展新变化认识分析的需要，促使了列宁的研究和写作。

第二，正确认识第一次世界大战的性质，分析帝国主义国家之间矛盾根源的需要。1914年7月开始的第一次世界大战历时4年，当时世界上大多数国家都被卷入到战争之中，参战人数有6500多万人，约有15亿人被卷入战乱，第一次世界大战的爆发给人民带来了深重的苦难。战争是由帝国主义发展的不平衡性引起的，是新老帝国主义国家对利益的

① 《列宁全集》第五十五卷，人民出版社1990年版，第290页。

争夺和瓜分造成的，所以，战争的性质是帝国主义的。但这种性质又同塞尔维亚的民族解放斗争纠缠在一起，同时被各国间的经济、政治、文化、民族等各种因素所掩盖，使人们对战争的实质认识不清。并且，第二国际的领袖们打出了“保卫祖国”的旗帜，对帝国主义进行美化，从而更加混淆了人们的视听。本来，在战争开始的前夕，第二国际于1912年在巴塞尔召开了会议并发表了宣言，正确分析了帝国主义战争的反动性质，并提出了无产阶级政党应对战争并使战争转变为革命的策略。但第一次世界大战爆发后，各国工人党及领袖却抛弃了宣言主张的立场和精神，转而站在本国政府的立场，支持帝国主义的战争并为资产阶级政府辩护。这就使各国工人党直接对立了起来，互相指责，导致第二国际的分裂和破产，各国工人党相继堕落成为支持并参与战争的社会沙文主义的党。而第二国际的领袖们如考茨基、普列汉诺夫等人也采取了社会沙文主义的态度，在理论上为本国政府辩护，抹杀辩证法和诡辩论的原则不同，利用辩证法的词句和概念，贩卖诡辩论的货色，以蒙蔽视听，歪曲马克思和恩格斯的思想，为自己的贩卖行为辩解。所以，为了澄清人们的思想，排除错误思想的干扰，不仅要在理论层面上深入研究辩证法，研究辩证法与诡辩论的区别，而且要把辩证法运用到对帝国主义本质的揭示中去，以说明第一次世界大战为什么根源于帝国主义的本性，生产和资本的集中是怎样导致垄断和金融资本又是怎样控制和瓜分世界的，垄断为什么会导致更剧烈的竞争，又进一步造成了帝国主义发展的不平衡现象，这种不平衡又为什么会带来帝国主义重新瓜分世界的过程。正是这一步步的对帝国主义本性发展的分析，以逻辑的力量从经济的必然性上阐发出帝国主义就是战争的根源。如列宁在法文版和德文版序言中所说："本书证明，1914—1918年的战争，从双方来说，都是帝国主义的（即侵略的、掠夺的、强盗的）战争，都是为了瓜分世界，为了瓜分和重新瓜分殖民地、金融资本的'势力范围'等等而进行的战争。"[①]可见，不仅要揭示资本主义发展新变化的本质，而且通过这种揭示来正确把握当时正在进行的帝国主义大战，也是列宁写作的重要原因之一。

第三，回应"帝国主义热"，澄清模糊认识，以指导无产阶级革命运动。其实在列宁写作《帝国主义论》以前，很多人士包括资产阶级的学者和部分第二国际的理论家也已注意到资本主义变化的新事实，并力争从理论上作出解释。一时间把当代的资本主义称作帝国主义已成为时尚的事情，"帝国主义"成为时髦的词语，从而形成了理论研究的一股"帝国主义热"思潮。这些研究虽然在旁枝末节上也有一些可以借鉴之处，但并没有真正揭示出帝国主义内在的本质及其发展变化的经济根源。相反，却站在维护资本主义制度的立场上，美化了帝国主义，掩盖着帝国主义的剥削、掠夺和侵略的实质，模糊着人们对帝国主义腐朽性的认识，使改良主义和社会沙文主义在世界各国流行。列宁正是在批判继承了当时各种研究成果的基础上，博采众家之长，去伪存真，由表及里，揭示出资本主义发展的内在逻辑，从而为无产阶级的社会革命科学地指明了方向。

据考证，列宁写作《帝国主义论》批判地吸收了拉法格、霍布森、希法亭、卢森堡、布哈林等人的研究成果，指出了他们理论的错误之

---

① 中共中央马克思恩格斯列宁斯大林著作编译局：《列宁专题文集——论资本主义》，人民出版社2009年版，第101页。

处，对考茨基的“超帝国主义论”进行了严厉的批判和全盘否定。这方面的考证和研究在刘维春所著的《列宁帝国主义论的再理解》中有详细的介绍。[①]列宁在《帝国主义论》的俄文版序言中对此也进行了介绍，并特别提到霍布森的《帝国主义》这本论著。“论述帝国主义的一本主要英文著作，即约·阿·霍布森的书，我还是利用了的，而且我认为是给了它应得的重视。”[②]霍布森是一位英国资产阶级的经济学家，也是第一位对帝国主义进行系统研究的理论家，一生著述颇丰，论著多数与帝国主义问题相关。1902年所著的《帝国主义》集中反映了他的帝国主义思想，此书于1902年在伦敦出版，列宁曾于1904年翻译过此书，在《关于帝国主义的笔记》中对它作了详细的分析和摘录。在《帝国主义》一书中，霍布森主要围绕着“资本扩张”这一主题而展开了对帝国主义的论述。即帝国主义只是一种资本主义对外扩张的政策，造成它的原因在于财富的分配不合理。工人所得过少，国内消费不足，资本家不得不把过剩的资本投向海外，从而走上了侵略扩张之路。这种分析虽有一定的道理，但并没有揭示出帝国主义内在本质，并且把帝国主义仅仅看作是一种可以改变的政策，认为只要使收入分配方式合理，提高工人消费水平，扩大国内市场，向外扩张就可避免。列宁认为该书一般说来是有益的，在利用了书中大量事实材料的同时，也批判了霍布森的改良主义结论和暗中维护帝国主义的企图。

此外，在《帝国主义论》和《关于帝国主义的笔记》中，列宁也多

---

① 参见刘维春：《列宁帝国主义论的再理解》，社会科学文献出版社2013年版，第76—130页。

② 中共中央马克思恩格斯列宁斯大林著作编译局：《列宁专题文集——论资本主义》，人民出版社2009年版，第98页。

次引用过鲁·希法亭的《金融资本》一书。列宁在肯定这本书对帝国主义分析的合理之处的同时，也批评了作者在关于帝国主义的一些重要问题上的非马克思主义论点和结论。“1910年，在维也纳出版了奥地利马克思主义者鲁道夫·希法亭的《金融资本》一书（俄译本1912年在莫斯科出版）。虽然作者在货币理论问题上有错误，并且书中有某种把马克思主义同机会主义调和起来的倾向，但是这本书对‘资本主义发展的最新阶段’（希法亭这本书的副标题）作了一个极有价值的理论分析。”[①] 希法亭是第二国际领袖之一，奥地利马克思主义理论家。列宁对希法亭帝国主义理论的继承和改造，主要表现在“金融资本垄断论”上。希法亭认为，帝国主义的最主要特征表现在两个方面：一方面是金融资本的形成，另一方面是资本的集中和垄断。其结果是产业资本和银行资本的融合造成了垄断组织的产生，而垄断组织的形成反过来又加剧了两种资本的更密切的统一，这样产业资本和银行资本就结合成一种金融资本。金融资本的形成既影响到资本主义的经济生活，使各种资本在各个经济领域的运行统一受制于金融资本，金融资本成为经济生活的主宰，左右着经济的运行机制；同时，金融资本也影响着社会的政治生活过程，影响着国家权力机构以及政策措施的变化。这样国家无论是经济领域还是政治领域都被金融资本和金融寡头所控制。金融资本的统治加剧了资本扩张的冲动，资本输出成为它的必然趋势和结果。这种资本的输出就会使国际市场竞争加剧，使争夺殖民地的矛盾愈演愈烈，最后导致战争和武力解决冲突。应该说，希法亭的金融资本统治的帝国主义论具有极大

① 中共中央马克思恩格斯列宁斯大林著作编译局：《列宁专题文集——论资本主义》，人民出版社2009年版，第106页。

的合理性，对列宁的思想产生了重要的影响，在《帝国主义论》的写作中，列宁多次直接引用和发挥希法亭的观点。在充分肯定这一理论价值的基础上，列宁也指出了这一理论的缺陷："希法亭的缺点：（1）关于货币的理论错误。（2）忽视（几乎）世界的瓜分。（3）忽视金融资本与寄生性的关系。（4）忽视帝国主义与机会主义的关系。"[①]在列宁看来，希法亭的理论之所以有这样的缺陷就在于把货币流通作为金融资本的核心，而没有从生产的集中和垄断的角度去考虑问题。所以，希法亭对金融资本的定义是不准确的。"这个定义不完全的地方，就在于它没有指出最重要的因素之一，即生产和资本的集中发展到了会导致而且已经导致垄断的高度。"[②]

以上我们通过霍布森与希法亭的例子说明了列宁对帝国主义的研究其实是运用马克思主义哲学的基本原理和辩证方法，对同时代理论家的研究成果批判改造的结果。除了这两位的成果外，列宁还借鉴了其他一些人对帝国主义的研究成果，如对拉法格帝国主义特征理论的借鉴，对卢森堡关于帝国主义的"积累规律论"的批判和继承，对布哈林关于帝国主义多样性和世界革命化思想的吸收和发展等。可见，列宁研究资本主义的新变化写作《帝国主义论》，并不是个人的主观意愿和一时心血来潮，而是有着那个时代的理论背景，是各种认识相互碰撞、辨别、斗争又相互借鉴吸收的结果。我们在此只分析了霍布森和希法亭的理论，是因为这两种理论在《帝国主义论》中出现频率最高，也是被列宁高度

---

① 《列宁全集》第五十四卷，人民出版社1990年版，第201—202页。

② 中共中央马克思恩格斯列宁斯大林著作编译局：《列宁专题文集——论资本主义》，人民出版社2009年版，第136页。

评价的理论。如列宁在本书的开篇中评论霍布森的《帝国主义》和希法亭的《金融资本》两本书时所说："实质上，近年来关于帝国主义问题的论述，特别是报刊上有关这个问题的大量文章中所谈的，以及各种决议，如1912年秋的开姆尼茨和巴塞尔两次代表大会的决议中所谈的，恐怕都没有超出这两位作者所阐述的，确切些说，所总结的那些思想的范围……"①

如果说对以上的理论列宁都是批判和借鉴地吸收，把其当成理论的来源，通过分析研究这些理论，来表明马克思主义的研究思路和观点，纠正其局限性对人们思想的影响，那么对待考茨基的"超帝国主义论"列宁则持完全批判否定的态度，认为这种理论完全背弃了马克思主义，美化了帝国主义，对无产阶级的革命运动起到了极坏的干扰作用，把第二国际的发展引向了邪路。"考茨基的定义不仅是错误的和非马克思主义的，而且还成了全面背离马克思主义理论和马克思主义实践的那一整套观点的基础……关键在于考茨基把帝国主义的政治同它的经济割裂开了，把兼并解释为金融资本'比较爱好的'政策，并且拿同一金融资本基础上的另一种似乎可能有的资产阶级政策和它对立。"②

考茨基的帝国主义理论集中表现在1914年写作的《帝国主义》这一小册子中，他思考的出发点是"工农业比例"。"他认为，工农业之间的正常比例是保持社会再生产稳定发展的前提，而资本主义却要突破这种

① 中共中央马克思恩格斯列宁斯大林著作编译局：《列宁专题文集——论资本主义》，人民出版社2009年版，第106页。

② 中共中央马克思恩格斯列宁斯大林著作编译局：《列宁专题文集——论资本主义》，人民出版社2009年版，第179页。

正常比例，使得资本主义工业快速增长的需要与农业原料供给不足之间的矛盾日益突出，工业资本为了寻求出路必然地突破已有的疆域界限，从而在世界范围进行扩张。……帝国主义政策的结果是殖民扩张和军备竞赛，而军备竞赛不但导致了工业资本主义国家的矛盾，而且还出现了可以代替帝国主义的'超帝国主义'形式，也就是通过国家间的政治同盟或者联合，继而消除军备竞赛，资本主义并不是发展到了帝国主义阶段就穷途末路。"①

考茨基的"超帝国主义论"是小资产阶级意识形态的体现，在当时已经分裂的第二国际内部造成了进一步的思想混乱，助长了各国党内的社会沙文主义和改良主义思潮的流行，如果对第二国际瓦解、腐烂的结果，以及由于整个生活环境而被资产阶级偏见所俘虏的小资产者的意识形态的产物不进行彻底的否定和严厉的批判，就不能引导无产阶级澄清模糊的观念，正确认识帝国主义的腐朽性，真正把握战争和革命的关系，从而指导无产阶级制定革命实践的正确的政策和措施。"考茨基是借助对资本主义的和平新纪元的希望，来为机会主义者和各国正式的社会民主党违背巴塞尔决议的庄严生命而在目前风暴时期倒向资产阶级和放弃革命策略（即无产阶级策略）的行为辩护！"②正是出于澄清思想、批判错误理论、用科学的马克思主义理论指导无产阶级革命的需要，列宁才集中时间和精力，阅读了关于研究资本主义新变化的书籍文献，撰写了《帝国主义论》这一马克思主义发展史上的经典著作。正如他在这

① 刘长军、韩海涛、李惠斌：《列宁〈帝国主义是资本主义的最高阶段〉研究读本》，中央编译出版社2017年版，第31—32页。

②《列宁选集》第二卷，人民出版社2012年版，第472页。

一著作的法文版和德文版序言中所表述的："如果不懂得这个现象的经济根源，如果不充分认识这个现象的政治意义和社会意义，那么，在解决共产主义运动和即将到来的社会革命的实践任务方面，就会一步也不能前进。"[①]

二、各版本说明

《帝国主义论》是列宁应彼得格勒孤帆出版社的约稿于1916年上半年写成的。原写作的目的是作为一套丛书的带有导言性质即关于帝国主义的论述，但高尔基在看过之后认为写得很出色，建议单独成书出版。1917年，彼得格勒的生活和知识出版社印成单行本出版了此书，书名为《帝国主义是资本主义的最新阶段（通俗的论述）》，书中附有列宁于1917年4月26日写的序言。直到1935年，此书的书名才首次被称作《帝国主义是资本主义的最高阶段》，把"最新阶段"改成"最高阶段"。这一改动更符合内容的原意，因为列宁认为帝国主义是腐朽的、垂死的，是向新社会的过渡，是无产阶级革命的前夜，"应当说帝国主义是过渡的资本主义，或者更确切些说，是垂死的资本主义"[②]。"最高阶段"这一概括就反映出列宁把帝国主义看成是资本主义的最后的并即将灭亡的阶段这层意思。而"最新阶段"则没有这层意思，它只

---

① 中共中央马克思恩格斯列宁斯大林著作编译局：《列宁专题文集——论资本主义》，人民出版社2009年版，第105页。

② 中共中央马克思恩格斯列宁斯大林著作编译局：《列宁专题文集——论资本主义》，人民出版社2009年版，第211页。

表明资本主义发展阶段中一个新的时期的特征。至于这一新时期在资本主义发展史中所占有的位置，题目并没有反映出来。当然帝国主义还有继续发展的可能性，并对此有不同的争论和理解，但那同列宁在本书中表达的意思无关，所以，把“最新阶段”改成“最高阶段”是准确的，符合列宁在本书中对帝国主义的阐述。所以，自1935年本书以新的名称并按照列宁手稿全文刊印于《列宁全集》俄文第二、三版第十九卷后，就成为本书的标准版本。

对于初稿版本列宁并不满意，因当时计划的那套丛书要在沙俄政府严格的书报检查的环境中作为合法读物来出版，这就使列宁受到了两方面的限制：一方面列宁在写作时并不能利用恰当的概念来表达自己的思想，有些要表达的意思只能以符合沙俄政府规范的隐喻的方式来进行，思想的表达就不够清晰准确。“我写这本小册子的时候，是考虑到沙皇政府的书报检查的。因此，我不但要极严格地限制自己只作理论上的、特别是经济上的分析，而且在表述关于政治方面的几点必要的意见时，不得不极其谨慎，不得不用暗示的方法，用沙皇政府迫使一切革命者提笔写作‘合法’著作时不得不采用的那种伊索式的——可恶的伊索式的——语言。在目前这种自由的日子里，重读小册子里这些因顾虑沙皇政府的书报检查而说得走了样的、吞吞吐吐的、好像被铁钳子钳住了似的地方，真是感到十分难受。在谈到帝国主义是社会主义革命的前夜，谈到社会沙文主义（口头上的社会主义，实际上的沙文主义）完全背叛了社会主义，完全转到资产阶级方面，谈到工人运动的这种分裂是同帝国主义的客观条件相联系的等等问题时，我不得不用一种‘奴隶的’语言，现在，只好请关心这类问题的读者去看我那些即将重新刊印的

1914—1917年间在国外写的论文。”[①]除了受到政治问题的限制外，另一方面，为了能顺利通过审查，在初稿版本中，列宁尽量不使用俄国的材料，甚至在绕不过去的时候使用影射的方式。如在批判帝国主义的兼并问题时，列宁这样说：“怎样无耻地掩饰自己的资本家的兼并政策，我不得不拿……日本做例子！细心的读者不难把日本换成俄国，把朝鲜换成芬兰、波兰、库尔兰、乌克兰、希瓦、布哈拉、爱斯兰和其他非大俄罗斯人居住的地区。”[②]其实，在撰写前的阅读和准备过程中，关于俄国的分析材料并不少，这从《关于帝国主义的笔记》中所包含的大量论述俄国垄断资本主义的材料和列宁对俄国帝国主义各方面的分析评价就可证明。但因打算作为合法读物出版，所以书中对俄国帝国主义的分析就很简略。

正因有这些缺陷，列宁在1920年7月为本书法文版和德文版所写的序言中，对本书的内容作了一些重要的概括和补充。虽然《帝国主义论》的德文版和法文版是分别于1921年和1923年才出版的，但这篇序言是专为德文版和法文版的出版而作的，并先以“帝国主义和资本主义”为题刊载于1921年10月《共产国际》杂志第18期。在这篇序言中，列宁说明了尽管俄文初版存在着缺陷，但他并不准备改写德文版和法文版，因撰写这一论著所要达到的揭示帝国主义产生、发展的内在经济必然性的目的已经达到，而且这种揭示是有理有据的，是根据无可争

① 中共中央马克思恩格斯列宁斯大林著作编译局：《列宁专题文集——论资本主义》，人民出版社2009年版，第98页。

② 中共中央马克思恩格斯列宁斯大林著作编译局：《列宁专题文集——论资本主义》，人民出版社2009年版，第98—99页。

辩的公开发表的资产阶级统计的综合材料和资产阶级学者自己的著述作出的。既然主要的逻辑思路和依据的材料都是可靠的，一些细枝末节及表述的不流畅问题，就属于可改可不改的问题。所以，不改写不但有助于保持原来版本的历史面貌，而且有助于树立一个样板，使共产党人清楚，在恶劣的反动的环境下，如何利用“合法”的形式去同资产阶级进行斗争。所以，列宁对最初的俄文版并没有再改写，只是在法文版和德文版序言中对内容进行了必要的概括和补充。此后的版本都收录了这篇序言。

列宁的这部论著是列宁思想的代表性成果之一，发表后引起了广泛的反响，被译成多国文字，得到了广泛的传播。据刘长军考证，在20世纪30年代的苏联，除了收录在《列宁全集》中的《帝国主义论》版本外，《关于帝国主义的笔记》这一写作《帝国主义论》的准备材料也被多次收录在《列宁文集》第二十二、二十七、二十八、二十九卷出版，最后出版了单行本。进入40年代后，1946年莫斯科出版了两卷本《列宁文选》的俄文版。《帝国主义论》被收录在第一卷中，1949年据此翻印单行本出版。1950年收录了《帝国主义论》的两卷本《列宁文选》由莫斯科外国文书籍出版局译成中文出版。而在之前的1947年，莫斯科外国文书籍出版局还出版过英文版和法文版的《帝国主义论》单行本。除了莫斯科外国文书籍出版局出版的《帝国主义论》单行本外，列宁格勒政治学图书出版社也在1947年、1949年两次出版这一单行本的俄文版。这就是20世纪50年代前，苏联出版这一论著的情况。需要说明的是，因本书的主旨是主要考证新中国成立前的马克思列宁主义在中国的传播，相应的，对经典著作在国外的出版传播情况也截止在这一时间点。

除了苏联外，从20世纪20年代起德国、法国、英国、美国、日本等多国都翻译出版了列宁的这一著作。我们上面曾谈到过列宁曾亲自给1921年出版的德文版和1923年出版的法文版写了序言。此外还有在20—40年代美国和英国出版的3个英文版本和6个日文版本。3个英文版本是：1. 20年代美国纽约出版的第二版《帝国主义论》；2. 1933年英国伦敦出版的《帝国主义是资本主义的最高阶段》单行本；3. 1939年美国纽约出版的《帝国主义是资本主义的最高阶段》。6个日文版本是：1. 20年代日本东京的丛文阁出版的《帝国主义论》；2. 1924年日本东京的希望阁出版的《帝国主义论：帝国主义是资本主义的最高阶段》单行本，译者是青野秀吉；3. 1931年日本东京的改造社出版的《帝国主义论》单行本，译者为冈田宗司，该书共252页，按照16开规格设计；4. 1932年日本东京的橘书店出版的《帝国主义论》单行本，译者是松村登，该书共132页；5. 1936年日本东京的白扬社出版的《帝国主义论：帝国主义是资本主义的最高阶段》，译者是入江武一，该书共220页，收入《列宁重要著作集》系列；6. 1947年日本东京的社会书屋的《帝国主义论》单行本，译者是青野秀吉，这是希望阁在1924年出版的单行本的第二版，该书共178页，按照18开规格设计。[①]

除了这些国外的版本外，中国也是列宁这一名著翻译最早并且出版版本最多的国家之一，由此可见列宁的理论思想在中国传播的深度和广

① 参见刘长军、韩海涛、李惠斌：《列宁〈帝国主义是资本主义的最高阶段〉研究读本》，中央编译出版社2017年版。

度。据北京图书馆所编《列宁著作在中国：1919—1992年文献调研报告》考证，截至1949年，列宁的这一著作共有9个中译本出版，分别是：1. 李春蕃（柯柏年）译，发表在1924年5月12—30日《觉悟》杂志上，标题是“帝国主义”，节译第一至六节。1925年2月出版单行本，1926年1月再版，书名是《帝国主义浅说》，李春蕃译，沈泽民校，187页，小32开，竖排平装，出版者未署名。2. 上海启智书局于1929年6月出版了由刘埜平翻译、书名为《资本主义最后阶段帝国主义论》的全译本，186页，32开，竖排平装。3. 上海春潮书局在1930年1月5日出版了书名为《最后阶段的资本主义》的初版，这一版本是由章一元翻译的，是《帝国主义论》的全译本，184页，32开，竖排平装。4. 伯虎、流沙译，唯真校，贯雷总校的中译本，收在1931年莫斯科外国工人出版社出版的中文版《列宁选集》第八卷中。书前有“编者的话”，162页，32开，横排精装。1932年莫斯科外国工人出版社再版。1938年2月和1939年6月，延安解放社两次重印了这本收录《帝国主义论》的《列宁选集》第八卷的中文版，中国出版社1939 年 4 月也重印此

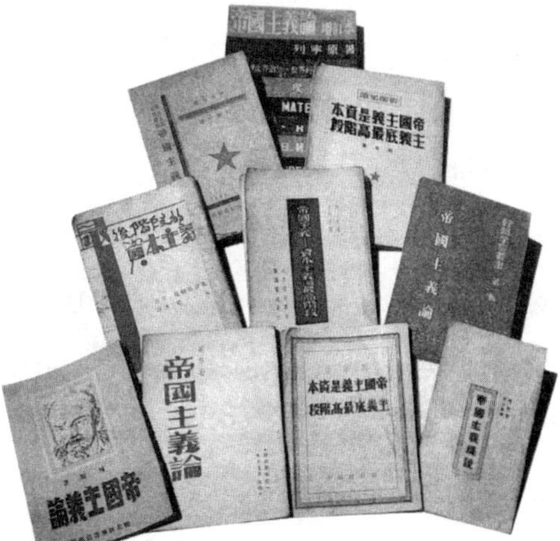

1925—1949年我国出版的列宁《帝国主义是资本主义的最高阶段》的部分中译本

书。[①]这本《列宁选集》第八卷的中文版，在1938年由莫斯科外国工人出版社重印成单行本出版，156页，32开，横排平装。重庆生活书店据此排印了1939年7月的初版单行本，1939年11月再版。这也就是我们本书要考证的版本。此版本的译名是《帝国主义——资本主义底最高阶段》，封面印有“世界名著译丛”字样，译者是王唯真，214页，32开，竖排平装。延安解放社1943年8月重印此书，251页，32开，竖排平装，书名为《资本主义发展底最高阶段帝国主义》。太岳新华书店1946年6月也重印了此书，192页，32开，竖排平装。5. 高希圣、郭真在神州国光社1932年8月出版的《经济学教程》一书中，节译了《帝国主义论》中的第一至八章和第十章，把这部分内容以“帝国主义”为题包含在教程中。6. 吴清友译、孙冶方校的版本，这个版本是上海新知书店在1937年6月25日出版的初版，1939年8月21日进行了再版，423页，大32开，横排，分平装和精装两种，书名是《帝国主义论增订本》。新中国成立后，这一版本又由上海中华书局重校排印，1951年1月初版，1951年4月再版，324页，大32开，横排平装。7. 唯真译校本，收录在1947年莫斯科外国文书籍出版局出版的《列宁文选》（两卷集）第一卷。同年出版单行本。其实，早在1931年莫斯科外国工人出版社就出版过中文版的《列宁选集》，收录了《帝国主义论》，当时的校者就是谢唯真。1947年版的《列宁文选》（两卷集）还是由莫斯科外国文书籍出版局来主持翻译成中文的，收录的《帝国主义论》译校者还是谢唯真。就《帝国主义论》而言，前后两个版本具有很多共同点。1947年的版本在

① 北京图书馆：《列宁著作在中国：1919—1992年文献调研报告》，书目文献出版社1995年版，第291页。

1949年以单行本的形式再版，初版166页，再版119页，大32开，横排平装。光华书店1948年1月重印，书名为《帝国主义论》。华北新华书店1948年9月、12月两次重印。华东新华书店1948年9月重印。此外，冀鲁豫新华书店、中原新华书店、北平新华书店、苏北新华书店、浙江新华书店、皖北新华书店、西北新华书店、上海新华书店等都在1949年以《帝国主义论》为书名重印了此书，这么多的书店重印此书，与解放战争的形势和《帝国主义论》被规定为“干部必读”的12本经典著作之一有关。这12本“干部必读”经典著作印刷发行册数达到惊人的300万册。这里需要格外提及的是，1949年4月，新中国书局也重印了此书，并被收入“干部学习丛书”第一辑。此外，解放社1949年7、9、12月在北京三次重印这一版本，解放社的华中版和汉口版也在1949年出版，可以说，这一版本是新中国成立前《帝国主义论》在中国传播最广的版本。8. 野耕书店1949年6月出版，书名是《帝国主义论》，缺第十节，译者未署名。9. 四川经济学会译，系解放前出版，但未署出版时间，收录在四川经济学会出版的《社会主义经济学》一书中，节译的是第一至八章和第十章，标题是“帝国主义”。①

以上为苏联、西方资本主义国家和中国截至20世纪50年代，列宁《帝国主义论》的出版情况，当然思想的传播不仅局限于书籍的出版，但书籍出版是最基本和主要的。从这一著作在各个国家多次再版的情况就可看出其受欢迎和认可的程度，下面我们就来介绍列宁的这部著作究竟写了什么内容，提出了什么样的有创见性的思想。

---

① 北京图书馆：《列宁著作在中国：1919—1992年文献调研报告》，书目文献出版社1995年版，第128页。

三、内容简介

《帝国主义论》的内容结构是，正文前面有两篇序言，正文由10个章节组成。这10个章节的题目是：一、生产集中和垄断；二、银行和银行的新作用；三、金融资本和金融寡头；四、资本输出；五、资本家同盟瓜分世界；六、大国瓜分世界；七、帝国主义是资本主义的特殊阶段；八、资本主义的寄生性和腐朽；九、对帝国主义的批评；十、帝国主义的历史地位。

第一篇序言是列宁由国外归来后于1917年4月26日写于彼得格勒的，是特意为《帝国主义论》的俄文初版所写的序言，主要谈的是他写作的过程和目的。这部论著写于苏黎世，写作时列宁深感研究参考资料不足，尤其是俄文资料匮乏，列宁借鉴了相关论题的主要英文资料，特别是霍布森的《帝国主义》这一论著，列宁给予了特别的重视。由此可以看出，列宁的写作是在阅读和研究大量当时成果的基础上进行的。列宁当时的写作还有应对沙皇政府书报检查的考虑。为了使论著作为“合法”读物出版，列宁不得不用非常模糊的词句来表达，尽量不使用涉及俄国的材料，甚至采取伊索寓言式的影射方式，这就使表达的意思容易走样。虽然有这样的缺陷，但是列宁还是通过这部论著达到了批驳资产阶级错误理论和社会沙文主义者、改良主义者的谎言，揭示帝国主义的经济实质这一基本问题的目的。

第二篇序言是1920年7月6日为法文版和德文版出版所作。在俄文版序言中列宁曾解释过，当时论著为了作为“合法”出版物出版，无论是思想还是语言表述上都留有遗憾。但这次德文版和法文版出版，列宁不准备对全文改写一遍，只想通过这篇序言对论著做一些概括和补充。这篇序言分5个小节，通过这5个小节列宁概括和补充了如下的思想：第一，这本论著的中心主题是发动第一次世界大战的各主要资本主义国家的经济在其国际相互关系上的总的情况，即是关于所有交战大国和全世界的经济生活基础材料的综合。而这些材料是真实可靠的，是根据资产阶级自己统计并公布的材料，而这些材料所反映的错综复杂的经济关系，体现着一种发展本质的必然性，即生产日益走向集中和垄断，金融寡头控制和瓜分着世界，这就造成更大规模的竞争和发展的更不平衡。在这样的经济发展状况下，帝国主义的战争是绝对不可避免的，它根源于帝国主义的侵略掠夺的本性，是帝国主义为了瓜分和重新瓜分殖民地和金融资本的势力范围而争夺的结果。这就从经济本质上揭示了帝国主义发动大战的真正原因。第二，第一次世界大战的性质是帝国主义的，它们把全世界卷入它们为争夺自己的利益而进行的战争之中，这既给世界人民带来了巨大的损失和灾难，也使人民日益认清帝国主义的本质，教育了人民，为无产阶级革命准备了条件。第三，为了做好进行无产阶级革命的准备，就必须批判“考茨基主义”这一国际思潮，第二国际的领袖和理论家们背弃了马克思主义，鼓吹各种机会主义、改良主义和社会沙文主义的主张，同资产阶级政府合流。尤其是过去的马克思主义者希法亭甚至比资产阶级思想家霍布森还不如，所以，必须同这些错误思潮和理论进行坚决的斗争，以把受资产阶级思想蒙蔽的广大群众争取过来。第四，第二国际的分裂、瓦解和腐烂以及这些领袖和理论家对无产阶级事业的背叛，不是偶然的，而是有着深刻的经济和阶级斗争的原因。这要从帝国主义的腐朽性上去认识。帝国主义具有寄生性，只有世界人口10%—20%的极少数特别富裕的国家不劳而获，专靠食利来剥削世界。其腐朽不但表现在寄生性上，而且利用超额利润来收买工人领袖和工人贵族，这个工人贵族阶层是资产阶级在工人运动中的代理人，是各种资产阶级思想的传播者，他们是革命的敌对势力，这就是第二国际及形形色色错误思潮产生的阶级基础和经济原因。第五，帝国主义是腐朽的、垂死的资本主义，是无产阶级社会革命的前夜，这已经被全世界范围的革命实践所证实，这一过程无论经历多长时间和怎样艰难曲折，最后必将以无产阶级革命的胜利而告终。

列宁在这篇序言中其实是把全书的思路作了一个概括和总结，即资本主义新变化的最本质特征是随着生产和资本的集中而走向垄断，这是帝国主义阶段全部社会生活的基础，也是认识这一历史阶段本质的原点。而垄断资本为了获得高额利润就必须把剩余资本投向更易获利的不发达地区，导致资本输出成为对外剥削的主要形式，由此产生了对殖民地的瓜分和重新瓜分，这正是战争爆发的真正根源。垄断所导致的帝国主义的五大特征和它在理论上的表现，体现了帝国主义的腐朽性和过渡性，它必然为新的社会形态所代替。从经济基础上去分析资本主义世界的新变化，去说明垄断资本对世界的瓜分所导致的战争，去认识帝国主义的历史地位和机会主义、改良主义思潮的阶级实质，这就是贯穿在《帝国主义论》全部10个章节中的逻辑主线。在概括这一思考逻辑时，列宁对论著当时作为“合法”出版物而没有顺畅表达的思想和材料作了重要补充，即关于第八章“资本主义的寄生性和腐朽”中垄断资本收买工人贵族，揭示社会沙文主义者和改良主义产生的经济原因和阶级基础，以及关于帝国主义是无产阶级革命前夜的判断，都做了充分的说明。

下面，我们就列宁思考的逻辑，结合列宁在《帝国主义论》中的具体阐述，来简要说明列宁这样思考的原因。从以上我们对列宁思考逻辑的分析中可以概括出列宁要说明的三个问题：

第一个问题是，资本主义新变化的实质是什么？垄断为什么是当代资本主义全部社会生活的经济基础？它是怎样或以什么方式实现的？形成着怎样的政治经济格局和后果？对这些问题的回答就构成了第一章"生产集中和垄断"、第二章"银行和银行的新作用"、第三章"金融资本和金融寡头"的内容，这三个章节可以看作一个连贯的单元，来说明垄断形成的原因、形式和结果。

在列宁看来，垄断来自生产和资本的集中，而这种集中是自由竞争发展的必然结果，所以，垄断虽然是自由竞争的对立物，但它恰恰是自由竞争发展的内在趋势。因为企业要在激烈的市场竞争中获胜、站稳脚跟，就必须做大做强，这就需要同一行业的不同企业之间或不同行业的各企业之间组成同盟，进行联合。这就使生产和资本日益集中到一个新的联合体中。"资本主义发展到了最高阶段，有一个极重要的特点，就是所谓联合制，即把不同的工业部门联合在一个企业中。"①由此产生了卡特尔、辛迪加、托拉斯、康采恩等形式的垄断组织。这些垄断组织规模大、技术装备优良、社会化程度高，可以促进生产力较快发展，就连技术发明和技术改进的过程也日益社会化了。因此，相比孤立分散的小企业，垄断组织更有竞争的优势，逐渐挤垮和淘汰了这些小企业，形成

① 中共中央马克思恩格斯列宁斯大林著作编译局：《列宁专题文集——论资本主义》，人民出版社2009年版，第109页。

了在一个行业内的几大垄断企业对原料、生产、销售的控制，并根据协议瓜分市场，确定产量规模和制定价格，以获得稳定的、高额的利润。生产的集中和垄断其实是资本主义适应社会化生产发展趋势的一种自我调整形式，因而自19世纪60—70年代开始萌芽后，迅速成长起来。列宁列举了大量的德国、美国和英国的公开发布的统计数据，说明到20世纪初，垄断组织已成为全部经济生活的基础，在分析了德国和美国的数据后，列宁得出了这样的结论：当时“一个工业部门的生产总量，往往有十分之七八集中在卡特尔和托拉斯手中”[①]。生产的集中和垄断是帝国主义的最本质特征，当垄断在经济生活中占据了主导地位后，资本主义也就发展到帝国主义阶段。

垄断对于缓解激烈的竞争和生产的无政府状态具有一定的作用，但是不会根本解决生产的社会化和生产资料的私人占有这一资本主义的根本矛盾。相反，由于利益的争夺是在更大的范围和技术力量更强的垄断组织间进行的，就会使竞争更为激烈，造成的混乱就更严重。“用卡特尔消除危机是拼命为资本主义涂脂抹粉的资产阶级经济学家的无稽之谈。相反，在几个工业部门中形成的垄断，使整个资本主义生产所特有的混乱现象更加厉害，更加严重。”[②]竞争导致了垄断，但垄断并没有消灭竞争，相反，却加剧着竞争，这就是帝国主义特有的辩证法。

垄断是帝国主义的首要经济特征，但垄断的形成要借助银行资本的

① 中共中央马克思恩格斯列宁斯大林著作编译局：《列宁专题文集——论资本主义》，人民出版社2009年版，第113页。

② 中共中央马克思恩格斯列宁斯大林著作编译局：《列宁专题文集——论资本主义》，人民出版社2009年版，第118页。

集中来进行。列宁由工业生产和工业资本的集中又引申出在帝国主义阶段银行的新作用。在列宁看来，银行的基本业务就是在流通的支付领域起到中介作用，把收集到的货币交给资本家使用，从而使不活动的货币变为盈利的资本。但在帝国主义阶段银行业在竞争中也走向了集中和联合，小银行被大银行排挤吞并，成为大银行的分行。在当时的德国，仅仅9家大银行的存款额就差不多是全国全部存款额的一半。随着银行日益集中到少数机构手中，它的作用也发生了变化，即由支付的中介人，经过势力和权力的极速膨胀，从而控制着企业命脉。“它们支配着所有资本家和小业主的几乎全部的货币资本，以及本国和许多国家的大部分生产资料和原料产地。”①这即是说，大银行通过以下几种方式来控制企业的生产过程：第一，直接吞并小企业。第二，通过购买或交换股票，通过债务关系体系等方式参与到资本运作中，把企业联合吸收到自己中来，形成垄断的康采恩。第三，在工业资本与银行资本融合的过程中，所谓二者的人事结合也发展起来，双方通过占有股票以及高级管理人员出任对方的监事或董事而日益融合。正是通过这些形式，银行不再是简单的中介人角色，“银行的作用根本改变了。分散的资本家合成了一个集体的资本家。……极少数垄断者就控制整个资本主义社会的工商业业务，就能通过银行的联系，通过往来账及其他金融业务，首先确切地了解各个资本家的业务状况，然后加以监督，用扩大或减少、便利或阻难

① 中共中央马克思恩格斯列宁斯大林著作编译局编：《列宁专题文集——论资本主义》，人民出版社2009年版，第120-121页。

信贷的办法来影响他们，以至最后完全决定他们的命运……”[①]。由此可见，帝国主义阶段不是一般的资本对世界的统治，而是金融资本对世界的统治，这样列宁就揭示出了帝国主义走向垄断的后果：金融资本和金融寡头对世界的剥削和统治。

金融资本是银行资本和工业资本相互融合所产生的一种新型的垄断资本形式，它是银行垄断资本与工业垄断资本通过金融联系、资本参与和人事参与融合在一起的产物。列宁在《帝国主义论》的第三章中主要分析了两者融合的资本参与形式。这种“参与制”是最高垄断者控制着母公司，而母公司又统治着它的女儿公司，女儿公司又统治着孙女公司，如此等等，这样拥有不太多的资本，就可以统治巨大的生产部门。这就使垄断者的权力大大加强，形成了金融资本对经济、政治的强制。“垄断既然已经形成，而且操纵着几十亿资本，它就绝对不可避免地要渗透到社会生活的各个方面去，而不管政治制度或其他任何‘细节’如何。”[②]

而金融资本的统治则意味着在国内产生了专门不劳而获的食利者阶层，在国际上则是拥有金融实力的发达国家对世界的剥削。“金融资本对其他一切形式的资本的优势，意味着食利者和金融寡头占统治地位，意味着少数拥有金融‘实力’的国家处于和其余一切国家不同的特殊地

① 中共中央马克思恩格斯列宁斯大林著作编译局：《列宁专题文集——论资本主义》，人民出版社2009年版，第125页。

② 中共中央马克思恩格斯列宁斯大林著作编译局：《列宁专题文集——论资本主义》，人民出版社2009年版，第147页。

位。”[①]这是帝国主义阶段金融资本垄断必然出现的结果。这样，列宁就逻辑地回答了这些问题，即：怎样认识资本主义新变化的实质？垄断是怎样形成的？具有什么样的形式和产生怎样的后果？为说明后面的问题提供了观察问题的出发点和方法。

列宁逻辑思考链条上的另一些问题是，帝国主义大战的爆发是怎样根源于金融垄断资本的？二者之间具有怎样的内在联系？列宁通过第四章“资本输出”、第五章“资本家同盟瓜分世界”、第六章“大国瓜分世界”三个章节来回答这些问题。

在列宁看来，帝国主义阶段垄断强国的对外关系就是资本输出代替了商品输出成为主导形式。因为资本的本性是逐利，在国内虽然农业还需要发展，劳苦群众的生活水准也需要提高，但投资于此，获利的空间并不大。并且恰恰是不发达的农业和较低的生活水平，才能保证工业的垄断利润。垄断联盟的发展，却造成了数量巨大的过剩资本。这就导致贫穷和过剩资本的恶性循环。因此，过剩资本的最好出路就是输出，输出落后的国家，才会有高额回报。这些国家资本少，地价低，原材料和劳动力价格都低廉，所以，资本的盈利就有了巨大的空间。同时，这些国家也有接受资本的需要，世界市场的形成把全球都卷入到世界的分工体系中，发展现代化的工业成为各国尤其是后发国家的必然选择，这种需求和必要的结合，就使资本输出在20世纪初期成为资本主义垄断强国的突出特征。同时，列宁进一步分析资本输出对于商品输出的促进作用，资本输出成了鼓励商品输出的手段。即“最常见的是，规定拿一部

① 中共中央马克思恩格斯列宁斯大林著作编译局：《列宁专题文集——论资本主义》，人民出版社2009年版，第148页。

分贷款来购买债权国的产品，尤其是军用品、轮船等等，作为贷款的条件”[①]。所以，这种资本输出其实是金融垄断资本对世界的瓜分和盘剥。

在第五章“资本家同盟瓜分世界”当中，列宁列举了大量的例子来说明资本家国际垄断同盟组织的产生，以及它们之间的争夺、协议和瓜分势力范围的过程。在列宁看来，由于在世界历史条件下，国内和国际两个市场是相互联系的，因而在国内市场已得不到高额利润的情况下，垄断资本必然去国际市场寻找出路，使国内的垄断走向国际的垄断。“随着资本输出的增加，随着最大垄断同盟的国外联系、殖民地联系和‘势力范围’的极力扩大，这些垄断同盟就‘自然地’走向达成世界性的协议，形成国际卡特尔。”[②]列宁列举了德国和美国电气集团的国际吞并、联合与参与而组成国际托拉斯垄断联盟进行竞争和瓜分世界的实例，说明这样世界性的托拉斯垄断组织，如美国的通用电气公司和德国的电气总公司各支配着几十亿的庞大资本，在世界各地建立起分支机构、代表机构、办事处等组织形式，参与到对当地电力生产的控制中去。这两大电力集团订立了瓜分世界的协定，美国通用电气公司分得了美国和加拿大地区，建立女儿公司并渗入新的工业部门。而德国电气总公司则分得德国、奥地利、俄国、荷兰、丹麦、瑞士、土耳其等地方的权益。这两大公司虽然暂时达成了和解，瓜分了各自获得的利益，消除了竞争，但并不排除对世界的重新瓜分，当发展的不平衡导致实力对比

---

① 中共中央马克思恩格斯列宁斯大林著作编译局：《列宁专题文集——论资本主义》，人民出版社2009年版，第153页。

② 中共中央马克思恩格斯列宁斯大林著作编译局：《列宁专题文集——论资本主义》，人民出版社2009年版，第155页。

发生变化时，新的更大规模的竞争和瓜分又将重新开始。这样列宁就从这种垄断金融资本在经济上的争夺引申到它的政治后果，从而揭示出帝国主义大战的深刻根源。

在列宁看来，当今的时代不同于以往，尽管殖民政策和所谓的帝国主义甚至在资本主义以前就存在了，但当代的殖民和帝国主义有着不同于以往的特殊性，这是一个同金融资本的垄断输出密切相联系的世界殖民政策的时代。这一时代有两个突出特征：一是帝国主义瓜分世界的步伐加快，殖民政策日益加强；二是争夺殖民地的斗争日益激烈和尖锐化。那么造成这种状况的原因是什么呢？现代帝国主义的经济根源和社会政治根源之间究竟有怎样的联系？这是认识这个时代的殖民政策必须研究和探索的问题。列宁对此作了这样的解答：第一，金融资本是一种存在于一切国际经济和政治关系中起决定作用的力量，它甚至可以支配在政治上完全独立的国家，而这种支配恰恰是金融资本统治和控制从属国家及民族的最根本的需要，这才能保障资本输出的安全和获利；第二，只有占领殖民地，才能充分保障垄断组织不但使用经济力量而且使用政治力量来自如应付同竞争者的斗争及其发生的意外事件；第三，资本输出的利益也同样地在推动资本主义国家去争夺殖民地。资本主义愈发展，愈需要对外的投资场所和原材料的资源，只有控制住殖民地，才能保证资本的输出和对原材料产地的需求，因而资本主义愈发展，对殖民地的争夺就愈加激烈，瓜分世界的活动也就会加速进行，同时也就会使资本主义国家的发展更加不平衡。金融垄断资本对世界的瓜分以及为保证这种瓜分，大国对殖民地的激烈争夺和重新瓜分，正是帝国主义大战的深刻根源，这样列宁就从金融垄断资本发展的必然性上回答了第二个问题：怎样认识世界大战的性质和爆发的原因？“金融资本和托拉斯不是削弱而是加强了世界经济各个部分在发展速度上的差异。既然实力对比发生了变化，那么在资本主义制度下，除了用实力来解决矛盾，还有什么别的办法呢？”①

在第七章“帝国主义是资本主义的特殊阶段”中，列宁总结了前六章的阐述，给什么是帝国主义下了一个经典的定义，即“帝国主义是资本主义的垄断阶段”②。列宁认为这个定义虽然能够包括主要观点，但过于精练，不足以全面说明帝国主义的各种关系及其内外联系。于是列宁在这个定义的基础上又加以发挥和补充，提出了我们今天所熟知的关于帝国主义五大特征的著名理论。即“（1）生产和资本的集中发展到这样高的程度，以致造成了在经济生活中起决定作用的垄断组织；（2）银行资本和工业资本已经融合起来，在这个‘金融资本的’基础上形成了金融寡头；（3）和商品输出不同的资本输出具有特别重要的意义；（4）瓜分世界的资本家国际垄断同盟已经形成；（5）最大资本主义大国已把世界上的领土瓜分完毕”③。

列宁的这种对帝国主义特征的阐释，是建立在对帝国主义经济本质认识的基础上的，从垄断和金融资本的统治所必然形成的国内和国际的各种错综复杂的现象来揭示出其内在本质和发展趋势，这就为批驳错误

① 中共中央马克思恩格斯列宁斯大林著作编译局：《列宁专题文集——论资本主义》，人民出版社2009年版，第183页。

② 中共中央马克思恩格斯列宁斯大林著作编译局：《列宁专题文集——论资本主义》，人民出版社2009年版，第175页。

③ 中共中央马克思恩格斯列宁斯大林著作编译局：《列宁专题文集——论资本主义》，人民出版社2009年版，第176页。

的认识，辨识帝国主义的腐朽性以及战争和革命等矛盾问题提供了方法指导。所以，在作出了这样的对帝国主义的论断之后，接着列宁就对帝国主义的腐朽性和内在矛盾进行了分析。

在第八章“资本主义的寄生性和腐朽”中，列宁揭露了帝国主义的垄断对生产的破坏和对内对外的剥削。

首先，垄断必然导致生产的停滞趋势，表明垄断对于生产、社会发展是起阻碍作用的。因为，第一，在规定了垄断价格的条件下，技术改进和技术更新的要求和动力就会削弱，甚至消失。第二，为了维持垄断价格，会人为地阻碍技术的进步。而技术的进步是生产和社会进步的原动力，阻滞技术进步说明了帝国主义已失去了存在的合理性，是腐朽的。

其次，垄断代替自由竞争意味着对生产和销售的控制依靠的是人为的因素，而不是依靠价值规律和市场，因而它既是对市场机制的破坏，又加重对其他国家的剥削。高额垄断利润的获得来自垄断政策，是对社会和大众的掠夺。

再次，金融资本的统治及其资本的输出，意味着资本集中在少数人手里和少数国家手里，这就使这些人开始脱离劳动过程，靠“剪息票”食利而生，这样终日游手好闲而不从事任何生产的人就会发展起来，表明了帝国主义不劳而获的寄生性。“资本输出，更加使食利者阶层完完全全脱离了生产，给那种靠剥削几个海外国家和殖民地的劳动为生的整个国家打上了寄生性的烙印。”[①]

---

① 中共中央马克思恩格斯列宁斯大林著作编译局：《列宁专题文集——论资本主义》，人民出版社2009年版，第186页。

最后，当时帝国主义的特征已不是某一大国独占垄断权，而是少数帝国主义大国为争夺、分配垄断权而展开激烈的斗争，这种状况必然反映到工人队伍中来，使机会主义同工人运动的矛盾冲突更加明显和不可调和。机会主义和社会沙文主义是帝国主义寄生性、腐朽性的一种表现，它现在已经腐烂，已同帝国主义的政策完全融合起来了。

既然帝国主义是寄生的、腐朽的，它的存在是对世界发展的阻碍，是现代战争的根源，对帝国主义就应在理论上进行无情的批判揭露，从而在实践上指引无产阶级革命的正确方向。但是，各种机会主义的错误理论鼓吹资产阶级的改良主义的主张，在工人运动中造成了思想混乱。因而列宁在揭示出帝国主义的寄生性、腐朽性之后，在第九章中以“对帝国主义的批评”为题，批判了各种资产阶级和小资产阶级对帝国主义肤浅的批评，实则维护帝国主义的改良主义和社会沙文主义的理论错误，尤其是考茨基的“超帝国主义论”。“资产阶级的学者和政论家替帝国主义辩护，通常都是采用比较隐蔽的方式，掩盖帝国主义的完全统治和帝国主义的深刻根源，竭力把局部的东西和次要的细节放在主要的地位。”①

考茨基就是这样，堕落到资产阶级改良主义中，与其同流合污，鼓吹“和平的民主”和“单纯的经济因素的作用”，即把帝国主义看成是一种资本主义采取的经济政策，幻想通过改变政策，从垄断倒退回自由竞争的资本主义，这是对马克思主义公然背叛的改良主义的骗局。不但如此，他又抛出了来自霍布森的臭名昭著的“超帝国主义论”，认为现

① 中共中央马克思恩格斯列宁斯大林著作编译局：《列宁专题文集——论资本主义》，人民出版社2009年版，第195页。

在的各垄断组织的相互竞争冲突局面以后会改变，垄断组织之间相互斗争的结果最后会形成更大的垄断同盟，一个所有帝国主义大国结成的总联盟，到那时竞争、矛盾冲突就会消失，就会被一个有计划的协调局面所代替。其实，帝国主义的发展并不能解决资本主义社会争夺利益的根本矛盾，幻想通过垄断而走向社会和世界和谐是不切实际的。

在批判了这些错误的理论观点后，列宁进入最后一个章节 “帝国主义的历史地位”，对帝国主义发展的前景和无产阶级革命的到来进行了预测。

在列宁看来，机会主义和改良主义的主张，其实是有它的阶级基础和经济根源的，这就是某一国家的资本家在获得了高额垄断利润后，就会拿出一部分去收买工人中的少数上层人物，形成工人贵族。但这并不能使资本主义长治久安，相反还会加剧资本主义的国内和国际矛盾。所以，可以得出这样的结论，任何事情都不能改变资本主义必然灭亡的历史命运，帝国主义的历史地位只是“过渡的资本主义，或者更确切些说，是垂死的资本主义”①。俄国十月革命的实践证明，无产阶级革命的时代已经到来。

① 中共中央马克思恩格斯列宁斯大林著作编译局：《列宁专题文集——论资本主义》，人民出版社2009年版，第211页。

《帝国主义是资本主义的最高阶段》王唯真译本考释

一、译介背景

列宁的《帝国主义论》是继马克思的《资本论》之后，对资本主义当时的发展进行科学分析并揭示其本质的又一力作。列宁直接继承了《资本论》的科学方法，通过对马克思主义辩证法的研究，运用辩证的方法去分析总结当时对资本主义新变化的研究成果，所以，《帝国主义论》无论是就理论内容来说还是就科学方法而言，都是列宁思想的代表性成果。苏联由此把列宁主义定义为马克思主义发展的新阶段，是帝国主义和无产阶级革命时代的马克思主义。正因如此，要了解列宁的思想理论就必须首先了解《帝国主义论》，当共产国际向各国共产党人宣传介绍列宁的思想理论时，《帝国主义论》也是当然之选，这也是《帝国主义论》先后被译成多国文字的原因之一。《列宁选集》中文版第八卷收录的伯虎译、唯真校的《帝国主义论》正是在这样的背景下诞生的。如果说《帝国主义论》在1931年被收在《列宁全集》中文版第八卷中是因为它在列宁思想中的重要地位，那么在1938年它被莫斯科外国工人出版社从第八卷中抽出单独排印出版，就不能只从它在列宁思想中的重要性方面去说明，单行本的出版必有当时的现实考虑。这就是时代已进入帝国主义的时代，帝国主义对世界的军事侵略和经济掠夺已是当时世界最重要的现实。经过第一次世界大战之后短暂的和平发展，由于帝国主义各国发展的不平衡性，后起的帝国主义强国不甘心自己的实力和所瓜分到的利益的不对等性，又蠢蠢欲动，尤其是德、日、意等国结成同盟，要求重新瓜分世界。到了20世纪30年代后期，中国的抗日战争全面爆发，第二次世界大战迫在眉睫，德、意、日法西斯张牙舞爪，威胁全世界。这充分证明了列宁对帝国主义的本性从经济角度揭示的逻辑思路是有说服力且基本符合实际的。在这样的历史背景下，各国的有识之士都在反思，为什么20世纪短短的几十年的时间里人类会遭受前所未有的两次世界大战的蹂躏？应怎样认识我们所处的时代？怎样认识帝国主义的本性？怎样看待面对的世界战争局面？而在认识、把握这些现实问题时，列宁的理论提供了科学的分析指导。据考证，当时毛泽东、周恩来等中国共产党领导人都曾系统阅读、研究过列宁的《帝国主义论》一书，毛泽东在评论《帝国主义论》中的科学方法论时曾说："马克思能够写出《资本论》，列宁能够写出《帝国主义论》，因为他们同时是哲学家，有哲学家的头脑，有辩证法这个武器。"①可见列宁这一论著当时的普及和受欢迎程度。而之所以能如此，则是因为它符合了对客观形势认识分析的需要。正如马克思所说："理论在一个国家实现的程度，总是取决于理论满足这个国家的需要的程度。"②

不但领袖人物，就是广大人民群众也迫切地要求更好地认识帝国主义的本性，了解战争的实质和最终结局。这对于遭受日本帝国主义侵略、面临亡国灭种危险的中华民族来说，是更为急迫的事情。所以，在1938年《帝国主义论》由莫斯科外国工人出版社印行了中文单行本之后，重庆生活书店很快于1939年7月就重新排印，接着1939年11月再

---

①《毛泽东文集》第八卷，人民出版社1993年版，第140页。

②《马克思恩格斯文集》第一卷，人民出版社2009年版，第12页。

版。这还是在国民党统治的中心区域，是在国共联合抗日的背景下，在救亡图存、中国向何处去的各种思潮的激烈争论中，人们迫切希望了解中国共产党人的主张，而要了解中国共产党人就要了解它的创始导师们的理论，尤其是列宁关于帝国主义的理论，这是救亡图存的历史背景决定的。这正是生活书店把《帝国主义论》中文版单行本重新在中国冠以“世界名著译丛”，重新排印出版的原因。

如果说《帝国主义论》在国民党统治区的出版发行是出于救亡图存的理论探索的需要，那么它在抗日根据地的广泛传播则用于直接指导革命实践。抗日战争全面爆发后，广大爱国青年冲破层层阻力，奔赴延安和各个抗日根据地，就有一个对他们进行马克思主义理论教育，树立革命信仰，坚定走革命道路的决心的问题。当时在延安干部队伍中有两部分人亟待提高马克思主义的理论水平，一部分是土地革命战争时期的老同志，他们既有实际的斗争经验又有坚定的信念，但文化水平不高，理论知识欠缺；另一部分是从全国各地涌向抗日根据地的青年干部，充满激情理想，有着旺盛的抗日革命热情，但也欠缺系统的马克思主义理论的教育，亟须学会用马克思主义的立场、观点、方法去观察处理问题。鉴于这种情况，1938年中共扩大的六届六中全会作出了在全党进行一次马列主义基本理论学习教育运动的决定，强调提高党员干部的文化素质和思想水平对于形成一支革命的、有坚强战斗力的抗日队伍的重要意义。毛泽东认为，没有文化和理论的军队是愚蠢的军队，而愚蠢的军队是狭隘的、不能战胜敌人的。为此，在全会上毛泽东对党员干部进行了这样的激励：“……从我们这次中央全会之后，来一个全党的学习竞赛，看谁真正地学到了一点东西，看谁学的更多一点，更好一点。”[①]

党对马列主义的学习宣传教育非常重视，1938年就在延安成立了解放社，负责出版马列主义经典作家和党的领导人的重要著作，为普及马克思主义做出了突出贡献，成为中国翻译出版马列经典著作的主要机构。同时，为了满足广大干部的学习之需，延安马克思列宁学院决定组织力量，从去苏联和欧美留学的有较好外文功底的人员中抽调精兵强将，组成马列经典著作的翻译团队，系统翻译了一批“马克思恩格斯丛书”和《列宁选集》，其中列宁的《帝国主义论》由于同抗日战争的形势密切相关，又是标志列宁思想的代表之作，理所当然成为翻译出版的重点。据北京图书馆考证，“根据联共（布）中央马克思恩格斯列宁学院编的《列宁选集》俄文版6卷集编译，原计划编20卷，于1931年—1934年在莫斯科由苏联工人出版社出版了一部分，解放社的版本，一部分是根据苏联外国工人出版社的版本重印的，一部分是由何锡麟、柯柏年、王实味、吴亮平、林仲等人翻译的，实际出版16卷，第14、15、19、20卷没有出版”[②]。这段考证是说，在延安时期，中宣部原打算翻译一套《列宁选集》，共计20卷，作为广大干部群众学习研究列宁思想的资料。这套选集最后只出了16卷，在已出的16卷中，有一部分已由莫斯科外国工人出版社翻译成中文出版了，这些卷在编辑时就很容易了，拿过来再排印就行，而另一些则要重新译成中文。其中收录了《帝国主义论》的《列宁选集》中文第八卷，属于前一类，在1931年就被译

---

① 《毛泽东选集》第二卷，人民出版社1991年版，第533页。

② 北京图书馆：《列宁著作在中国：1919—1992年文献调研报告》，书目文献出版社1995年版，第291页。

成中文公开出版了。北京图书馆考证如下："第8卷，伯虎、流沙译，唯真校，贯雷总校，苏联外国工人出版社1931年出版，162页，32开，横排精装，收录列宁《帝国主义是资本主义的最高阶段》，书前有编译部的话（1932年5月），中共中央编译局图书馆收藏。苏联外国工人出版社又于1932年出版。延安解放社1938年2月、1939年6月两次重印。中国出版社1939年4月重印，中共中央编译局图书馆收藏。"[①]从《列宁选集》第八卷的情况可知，《帝国主义论》在抗战初期就在延安等抗日根据地得到了广泛的传播，多次重印再版，并且作为单行本出版的《帝国主义论》也在延安解放社重印出版，可见其传播和受欢迎的程度。"延安解放社1943年8月重印，251页，32开，竖排平装，书名是《资本主义发展底最高阶段帝国主义》。太岳新华书店1946年6月重印，192页，32开，竖排平装。"[②]

从以上情况的分析中我们可以看出，伯虎、唯真译本在中国的出版发行最初是源自宣传介绍列宁的理论，但是列宁的帝国主义理论之所以能够成为苏联译介列宁思想的重点内容，被中国各阶层的人士，包括根据地还有国民党统治区的广大人民所接受，还是因为这种理论思想正确地揭示了帝国主义的本质，切合了时代发展的需要，广大人民群众需要更好地把握时代发展的事实及其发展的规律和趋势，更好地认识帝国主义，这种理论和现实的双重原因就构成了译介列宁《帝国主义论》的深

① 北京图书馆：《列宁著作在中国：1919—1992年文献调研报告》，书目文献出版社1995年版，第291页。

② 北京图书馆：《列宁著作在中国：1919—1992年文献调研报告》，书目文献出版社1995年版，第128页。

刻背景。这种译介的理论和实践要求的双重背景，通过与它相关联的唯真又一次译介《帝国主义论》也清楚地展现出来。在1946年为了传播列宁主义思想，莫斯科出版了两卷本的俄文版《列宁文选》，在《列宁文选》第一卷中收录了《帝国主义论》。1947年莫斯科外国文书籍出版局就把这两卷本的《列宁文选》翻译成中文出版。其中谢唯真翻译并校对了《帝国主义论》，这一版本的《帝国主义论》就正式归属于谢唯真，署名则是唯真。在1949年这一版本再版，这是在新中国成立之前，列宁的这一名著在中国传播最广、出版次数最多的一个版本，有数十家出版社排印出版并再版，总印数达到300万册。之所以如此，是因为这时中国共产党人开始把工作中心转向了城市建设。进城是一场“大考”，要管好城市，建设新中国，就必须提高文化素质和思想理论水平，所以，毛泽东号召党员干部加强理论学习，尤其要通过经典作家本人的代表著作去理解经典作家的思想，为此，在1949年2月，中共中央确定了马列经典著作12本作为“干部必读”的书籍，其中列宁著作有3种，《帝国主义论》就是其中之一。[①]正因为谢唯真译校的版本被规定为干部的必读教材，所以这一版本才得到了大规模的出版传播。但是这一论著能够入选12种“干部必读”教材，却是源于它同历史实际的密切关联程度。当时虽然第二次世界大战已经结束，抗日战争也已成为历史，国内的主要矛盾发生了变化，中国人民同以国民党为代表的大地主大资产阶级的矛盾成为主要矛盾。但是，历史仍处在帝国主义和无产阶级革命的时代，资本主义的经济垄断的发展趋势不但没有削弱，反而日益加强，以

① 刘长军、韩海涛、李惠斌：《列宁〈帝国主义是资本主义的最高阶段〉研究读本》，中央编译出版社2017年版。

美国为首的西方资本主义国家趁着法西斯国家在世界的失败，要取而代之，对世界上的不发达国家加紧了侵略、掠夺和控制，形成了一个新的以美国为首的不合理的世界分工体系，美国妄图称霸全世界，把经济上的剥削和政治上的压迫强加在各国人民的头上。世界各地战火不断，战争的危险时刻威胁着各国人民的生命财产安全，充分暴露了帝国主义的侵略本性。在这样的历史条件下，对帝国主义的研究不但没有过时，相反，正切合时代发展的需要。尤其是中国，近代以来有近100年的帝国主义侵略的历史，深受帝国主义压迫之苦，中国近代以来积贫积弱就是帝国主义侵略造成的，可以说，中国人民同帝国主义的矛盾就是中国近代发展的最主要矛盾，中国共产党领导全国人民进行英勇的斗争就是为了推翻帝国主义及其代理人在中国的统治。所以，列宁的《帝国主义论》对帝国主义经济垄断本性的科学分析，对帝国主义侵略扩张的必然性趋势的揭示，为中国人民反对帝国主义的实际革命斗争提供了有力的思想武器，这正是列宁的这一名著在中国广泛传播，不断被重新译介出版，并作为干部必读教材的原因。

二、译者介绍

《帝国主义论》的中译本有很多种，而现在考释的这本则是重庆生活书店1939年11月再版的版本，书名是《帝国主义——资本主义底最高阶段》，封面印有“世界名著译丛”字样，译者是王唯真。

与本书所关联的译者王唯真曾是新华通讯社代理社长，在某些传记材料中，这本译著就归在新华社的王唯真名下。

右图的书影，封面上译者是王唯真。但笔者对此存有疑问，认为这只是从名字而来的以讹传讹的结果，真正的译者并不是新华社的王唯真。理由如下：第一，王唯真并没有翻译马列经典著作的经历。从现有的传记材料看，除了一份材料写着王唯真在1938年和1939年翻译出版过4部马列经典著作，其中就包括这个版本的《帝国主义论》，并附有本书封面，此前和此后都再无翻译和出版记载。笔者认为这4部著作也不是新华社王唯真译的，原因后述。而其他的介绍材料和亲友的回忆以及本人的自述材料都没有谈到过翻译经典著作的经历。固然王唯真英语水平很高，1941年11月开始到新华社英文翻译组担任翻译，但他翻译的都是新闻稿件，而非大部头的外文著作，两者之间的区别还是很大的。并且从王唯真成长的经历来看，也没有专门地学习外语尤其是俄语以及从事过与翻译有关工作的记载。此前他一直在菲律宾中学读书，也没有资料证明他较早地信仰马列主义，熟悉并阅读马列经典著作。这说明王唯真当时并不具有翻译马列经典著作的能力和条件。第二，从成长经历的时间与论著出版的时间上看也对不上。新华社的王唯真出生于1923年，在1938年15岁时到了香港八路军办事处要求回国抗战，而他翻译的4部马列经典著作都是1938年出版，一个15岁的孩童在此前不具备条件的情况下，译出3部政论性巨著，应该说可能性很小。虽然我们考证的这一论著出版于1939年，他也16岁了，但是在1938年5月至1939年5月的一年时间内，他一直随南洋华侨司机服务团

《帝国主义》王唯真译本封面

车队绕道越南辗转奔向延安。在这样的环境下，很难想象他小小年纪会在途中专心去翻译列宁的著作拿到重庆出版。第三，我们考证的这一版《帝国主义论》其实是1931年莫斯科外国工人出版社的《列宁选集》中文版第八卷。据北京图书馆所编《列宁著作在中国：1919—1992年文献调研报告》中考证：《帝国主义是资本主义的最高阶段》中译本有12种，按出版时间排在第四种的是："伯虎译，唯真校，收在1931年莫斯科外国工人出版社出版的《列宁选集》中文版第八卷。1938年莫斯科外国工人出版社出版单行本，156页，32开，横排平装。重庆生活书店1939年7月初版，1939年11月再版，224页，32开，竖排平装，书名是《帝国主义——资本主义底最高阶段》。"[①]北京图书馆的考证显示了这样的信息：首先，本书考证的重庆生活书店出版的《帝国主义论》与莫斯科外国工人出版社的中译本是同一个版本，所以，北京图书馆是把两者编排在一起的。根据这个线索，我们对比了1931年版的《列宁选集》中文版第八卷、1938年版的《帝国主义论》的中文单行本与重庆生活书店版本的异同，证明北京图书馆的考证是正确的、可信的，二者的结构和译文基本相同。可以认定重庆生活书店版本就是莫斯科外国工人出版社中文版的再次排印。其次，如果认定我们考证的译本是来自《列宁选集》中文版第八卷，那么可以断定译者不可能是王唯真，因为1931年时，王唯真只有8岁，即使是天才，这也是不可能的事情。而当时书上写明的校对者就是唯真。可见，当时作为校对者的唯真另有其人，所以，北京图书馆在说明该考证版本时，并没有根据书上标明

---

① 北京图书馆：《列宁著作在中国：1919—1992年文献调研报告》，书目文献出版社1995年版，第128页。

的译者名字把译者认定为王唯真。再次，能与该版本的翻译对应上的唯真应是谢唯真。因为谢唯真的译者笔名就是唯真，他翻译的很多经典著作都冠以“唯真”这一译名。而在《列宁选集》中文版第八卷中出现的校对者唯真，就是谢唯真。包括以后在1949年莫斯科外国文书籍出版局再版的中文单行本《帝国主义是资本主义底最高阶段》所标明的校译者唯真也是谢唯真。[①]

谢唯真

同时谢唯真的工作、生活经历也同该书的翻译能够统一起来。笔者搜集到的谢唯真的介绍材料是这样的：唯真，即谢唯真（1906—1972），曾用名谢建民。1906年8月出生于湖南省桃源县善溪乡的书香之家。1914年在慈利县两汉溪高等小学读书，1920年考入校址在常德的湖南省立第二师范学校读书，1923年在该校读书期间加入中国共产主义青年团，不久转入中国共产党。历任中国社会主义青年团常德特别支部组织干事、团地委组织部长、湖南省农民协会秘书长。大革命失败后，1927年春，谢唯真由中共党组织保送至苏联，入莫斯科中国劳动大学学习，与中共著名领导人张闻天、王稼祥等是同学。1929年秋毕业后，他又入莫斯科中国问题研究院，在该院研究班学习，与杨尚昆等同为研究班的研究生。这就为他精通俄语，熟悉列宁、斯大林等人的政治理论思想提供了条件，为翻译马列经典著作奠定了基础。一年后，谢唯真开始从事与翻译有关的

① 北京图书馆：《列宁著作在中国：1919—1992年文献调研报告》，书目文献出版社1995年版，第128—129页。

工作，在共产国际出版部担任《共产国际》杂志中文版编辑、马列主义经典著作译校员。1937年春，他开始从事专业经典著作翻译工作，被调到苏联外国文书籍出版局，历任中文编辑部主任、经典著作责任编辑、中文编辑部主任编辑等职。而来自莫斯科外国工人出版社中文版的20世纪30年代的重庆生活书店版的《帝国主义论》版本，正是谢唯真在担任马列著作译校员和外国文书籍出生版局经典著作中文责任编辑期间发生的事情。因此，无论从谢唯真早年的学习生活成长经历，还是他后来的专业翻译工作过程及时间的符合性上，都可以认定，笔者考证版本的译者应是谢唯真。另外，这种认定还可以通过笔者上面提到的莫斯科外国文书籍出版局在这之后于20世纪40年代出版的也是流传最广的《帝国主义论》版本得到证实。《帝国主义论》1938年中文单行本与1949年中文单行本，可以说是姐妹篇。因为出版单位是同一个，莫斯科外国工人出版社后来改名为莫斯科外国文书籍出版局，并且，一个是对《列宁选集》中文版第八卷的排印，一个是对《列宁文选》（两卷集）第一卷的排印。一个版本标注着“唯真校”，另一个版本直接就标印着“唯真（谢唯真）译校”，并且我们核对了原文，从译文的特征来看，同1938年莫斯科外国工人出版社标注着“唯真校”的单行本译本也是类似的，当然在近11年的时间里，译文的一些变化还是有的，体现了马克思主义中国化的进展。关于这方面的详细情况我们在后面的译文解析章节将详细分析。从这种姐妹篇的关系，我们也可以佐证谢唯真才是真正的译者。其实，这一事实是很容易考证清楚的，谢唯真在新中国成立前，一直在莫斯科外国文书籍出版局从事马列经典著作的翻译工作，翻译了大量的马列经典著作，包括《怎么办》《什么是人民之友》《论马克思主义》《马克思恩格斯文选》《列宁文选》《列宁主义问题》《列宁全集》《斯大林全集》等，甚至《共产党宣言》“莫斯科百年版”的译者按考证也是谢唯真。①谢唯真1956年回国，在中央编译局工作，任校审主任，继续从事马列经典著作的翻译出版工作。“文化大革命”期间，他被极左路线诬陷为“苏修特务”而受到迫害，1972年在北京含冤去世，终年66岁。党的十一届三中全会后，他的冤案得到平反。谢唯真长期从事党的理论宣传工作和经典著作的翻译出版工作，为马列主义经典著作的翻译出版和马列主义的传播做出了贡献。之所以出现重庆生活书店版《帝国主义论》译者不清楚的情况，是当时历史条件造成的，而笔者的考证则力图还原历史的事实，并依据这种认定来考察当时的翻译出版情况。

三、编译过程及出版情况

本考证版本的源头是来自莫斯科外国工人出版社1931年出版的《列宁选集》中文版第八卷，162页，32开，横排精装，1932年再版。

这里收录的《帝国主义论》的版本的编辑内容是这样的，书前有“译者底话”（1932年5月），主要说明列宁这一论著的意义是对马克思《资本论》的继承，并在此基础上对资本主义变化的科学分析和经济必然性的揭示，从而成为列宁理论的基点和无产阶级革命实践的理论指导，并有一部分内容专门提到了对中国以及像中国这样的殖民地和半殖

---

① 王保贤：《〈共产党宣言〉“莫斯科百年版”译本的几个问题》，载《中华读书报》2011年8月3日第14版。

民地国家反抗帝国主义剥削压迫实践的指导意义。在最后，对本书的成书、书名来历、注释和翻译的分工作了简单的介绍。除了书前的“译者底话”之外，后面的内容是列宁自己写的两篇序言：一篇是1917年4月26日俄文初版时写的介绍本书写作过程的序言；一篇是1920年7月6日为法文版和德文版出版而写的序言，这是一篇分为5个标题的较长篇幅的序言，对俄文版的内容作了一些重要的修改和补充，并且概括了全书的思维逻辑与线索。在两篇序言之后是正文，正文分为10个章节：第一章“生产集中与垄断”；第二章“银行及其新作用”；第三章“财政资本与财政寡头制”；第四章“资本输出”；第五章“各资本家联合间之瓜分世界”；第六章“列强之瓜分世界”；第七章“帝国主义是资本主义底特殊阶段”；第八章“资本主义底寄生性与腐化”；第九章“对于帝国主义的批评”；第十章“帝国主义底历史地位”。在这10章内容之后是附录和注释。

这个《列宁选集》中文版第八卷的版本与中央编译局2009年版《列宁专题文集》中收录的《帝国主义论》的版本，在译法上还是有很大差别的。从结构上看，莫斯科版把10个章节直接称为章，即第一章、第二章等，但现在的版本则不再称为章，直接用一、二、三等表示，这个差别是很大的，在后面的章节中笔者将详细分析这种差别意味着什么。另外，不但是1931年的《列宁选集》中文版第八卷，而且1938年莫斯科外国工人出版社出版的《帝国主义论》中文单行本，还有笔者考证的这个重庆生活书店出版的《帝国主义——资本主义底最高阶段》都是同样以章来称呼，这也是笔者认定这三个版本存在内在关联的证据之一。这三个版本不但在内容的编排上惊人地相似，而且书前面的编辑者的话也高度相似，一些译得不准确的地方也是相同的。因此，笔者才认定这三个版本所标的译者的那个“唯真”，应是谢唯真而不是王唯真，并把这三个版本的编辑和出版发行放在一起来考察。

由伯虎译、唯真校的《帝国主义论》最初收录在《列宁选集》中文版第八卷，由莫斯科外国工人出版社在1931年出版，出版信息不详。1932年再版。延安解放社1938年2月和1939年6月两次重印。延安解放社的两次重印，是当时中共中央宣传部为了配合干部学习运动而准备系统翻译一批“马克思恩格斯丛书”和《列宁选集》计划的一部分，对当时的学习运动、了解列宁的思想有一定的促进作用。但具体出版情况不详。后于1939年4月由中国出版社再版。这是收录了《帝国主义论》的《列宁选集》中文版（20卷本）第八卷在中国的出版发行情况。

在《列宁选集》中文版第八卷的基础上，1938年莫斯科外国工人出版社把《帝国主义论》从第八卷的文献中抽取出来，单独成书作为单行本出版。笔者考证的重庆生活书店版应是这个单行本的重新排印。这个单行本同1931年的《列宁选集》中文版第八卷中收录的《帝国主义论》比较起来，在目录结构及词语译法上完全一致，表现了两者的亲缘关系，都是出自莫斯科外国工人出版社的伯虎和唯真译校本。二者的不同是单行本的正文前面并没有“译者底话”，这样原《列宁选集》中文版第八卷对译者分工的说明在单行本中就被取消了。莫斯科外国工人出版社的这一做法，在当时可能是很通行的，因为当时读者重视的主要是内容而不是译者，但这样做的结果就使这一译本在国内的排印容易出现译者不清的情况。这就是笔者考证的重庆生活书店译本出现译者不清情况的主要原因之一。这一单行本传到国内后就被重庆生活书店于1939年7月重新排印出版，书名是《帝国主义——资本主义底最高阶段》，译者署名是王唯真，并于1939年11月再版。这两版的具体发行情况不详。除了在国民党统治区排印外，这一单行本还于1943年8月被延安解放社重印，251页，32开，竖排平装，书名是《资本主义发展底最高阶段帝国主义》。太岳清华书店于1946年6月重印，192页，32开，竖排平装。在根据地的两次重印情况也不详。

与此相关的另一个唯真的《帝国主义论》译本是1947年收录在莫斯科外国文书籍出版局出版的《列宁文选》（两卷集）第一卷中的译本，译者署名是"唯真译校"。这一译本同20世纪30年代的译本相比较在译文上是有进步的，如第五章的题目不再译成"各资本家联合间之瓜分世界"，而是译成"各资本家同盟彼此分割世界"，这就更准确地表达了列宁的思想。并且，更为重要的是在结构上不再把每个题目称为某一章，而是直接用中文数字一、二、三等表示，这就同原文更加符合，更接近中央编译局现在的译法。尽管有这些改进和变化，但总体来说，前后两个译本的相似度还是很高的。《列宁文选》中收录的译本在1949年由莫斯科外国文书籍出版局出版成单行本。这就是作为"干部必读"而指定的版本，在中国得到过广泛的流传，各地新华书店纷纷出版，发行量达到惊人的上百万册。

"本书于1949年7月由解放社按莫斯科外国文书籍出版局1947年出版的中文本翻印，书后附简要注释三条，作为解放社第一版，列为'干部必读'之一，由新华书店在全国发行。同年11月、12月先后印行第二版和第三版。1951年4月，解放社又按莫斯科外国文书籍出版局1949年所出最新中文版翻印，作为第四版发行。”[①]

① 人民出版社马列著作编辑室：《马克思、恩格斯、列宁、斯大林著作中文本书目、版本、简介1950—1983》，人民出版社1985年版，第122页。

《帝国主义是资本主义的最高阶段》王唯真译本译文解析

重庆生活书店版的《帝国主义论》是脱胎自莫斯科外国工人出版社出版的《帝国主义论》中文版的单行本，带有专业翻译的性质，因而翻译的水平较高，能真实准确地表达出列宁所阐述的思想和逻辑。但由于历史条件和认识程度的限制，以及当时语言和术语习惯与今天的差异，也有一些在今天看来不尽如人意的地方。

一、术语考证

1. 把“沙文主义者”译成“国家主义者”。这句话是这样的：“社会国家主义（口头上是社会主义，实际上是国家主义）是完全叛变了社会主义的叛徒。”①列宁说这句话的意思是批判第二国际的领袖们对待第一次世界大战的社会沙文主义立场，打着保卫祖国的旗帜，支持帝国主义的战争。但把“社会沙文主义”译成“社会国家主义”是不准确的。二者各有不同的含义，有联系，但并不等同。国家主义是近代以来关于国家主权、国家利益与国家安全问题的一种政治学说，最高价值导向是以国家利益为本位，提倡为国家的独立、主权、繁荣和强盛而奋斗。所以，国家主义有积极的一面，在民族、国家的历史条件下，它同爱国主义的情感是联系在一起的。但是社会沙文主义是一种资产阶级极端化的

① ［苏联］列宁：《帝国主义——资本主义底最高阶段》，王唯真译，生活书店1939年版，“序”第2页。以下凡引此书，仅在文中标注页码。

民族主义，它鼓吹本民族利益至上，掀起民族仇恨，煽动征服和奴役其他民族的狂热的富有侵略性的民族主义，所以，不能将沙文主义与国家主义等同混译。但在20世纪30年代的认识水平下，人们还认识不到这种差别，而到了40年代，唯真再译校此处时，则改了过来，不再译成“社会国家主义”，而译成“社会沙文主义”，体现了认识的进展。[①]

2. 把“传播”译成“经营”是不准确的。在歌功颂德的资产阶级教授看来“建筑铁路似乎是一种普通的、自然的、民主的、文化的、传播文明的事业”[②]。但重庆生活书店译本则译成：“建筑铁路，这似乎是一种简单的、自然而然的、民主的、文化上的、文明的经营。”（“法文版与德文版序言”第3页）在这里把文化和文明用“经营”来表达是不妥当的，因为经营具有筹划、谋划、组织、管理等含义，用于具体的事物，并多指涉企业、市场、商业等活动，如经营企业、商店、饭店、畜牧业等。而这里说的是文明和文化，是抽象的精神性的东西，通常用“传播”这样的词语来翻译。因传播包含有信息散布的含义，是利用一定的媒介和途径来进行的有目的信息传递活动，用于抽象的精神性的散布活动的译介是适合的。

3. 把“文丐”译成“苦力”也是不准确的（“法文版与德文版序言”第5页）。列宁在“法文版与德文版序言”中，以嘲讽的口吻抨击了那些受雇佣的为帝国主义歌功颂德的鼓吹和平与改良的资产阶级的文

① [苏联] 列宁：《帝国主义是资本主义底最高阶段》，唯真译校，莫斯科外国文书籍出版局1949年版，第5页。

② 中共中央马克思恩格斯列宁斯大林著作编译局：《列宁专题文集——论资本主义》，人民出版社2009年版，第101页。

人，这些受雇佣而为资产阶级进行宣传美化的文人，按照现在的说法应叫“文丐”，即思想陈腐，只会套用旧体写作来讨好世俗，借以谋生的人。列宁以“文丐”来称呼这些被收买的、丧失良心和气节、颠倒黑白的资产阶级学者。但唯真译本在翻译此处时，却不准确地译成了“苦力”。而苦力一般是指做体力劳动的干重活的劳动者。显然把这些受雇佣的学者译成“苦力”不仅是不合适的，而且容易引起歧义，误会成劳苦大众。所以，在1949年再译校的版本中，唯真在这里作了修改，增加了修饰词，把其称为“刀笔苦力”，以区别于劳苦大众。[①]但这种修饰仍然不如用“文丐”那样确切，可见当时的理解和表达的历史局限性。

4. 把“意识形态”译成了“思想系统”（“法文版与德文版序言”第8页）。在《帝国主义论》中，列宁特别批判了“考茨基主义”的错误。认为“这个思潮，一方面是第二国际瓦解、腐烂的结果，另一方面是由于整个生活环境而被资产阶级偏见和民主偏见所俘虏的小资产者的意识形态的必然产物”[②]。在列宁的这段论述中，出现了一个哲学的概念术语，即意识形态，这一概念在现在的中国是经常使用的，它指的是建立在一定经济基础之上的具有鲜明阶级性的思想观念体系。但重庆生活书店译本把“意识形态”译成“思想系统”，这是不准确的。因为思想系统的蕴意是思想体系，这是一个比意识形态要宽泛的概念，它是相对于低级的社会心理而言的，只要思想是成系统的、成体系的，都是高

---

① ［苏联］列宁：《帝国主义是资本主义底最高阶段》，唯真译校，莫斯科外国文书籍出版局1949年版，第9页。

② 中共中央马克思恩格斯列宁斯大林著作编译局：《列宁专题文集——论资本主义》，人民出版社2009年版，第103页。

级的社会意识形式。成体系性、成系统的存在是高水平的社会意识形态的特征。但是，高水平的社会意识形态既可以是有阶级性的，如政治、法律、道德、艺术、宗教、哲学等；也可以是没有阶级性的，如大部分的自然科学、语言学、形式逻辑等。有阶级性的称作社会意识形态或上层建筑的社会意识形式；没有阶级性的不同特定经济基础相联系的社会意识形态称作非上层建筑的社会意识形式。正因有这样两类，就不能把“意识形态”简单地译成“思想系统”，二者并不能完全等同。从唯真后来的译本看，这一点也没有纠正，体现了对哲学基本理论理解的欠缺。[①]

5. 用“提拔”这一概念来说明帝国主义发展的不平衡性是不恰当的（“法文版与德文版序言”第11页）。列宁在“法文版与德文版序言”的第五部分中，谈到了帝国主义的腐朽性，认为“就是资本主义的寄生性和腐朽，而这是资本主义的最高历史阶段即帝国主义所特有的。正如本书所证明的，资本主义现在已经划分出极少数特别富强的国家（其人口不到世界人口的 $\frac{1}{10}$ ，即使按最‘慷慨’和最夸大的计算，也不到 $\frac{1}{5}$ ），它们专靠‘剪息票’来掠夺全世界”[②]。在这段话中现在的译法使用了“划分”这一概念来说明在帝国主义的发展中出现了少数特别富强的国家这一事实，“划分”在这里的含义是区分，是我们的认识对客观事实的分析，而不是人为地改变客观事实。但是笔者考证的唯真译本在这里使用了“提拔”一词来翻译，译文就变成了“资本主义现在已经提

① ［苏联］列宁：《帝国主义是资本主义底最高阶段》，唯真译校，莫斯科外国文书籍出版局1949年版，第10页。

② 中共中央马克思恩格斯列宁斯大林著作编译局：《列宁专题文集——论资本主义》，人民出版社2009年版，第105页。

拔出少数特别富强的国家”，显然这不是列宁要表达的意思，一些发展快的资本主义强国绝不是任何提拔的结果，提拔是主观人为的，而帝国主义列强则是客观条件形成的。从认识来说，即使认识是主观的，也不能任意“提拔”，要根据客观实际。因而不清楚谢唯真为什么要这样表达列宁的这一思想。这并不是一个难以理解的深奥问题，“提拔”与“划分”、“区分”的使用差别也是明显的，按理说不应译错。更令人难以理解的是在后来1949年的唯真译校本中，唯真意识到这里存在的问题，因而作了修改。但虽作了修改，却换了一个更难理解的概念来说明，即把“提拔”修改成“分泌”[①]，这样译文就变成了“资本主义在发展中分泌出极少数富强国家”，这就更不利于确切地表达列宁的原意。

6. 把“专业性的语言”译成“大众的普通的语言”，却不恰当地表述为“人类的语言”（第20页）。德国经济学家克斯特纳写了一本关于垄断组织卡特尔与非垄断组织的企业之间斗争情况的专论，由于讲的情况和使用的术语都非常专业化，一般读者很难弄清他要讲的问题。因此，列宁在介绍这本书时说：“译成普通人的语言，这就是说：资本主义已经发展到这样的程度……”[②]列宁在这里的表述是很清楚的，就是把太专业太复杂的表述换成大众易懂的日常话来说。但唯真把“普通人的语言”译成了“人类的语言”，这就完全弄错了列宁的意思，使人感到莫名其妙，克斯特纳说的不是人类的语言吗？把他说的话译成

① ［苏联］列宁：《帝国主义是资本主义底最高阶段》，唯真译校，莫斯科外国文书籍出版局1949年版，第11页。

② 中共中央马克思恩格斯列宁斯大林著作编译局：《列宁专题文集——论资本主义》，人民出版社2009年版，第117页。

"人类的语言"，这个译法太过离谱。所以，唯真在1949年的版本中作了修改，但仍不顺畅，修改的话是"译成人类普通的语言"[①]，虽然意思对了，但"人类"这一修饰词实在是多余的，如中央编译局现在的译本译得简洁、清楚、明白，就是普通人的语言。非要加上"人类"可能是过于追求直译的结果。

7. 把"附属的"不准确地译成了"与它们结合的"（第27页）。列宁在谈到帝国主义阶段银行发展的新作用时认为：资本主义走向垄断首先就是银行业走向垄断，小银行被大银行排挤、吞并，成为大银行的一个分支机构。在说明此事实时，列宁用了"附属"一词，说明两者的隶属关系。列宁是这样转述舒尔采-格弗尼茨的统计材料的："1909年年底，柏林9家大银行及其附属银行（黑体字是列宁自己加的——本书编者注），支配着113亿马克，即约占德国银行资本总额的83%。"[②]在这里附属银行的含义是清楚的，但恰恰是列宁加了重点标记的这个概念，唯真在翻译时，却译成了"与它们结合的银行"，这就不能表现列宁要表达的含义，即银行业的集中和垄断以及大银行对小银行的兼并和控制。因为，"与它们结合的银行"可能是合作的关系，是自愿的联合，而没有上与下的隶属依附关系。这就不是列宁要表达的意思，列宁说的是大银行对小银行的排挤和控制，使资本在银行业的集中过程。这种银行由中介人转向势力极大的垄断者，才是列宁要表达的要点，所以，列

---

① [苏联] 列宁：《帝国主义是资本主义底最高阶段》，唯真译校，莫斯科外国文书籍出版局1949年版，第24页。

② 中共中央马克思恩格斯列宁斯大林著作编译局：《列宁专题文集——论资本主义》，人民出版社2009年版，第121页。

宁才把“附属”变为黑体字予以强调，但唯真由于理解的原因，并没有翻译出来。

8. 把“生产资料”译成了“生产工具”（第37页）。在列宁看来，资本主义走向垄断的过程，是同银行业的集中和垄断关联在一起的，把工业资本与银行资本结合在一起的金融寡头才是经济生活的实际主宰者。这些金融寡头把大量的生产资料掌握在自己手里，使社会财富日益私人化。在翻译列宁的这一思想时，唯真把“生产资料”译成了“生产工具”，译文中的生产资料的分配变成了生产工具的分配，这种译法是不准确的。因为把“生产资料”译成“生产工具和手段”是来源于日本对马克思唯物史观的理解。日本把生产资料理解成生产的手段，这种手段包括土地和生产用的器械。这种理解传入中国后，在中国学界很流行，获得了人们普遍的认可。在这样的学术语境中，唯真把“生产资料”译成“生产工具”是可以理解的。但是，这种译法并不准确，不符合马克思对这一概念的说明。因为，第一，只从工具的角度去理解生产资料就把生产资料同劳动资料混淆了起来。生产资料与劳动资料是两个不同的概念，生产工具是同劳动资料联系在一起的，但生产资料不同，它不但包括劳动资料，还包括劳动对象，劳动资料（以工具为主）和劳动对象合起来，才构成了生产资料的完整内容。如果把生产资料等同于生产工具，就把劳动对象排除在外了，这不符合马克思对生产资料的理解。第二，生产资料的理解是同生产资料的所有制关系联系在一起的，即马克思从来不是单从物的关系去认识物，在他眼中物总是承载着人的社会关系。如果只从工具手段去理解生产资料，就会掩盖物背后的人与人的关系，掩盖资本家正是利用他们掌握的生产资料（不仅是工具，更主要是原材料）去剥削工人的。第三，列宁在这里指的生产资料也不主要是实物性的工具，而是金融资本，银行业的资本集中和生产资料的分配主要是货币的形式，把“金融的资金、信贷的资本运作”译成“生产工具”，很显然不符合列宁在这里所讲的银行对生产资料的分配过程。所以，在1949年唯真再译的版本中，对此就作了更正，不再译成“生产工具”，而是直接译成“生产资料”[①]，这就符合了马克思的解释，体现了马克思主义中国化的进展。从新中国成立后的各经典著作的翻译可以看出，“生产资料”这一概念的译介被固定下来，不再用其他词语来代替。

9. 没有注意科学与学术两个不同概念的区别，把“学术”译成了“科学”（第52页）。列宁在谈到资本主义的垄断必然导致金融寡头的统治时，揭露了一些资产阶级学者对此所做的掩饰和对大众的欺骗与误导，对于如里塞尔、利夫曼等人，列宁把他们定位在资产阶级学术界的代表人物，完全是帝国主义和金融资本的辩护士。[②]但唯真在译此处时，把“学术界”误译成“科学界”。虽然学术和科学有联系，但并不是一回事。学术界和科学界指两个不同的界域，不能混淆起来。科学是关于事物发展规律的知识体系，有正确理论的意蕴在其中，如说马克思主义是一种科学，意味着马克思主义是一种正确的理论学说。学术则不同，它是一种专门化、系统化的研究和论证，并不完全包含正确的意蕴，它是同专业化相联系的，具有一种高、精、深的意蕴。在当时的语

① ［苏联］列宁：《帝国主义是资本主义底最高阶段》，唯真译校，莫斯科外国文书籍出版局1949年版，第34页。

② 中共中央马克思恩格斯列宁斯大林著作编译局：《列宁专题文集——论资本主义》，人民出版社2009年版，第136-137页。

言环境下，似乎科学的就是学术的，但其实二者是有差别的，如果混用就容易造成误解。不但科学与学术两个概念不同，而且科学界与学术界也各有不同所指。科学界是指从事科学工作的群体，通常指从事自然科学工作的人员。突出的不是活动本身，而是学科群体人员的工作性质。但学术界是专门从事专业研究的人员群体，突出的是专业活动的特征，所以两者是交叉关系，而不是等同关系。即科学界的人不一定是从事学术研究的，而从事学术研究的也不一定是科学界的人。而列宁在这里列的这些资产阶级学者并不是科学界的人，只是一些从事金融问题研究的人员，所以应译为“学术界”而不是“科学界”。

10. 错把“利益共同体”这一概念译成了“公益”（第68页）。列宁在谈到金融寡头的统治时，曾举了德国的一个例子，即“1914年初，在柏林传说要组织一个‘运输业托拉斯’，即由柏林的城市电气铁路公司、有轨电车公司和公共汽车公司这三个运输企业组成一个‘利益共同体’”[①]。但唯真在这里把“利益共同体”译成了“公益”。译文是这样的：“在一九一四年初，在柏林传说要组织一个‘运输托拉斯’——即三个柏林运输企业（城市电气铁道公司、电车公司和搭客马车公司）间的‘公益’。”3个运输公司间的“公益”是什么意思？让人费解。按照上下文，应该是3个企业间的利益共同分享的联盟，所以中央编译局现在的译本把它译成“利益共同体”。“利益共同体”与“公益”完全是两个不同的词语，是不能混译的。利益共同体指的是为了某种目的而结成的集体组织或联盟，这种利益可以是多方面的，如经济、政治、文化、

① 中共中央马克思恩格斯列宁斯大林著作编译局：《列宁专题文集——论资本主义》，人民出版社2009年版，第146页。

心理等。而企业利益共同体是指通过各种契约、制度、行为机制等，使企业经营者、生产者共担风险、共享利益的一种联合、联盟关系。显然列宁文中指的就是这种企业利益共同体。而公益则完全是另外的概念，企业间的共同利益是不能用“公益”来形容的。公益是公共利益事业的简称，指有关社会公众的福祉和利益。而社会公益组织一般是指那些非政府的不把利润最大化当作首要目标且以社会公益为主要追求方向的社会组织，主要从事人道主义救援和贫民救助活动。由此可见，这两个词语说的完全不是一回事，是不能混用的。唯真后来也认识到了这一点并作了改正，把“公益”改作“同益”，即三个公司间的同益联盟[①]，这就同今天译成“利益共同体”基本一致了。

二、观点疏正

1. 关于题目标识的问题。《帝国主义论》的内容分为10个部分。这10个部分列宁自己都起了题目，在翻译时中文译者都用汉字的数字一、二、三等作标识。但重庆生活书店的唯真译本则不同，改用章来称呼，即第一章、第二章……第十章。用章来称呼虽然符合中国人通常的阅读习惯，就像章回体文学作品那样，然而放在学术专著的结构形式中显得有点不伦不类，类似于教科书，但又没有节和目。在中国文化的表达习惯中，这样的专论性质的段落部分区分，通常用一、二、三等来表示，而不用章节来表达。重庆生活书店译本这样做，是因为它最初来自莫斯

① ［苏联］列宁：《帝国主义是资本主义底最高阶段》，唯真译校，莫斯科外国文书籍出版局1949年版，第53页。

科外国工人出版社的《列宁选集》中文版第八卷，以及后来从第八卷演化来的《帝国主义论》单行本，在这两个版本结构中，作为标识与重庆生活书店版本是一致的，都是用第×章来表示。直到后来莫斯科外国文书籍出版局根据1947年出版的《列宁文选》（两卷集）第一卷而来的单行本才改变了标识方法，直接用中文数字代替了章的表达，与现在的译法一致起来。

2. 把“金融、银行”等都译成“财政”（第51、117页）。在本考证译本中，只要是涉及金融的问题，一律都译成“财政”。如第三部分的题目是“金融资本和金融寡头”，但重庆生活书店译本则译成“财政资本与财政寡头制”。即使是唯真后来1949年的译本仍然把“金融”译成“财政”。①由此可见，唯真的意识中金融就是财政，把“金融”译成“财政”并没有什么不妥。固然，金融和财政我们经常是放在一起说的，但二者并不是一回事。金融指的是资金融通，主要涉及银行、证券、保险三个方面。财政则是指政府安排资金使用的部门，也负责对企业纳税等事务的监管。金融监管需要有财政部门的配合，金融的宏观运行和调控也包括财政手段。尽管二者有着密不可分的联系，但二者不能混为一谈，因为各有各的不同职能和作用，用财政来代替金融其实是计划经济时期的产物。在计划经济条件下，金融部门并不独立，不是市场主体，尤其是银行肩负着财政出纳的角色，银行信贷资金是平衡财政预算的最后手段。由此把金融归属于财政，看成是财政的一种手段就可以理解了，这也是唯真在前后的版本中把“金融”都译成“财政”的主要原因。但列宁写作依据的材料和历史背景是20世纪初期的资本主义市

① ［苏联］列宁：《帝国主义是资本主义底最高阶段》，唯真译校，莫斯科外国文书籍出版局1949年版，第43页。

场经济的发展，金融运作的各部门都是独立主体，这是不能用带有政府性质的财政来代替的，所以，唯真把列宁用以描述资本主义市场经济发展的金融概念译成“财政”，是比较严重的失误，体现了计划经济思维理解市场经济的错位。这样，译文就显得不伦不类，金融资本和金融寡头人们可以理解，那什么是财政资本和财政寡头呢？是政府的资金和政府的财政官员吗？这已严重曲解了列宁的原意。

3. 错把“社会党人”译成“社会主义者”（“法文版与德文版序言”第7页）。列宁在“法文版与德文版序言”中特别提到了要批判“考茨基主义”这一国际思潮，这一思潮对帝国主义的发展作了错误的解释，鼓吹“超帝国主义论”，对帝国主义起了粉饰的作用，本质上是一种资产阶级改良主义思想的反映，很具有欺骗性，在这一思潮下聚集了各式各样的资产阶级民主派别和改良主义者，其中就包括社会党人。但对社会党人的性质认定上，唯真认为他们是社会主义者，把他们按社会主义者来译。这种性质的认定是不准确的。因为社会党是社会民主主义政党的统称，所以又称作社会民主党。他们反对用暴力革命去推翻资本主义的统治，主张通过改良把资本主义一点一滴地加以改变，和平过渡到社会主义。如果把这样的社会民主党人看成是社会主义者，就既不能同信奉马克思主义的社会主义者区分开来，也无法理解列宁批判的对象为什么是社会主义者。所以，把“社会民主党人”译成“社会主义者”是一种身份性质的认定错误，在唯真后来1949年的译本中，就把这一错误改正了过来。①

---

①［苏联］列宁：《帝国主义是资本主义底最高阶段》，唯真译校，莫斯科外国文书籍出版局1949年版，第10页。

4. 对银行垄断中的大银行与小银行之间的联系性质翻译有误（第29页）。列宁在谈到帝国主义是垄断的资本主义时，重点突出了银行的集中和银行的新作用，并举了德意志银行的例子。德意志银行是采取了“参与”制的形式走向银行业的集中和垄断的。德意志银行集团是30家银行的联合，这30家银行的参与程度与形式是不相同的，列宁对此分了三类，一类是始终参与的17家；一类是不定期参与的5家；还有一类是间接参与的8家。在翻译这三类参与时，唯真把“始终参与”译成“经常参与”，这是不准确的，经常参与并不等于始终参与，这且不说，更为离谱的是把第二类“不定期参与”译成“永久参与”，把“间接参与”译成“暂时参与”。并且还按照暂时参与来解释间接参与。至于不定期参与和永久参与、间接参与和暂时参与、经常参与和始终参与的区别这里不需要细讲，从字面上区分它们也没有什么难度。但唯真不知是怎样考虑的，为什么会译得这样不着边际？这并不涉及什么深奥的理论问题。后来唯真译校的版本中仍然有这一版本的痕迹，第一类“经常参与”并没有作改变，第二类“永远参与”换成了“暂时参与”，第三类由原来的“暂时参与”换成了和现在译本翻译一致的“间接参与”。即使如此，用“经常参与”来翻译“始终参与”、用“暂时参与”来翻译“不定期参与”，也是不准确的，这可能同对列宁使用的俄语词汇的含义的理解有关。

5. 把“谨慎的”译成“求实的”是不准确的（第35页）。德国银行业在进行争夺霸权斗争的同时，有些银行为了在竞争中获胜，不得不相互妥协，联合起来组成更大的银行集团，从而使集中和垄断成为发展的可以预见的趋势。列宁对此评论说：“这种发展的进程，使得那些在观察经济问题时决不越出最温和、最谨慎的资产阶级改良主义范围的银行专家，也不得不作出如下的结论。”[①]在这里，列宁对持资产阶级改良主义态度的银行专家的描绘是“温和”与“谨慎”，即谨小慎微的小职员形象。但唯真把“谨慎”译成了“求实”，资产阶级的银行专家被描绘成最求实的人。其实，“谨慎”与“求实”各有不同的含义，是不能相互取代的。谨慎指的是对外界事物或自己言行密切注意，以免发生不利或不幸的事情，所以，“谨慎”总是同“小心”连在一起使用。而求实则是指讲求实际，客观地或冷静地观察以求得对客观实际的如实认识和正确认识。“谨慎”和“求实”是两种不同的对人的行为和态度的描述，结合上下文来看，在这里说资产阶级银行家是谨慎小心的态度是合适的，而说资产阶级银行家是最求实的则令人不解，因为列宁根本没有提到求不求实的事。显然这种不准确的译法是由于对列宁要说明的事情没有深入理解造成的。

6. 没有深入理解列宁要表达的意思，把列宁嘲讽的“德意志进取精神的大事件”，不准确地译成“德意志的企业经营的大事”（第70页）。这件事指的是巴格达铁路的建设。巴格达铁路是20世纪初人们对连接博斯普鲁斯海峡和波斯湾的铁路线的称呼。德国帝国主义为了向中近东扩张，从19世纪末就开始谋求巴格达铁路的建设权。为此，德皇威廉二世亲自访问了土耳其并签订了修建铁路的协定，从而想要把德国的势力影响扩展到波斯湾。这就影响到其他帝国主义国家的利益，为此，英、法、俄结成同盟来反对德国。列宁在这里嘲讽这种进取精神不过是德国

① 中共中央马克思恩格斯列宁斯大林著作编译局：《列宁专题文集——论资本主义》，人民出版社2009年版，第125页。

帝国主义力图获取最大利益而瓜分世界的表现，但唯真在这里把这种“德意志进取精神的大事件”译成了“德意志的企业经营的大事”，这种译法就没有体现出列宁要说明的问题的实质，而仅仅把它看成是修建铁路这样的企业经营的事。如果仅仅是企业对铁路的修建，而看不到这背后的帝国主义之间对利益的争夺和对世界的瓜分，就无法把前后文联系起来分析，也就无法反映出列宁要阐述问题的真正含义。

7. 把“贷款”错译成“信用借贷”（第48页）。列宁在谈到银行对资本主义垄断发展的作用时，认为银行的发展和日益集中于少数机构，使银行由中介人的角色转变为势力极大的垄断者，它们对工业资本开始起支配作用。为了说明银行的这种支配作用，列宁举了这样一个例子，柏林的D字银行之一，给西北德—中德水泥辛迪加管理处写了这样一封信，就双方争议的问题向企业施压，以停发贷款相威胁，要求水泥企业作出有利于银行的决策。[①]唯真在译到此处时，显得经济学知识还有不足，对列宁思想的理解有误，把“贷款”译成了“信用”。贷款与信用是有联系的，但并不是一回事，互相代替是不行的。贷款指的是银行或其他金融机构按一定利率和必须归还等条件出借货币资金的一种信用活动。而信用则是指依附在人之间、单位之间和商品交易之间形成的一种相互信任的社会关系，是因能履行跟人约定的承诺而取得的、不需要提供物质保证和不立即支付现金而凭信任来进行的、允诺在将来付给报酬的做法。从两者的定义可以看出，两者有一定的交叉与重合，即在经济学层面用契约关系向受信人放贷被称作信用贷款，在这个条件下，信用

---

① 中共中央马克思恩格斯列宁斯大林著作编译局：《列宁专题文集——论资本主义》，人民出版社2009年版，第133—134页。

就是指贷款。但是二者不能等同，因为信用有多种类型，如伦理道德层面的信用、法律层面的信用等，即使在经济层面也不只是借贷信用一种，还有产品信用、销售信用、投资信用等商业信用。同时，贷款也不仅仅是信用贷款一种，还有其他多种贷款形式。所以，二者不能无条件地互译。就像在这里，银行威胁停止贷款是可以理解的，但威胁停止信用就使人莫名其妙。

8. 用“集团”这一概念作为类别区分的标准是不妥的（第58页）。列宁为了说明银行业的集中垄断的发展，举了俄国大银行中的“参与制”的快速发展程度，而作为对照又举了“独立”的银行的例子。这是两种不同类型的银行。[①]但唯真在翻译此处时，可能没有弄懂列宁的意思，把两种不同类型的银行译成了两个不同的银行集团。联系上下文看，这里是不容易译错的，因这里没有谈不同银行集团的问题，只是谈两种性质不同的银行的发展状况问题。这里涉及的是不同种类银行的划分标准，是类型概念还是集团概念。这是一个中文概念的使用问题。在汉语中，类型指具有共同性质特点的事物所形成的类别，它才是划分不同类别的概念，所以汉语的表达是什么类型、什么种类。而集团指的是为了一定的目的组织起来、具有紧密关系的共同行动的团体，它没有划分不同类别的作用，只是指明具有密切联系的不同个体之间的归属关系。所以，只有在说明母公司和子公司的归属关系时，才叫集团公司，而“参与制银行”“独立银行”这样不同的类型的区分，就不能说成是“参与制集团”和“独立集团”。

---

① 中共中央马克思恩格斯列宁斯大林著作编译局：《列宁专题文集——论资本主义》，人民出版社2009年版，第140页。

三、译文校释

1. 错译、漏译

（1）错误地用表示动作对象的介词来翻译表示并列关系的连接词，使意思费解。在“法文版和德文版序言”中，列宁谈到了对两种错误的观点必须加以批判和揭露，“揭露社会和平主义观点和‘世界民主’幻想的极端虚伪性”[①]。但唯真译本把社会和平主义与世界民主这两者之间的表示并列关系的连词“和”，错译成表示朝向关系的介词“对”，这句话就变成了“揭露社会和平主义者对‘世界民主制’所持观点与希望之全部虚伪的实质”（“法文版与德文版序言”第2页）。按照唯真译本来理解列宁的意思就是，社会和平主义者对世界民主制所持的看法是虚伪的。本来列宁批判的是两种错误观点，既批判了社会和平主义者，又批判了世界民主制。而现在则变成了一种社会和平主义者持有的世界民主制的错误观点，这就弄混了列宁的意思，列宁随之就解释了这是两种不同的小资产阶级思潮。

（2）漏译了“在政治实践上”这句话（“法文版与德文版序言”第9页）。列宁在“法文版和德文版序言”中严厉地批判了“考茨基主义”的思潮，认为考茨基及其同伙不但在理论上背叛了马克思主义，而且在

① 中共中央马克思恩格斯列宁斯大林著作编译局：《列宁专题文集——论资本主义》，人民出版社2009年版，第100页。

政治实践上也同第二国际的极端的机会主义分子和资产阶级政府同流合污，勾结在一起。在翻译此处时，唯真把“在政治实践上”这一定语给漏译了，因前面谈的是理论问题，当译漏了这句话后就不知道考茨基分子同机会主义者和资产阶级政府的合作是在理论方面的合作，以共同反对马克思主义的基本原理，还是在政治实践上的合作，以维护帝国主义的统治，破坏工人运动。

（3）漏译了“法郎”这一货币单位（“法文版与德文版序言”第12页）。列宁在谈到帝国主义的腐朽性时指出，帝国主义通过资本输出单靠“剪息票”就一年从世界掠夺了巨额财富，每年是80亿—100亿法郎。但唯真把法郎这一货币单位给漏译了，以致人们不知道这100亿指的是什么货币，是法郎、马克、美元还是英镑？不同的货币其具有的含金量差别是非常大的，这样，人们也就不清楚帝国主义对世界的掠夺究竟达到了什么程度。这种漏译不是什么技术难度造成的，只是太过随意。

（4）数字翻译错误，没有忠实于原文，把小数点后的数字都给去掉了，只译了整数；并且有些数字译得非常不准确，出现数字错误的地方很多。列宁在“生产集中和垄断”部分谈到了生产集中于大企业的过程进行得非常迅速。他举了德国的很多数字统计来说明这一点。如大企业占蒸汽马力的75.3%，但唯真译成“百分之七五”（第4页）。电力占77.2%，唯真译成“百分之八〇”（第4页）。297万个小企业，唯真译成“二、一九七、〇〇〇个”（第4页）。在美国生产的集中化程度更高，不到1%的很少的企业却拥有惊人的工人数量，达到了工人总数的25.6%，唯真译成“百分之二十五”（第5页）。而生产的集中背后有银行的支撑，德国企业的这种集中就是以6家柏林银行为支柱的，在这里唯真把6家银行译成“五六个柏林的银行”（第8页）。而在谈到20世纪初的经济危机时，时间应是1903年，却译成“一九〇二年”（第13页），而在前面一直译的是“一九〇三年”。谈到美国的钢铁托拉斯的矿石开采量，在1908年占到46.3%，而唯真则译成“百分之六四·三”（第16页）。银行中有一个专门的收集和分析情报信息的部门，里昂信贷银行每年为这个部门耗资60万—70万法郎，唯真译成“六十七万佛郎”（第46页）。在谈到英国对殖民地的控制时，谈到了西班牙承继权的战争，这场战争是1701年开始的，唯真译成“一七〇〇年”（第113页）。德国和英国在铁的产量上发展的速度是不平衡的，德国铁产量增加的速度远远快于英国，列宁举出一组数据来说明这个问题。1892年德国铁的产量是490万吨，但唯真译成“四百二十万吨”（第132页）。在谈到英帝国主义对世界的掠夺剥削时，列宁讲了统计学家吉芬的计算，“1899年大不列颠从全部对外贸易和殖民地贸易（输入和输出）得到的全部年收入是1800万英镑（约合17000万卢布）”[①]。唯真在这里把17000万卢布译成“一万九千万卢布”（第135页）。以上举的例子仅是我们粗略检查发现的。为什么会出现这些数字错误？可能是因为这本书毕竟涉及的是经济问题，是从经济上去揭示帝国主义产生和发展的内在必然性。而列宁为了使论述有理有据，又举了大量的数字统计材料，从而极易导致数字错误的发生。

（5）没有产值概念，把“产值”译为“生产”（第6页）。列宁在说明资本主义的新变化时，首先就阐述了19世纪末的资本主义企业生产的

---

① 中共中央马克思恩格斯列宁斯大林著作编译局：《列宁专题文集——论资本主义》，人民出版社2009年版，第186—187页。

集中和垄断趋势，并举了美国的例子："美国所有企业的全部产值，差不多有一半掌握在仅占企业总数百分之一的企业手里！"[①]唯真把这里列宁使用的产值概念译成"生产值"或"生产"（第5、6页），这样译从经济学的角度看是有问题的，因为生产和产值是两个不同的概念，生产总值与总产值也是不一样的。生产指人类从事创造社会财富的活动和过程，狭义的生产仅指创造物质财富的活动和过程。而产值则是这种活动和过程的结果，是以货币形式表现的工业企业在一定时期内生产的工业最终产品和提供工业性劳务活动的总价值量，这种总价值量用总产值的概念来表示。但总产值不同于生产总值，生产总值是增加值的概念，以最终产品为准，要扣除中间产品的产值。而总产值则不扣除这些中间产品的价值。所以，不能用生产的概念去代替产值的概念，二者是不同的，不能错译。

（6）错译了对象之间的关系。在列宁看来，资本输出总会给输出国带来一定的好处，所以国际的借贷资本市场很是兴盛。列宁举了柏林的《银行》杂志在1913年10月的报道："在国际的资本市场上，近来正在上演一出可以和阿里斯托芬的作品相媲美的喜剧。国外的很多国家，从西班牙到巴尔干，从俄国到阿根廷、巴西和中国……"[②]唯真在这里则是这样译的："很多的外国政府，自西班牙到巴尔干，自俄罗斯到阿根廷，自巴西到中国……"（第80—81页）这个错误是很明显的，本来是

① 中共中央马克思恩格斯列宁斯大林著作编译局：《列宁专题文集——论资本主义》，人民出版社2009年版，第108页。

② 中共中央马克思恩格斯列宁斯大林著作编译局：《列宁专题文集——论资本主义》，人民出版社2009年版，第153页。

从俄罗斯到阿根廷、巴西和中国，阿根廷、巴西、中国是并列的，但唯真从中把这三个国家断开，变为两两的组合，这就不符合列宁引证材料的从俄罗斯到这三个国家的原意。

（7）把奥塞关税战争的时间译错了。“奥地利同塞尔维亚的关税战争从1906年开始，一直继续到1911年，中间只有7个月的休战。”[①]在翻译此处时，1906年译成了“一九〇〇年”。这种历史年代的错误并不是什么难于理解的原因导致的，只是不够细心的问题。

（8）把“明确”这一概念错译成“正确”（第94页），导致意思发生了变化。列宁在谈到国际垄断同盟对世界的瓜分时举了国际锌业辛迪加的例子，“1909年成立的国际锌业辛迪加，它把生产量在德、比、法、西、英五国的工厂集团之间作了明确的分配”[②]。但唯真把“明确的分配”错译成“正确的分配”。“明确的分配”与“正确的分配”含义是完全不同的，明确指的是清楚明白，毫不含糊，如用在分工上，明确的分工是清楚地规定各自应承担的任务和责任。但正确是指符合事实，准确无误。正确的分工是指合乎事实的合理的分工。明确与含混是相对的，而正确是与错误相对的。在这里，谈到帝国主义之间的同盟关系，它们之间在生产的产量上的约定无所谓是正确的还是错误的，只能是明确清楚而不含糊的。所以，把“明确”译成“正确”，是一种误译。

（9）把脱离一定阶级常轨的力量，错译成相反的意思，变成了“自

---

① 中共中央马克思恩格斯列宁斯大林著作编译局：《列宁专题文集——论资本主义》，人民出版社2009年版，第154页。

② 中共中央马克思恩格斯列宁斯大林著作编译局：《列宁专题文集——论资本主义》，人民出版社2009年版，第162页。

某种阶级习惯所发生出来的能力”（第112页），使不正常的变成了正常的，这是对列宁原意的误解。在谈到帝国主义的殖民问题时，列宁赞同这样的观点，帝国主义的向外扩张除了经济的原因外，还有社会的原因，愈来愈艰难的生活压迫着整个社会下层，使他们产生了一种脱离开他们生活轨迹的危及社会安定的急躁的、愤怒的、不正常的情绪，所以，必须把这种不正常的愤怒的情绪引向国外，以转移矛盾和公众视线，防止它爆发在国内。[①]但唯真在翻译此处时，把这种社会压迫所造成的负面情绪译成了出自阶级习惯的正常发生的能力，同非正常负面情绪成了正好相反的东西，似乎急躁、愤怒和怨恨就是下层阶级的固有的习惯和能力，这就曲解了列宁要表达的意思，没有证据表明列宁对劳苦大众有这样的看法。

（10）连接词使用不对，转折的意思被译成了相反的意思。列宁在讲到帝国主义的殖民侵略时，分析了它形成的后果就是殖民地和半殖民地对帝国主义列强的依附的各种形式。“上面我们已经说过一种形式——半殖民地。而阿根廷这样的国家则是另一种形式的典型。”[②]这里列宁的意思是很明白的，阿根廷是不同于前面谈到的半殖民地的另一种类型的依附。所以，这里翻译时要用“而”这一词来表达转折的意思。但唯真使用了“例如”这一词，这句话就变成了“例如阿根廷，便是别一形式底标本”（第112页）。“例如”是提示说明的词，举例用语，放在

---

① 中共中央马克思恩格斯列宁斯大林著作编译局：《列宁专题文集——论资本主义》，人民出版社2009年版，第172页。

② 中共中央马克思恩格斯列宁斯大林著作编译局：《列宁专题文集——论资本主义》，人民出版社2009年版，第172页。

所举的例子前面，表达就是、比如等含义，并没有转折的意思。在这里用“例如”来译，就没有译出阿根廷不同于前面的形式的含义。

（11）漏译对什么问题（的讨论），而变成了问题本身。列宁在《帝国主义论》的第六部分，讨论了帝国主义瓜分世界的问题。其中有这样一句话：“为了结束关于瓜分世界问题的讨论，我们还要指出下面一点……”[①]唯真在翻译此处时，把“的讨论”三字漏译了，这句话就变成了“为要结束瓜分世界问题起见……”（第113页）。瓜分世界问题和瓜分世界问题的讨论是两件完全不同的事情，瓜分世界问题是一种活动行为，是客观事实层面的事件，只能是帝国主义做的事情。而瓜分世界问题的讨论则是一种主观的认识活动，这是任何有主观分析问题能力的人都可以做的。由于译丢了“的讨论”，就会使人产生迷惑，不知说的是瓜分这种活动，还是对这种活动的认识与评价。

（12）把列宁讲的帝国主义的腐朽性的两重表现译丢了一层，没有了“其次”，造成对列宁阐述的误解。在列宁看来，帝国主义最深厚的经济基础就是垄断。垄断必然产生停滞和腐朽的趋向。因为在规定了垄断价格的范围内，技术进步也是其他一切进步的动因，就在一定程度上消失了。这里列宁讲的是垄断带来的技术进步的停滞趋势，但这是一方面，另外，除了这种客观的机制造成的阻滞外，还有主观的人为阻碍的一面，即为了获得高额垄断利润而人为地闲置、破坏技术的进步和发展，客观的趋势和人为地阻碍是两个方面，所以列宁用了“其次”这个概念和分号来区分这两层意思。列宁是这样说的：“这种垄断还是同任

① 中共中央马克思恩格斯列宁斯大林著作编译局：《列宁专题文集——论资本主义》，人民出版社2009年版，第173页。

何垄断一样，必然产生停滞和腐朽的趋向。在规定了（即使是暂时地）垄断价格的范围内，技术进步因而也是其他一切进步的动因，前进的动因，就在一定程度上消失了；其次在经济上也就有可能人为地阻碍技术进步。”[①]唯真显然对列宁的阐述有误解，可能受列宁为了说明其次而举的例子影响，把两层含义变一层来译。他是这样译的：“随着垄断价格之规定（虽是暂时的，）改良技术的动机，也相当地消灭下去，因此，一切其他的进步，也消灭下去这样便造成一种以人力方法去阻止技术进步的经济上的可能性。”（第133—134页）

（13）把国家译错。列宁的原话是：“德国机会主义者格尔哈德·希尔德布兰德过去因为替帝国主义辩护而被开除出党，现在满可以充当德国所谓‘社会民主’党的领袖。”[②]但唯真在这里把德国译成了法国（第141页），既然是一个德国的机会主义者，当的也是德国社会民主党的领袖，怎么能是法国的？把德国译成法国，明显是笔误。

（14）把“亿万富翁”错译成“百万富翁”（第142页）。帝国主义的腐朽性主要表现为不劳而获，为了享受，土地不再用于耕作，而是被当作打猎和休闲的地方。在苏格兰就有这样一个最贵族化的娱乐场所，靠的是美国的亿万富翁来给它提供资金经营。在这里“亿万富翁”还特意被列宁用括号括起来加以强调[③]，但可能是没有认真审看，唯真把“亿

① 中共中央马克思恩格斯列宁斯大林著作编译局：《列宁专题文集——论资本主义》，人民出版社2009年版，第185页。

② 中共中央马克思恩格斯列宁斯大林著作编译局：《列宁专题文集——论资本主义》，人民出版社2009年版，第190页。

③ 中共中央马克思恩格斯列宁斯大林著作编译局：《列宁专题文集——论资本主义》，人民出版社2009年版，第191页。

万富翁”译成了“百万富翁”。

2. 因历史和语言表达习惯的不同而对相同词语或含义相同的意思的不同译法

序号	唯真译本	现通行译本	序号	唯真译本	现通行译本
1	卑躬屈节的	奴隶的	19	水门汀	水泥
2	并吞	兼并	20	有利行业	盈利行业
3	自供	自白	21	金镑	英镑
4	石煤和制铁	煤炭和钢铁	22	不宁惟是	其次
5	腐化	腐朽	23	千启罗米突	千公里
6	卡德尔	卡特尔	24	量	数
7	新迪卡	辛迪加	25	尖锐、加强	紧张
8	讬拉斯	托拉斯	26	方哩	平方英里
9	结果、总核	总结	27	煤油	石油
10	启罗瓦特	千瓦	28	最近代的	最新式的
11	汽力	蒸汽力、马力	29	炸裂品厂	炸药厂
12	铁苗	矿石	30	个人联合	人事结合
13	下脚料	废料	31	收支账目	资产负债表
14	水晶	明显	32	皮骨	性命
15	专卖权	发明	33	清算公司	贴现公司
16	石脑油	汽油	34	浮吹	空头
17	加里	钾碱	35	搭客马车	公共汽车
18	万能的	势力极大的	36	财政接济	投资

3. 人名、地名、企业等专有名词对照

序号	唯真译本	现通行译本	序号	唯真译本	现通行译本
1	苏黎支	苏黎世	26	报章	政论界
2	霍柏森	霍布森	27	齐世基	契尔施基
3	高丽	朝鲜	28	储金局	储蓄银行
4	培恩斯坦	伯恩施坦	29	佛兰克	法兰克福
5	汉德曼	海德门	30	罗克费尔	洛克菲勒
6	龚伯思	龚帕斯	31	摩尔根	摩根
7	米莱兰	米勒兰	32	西门思	西门子
8	高察克	高尔察克	33	加塞尔	卡塞尔
9	孟塞维克	孟什维克	34	阿加德	阿哈德
10	布尔塞维克	布尔什维克	35	联益银行	联合银行
11	诺思克	诺斯克	36	加福美尔	哈夫迈耶
12	斯巴达	斯巴达克	37	李济斯	利西斯
13	赫姆尼茨	开姆尼茨	38	爱思维	埃施韦格
14	黑依曼	海曼	39	培伦世德勒	贝伦街
15	莱维	列维	40	蓝司布	蓝斯堡
16	惠斯特	威斯特伐利亚	41	巴列士敦	巴勒斯坦
17	该尔生	盖尔森基兴	42	大卫多夫	达维多夫
18	白鲁客林	布鲁克莱恩	43	坎拿大	加拿大
19	耶德尔斯	爱德思	44	亚里斯多芬	阿里斯托芬
20	李甫曼	利夫曼	45	罗士德	路特希尔德
21	南德莱	南德	46	玻里内西亚	玻利尼西亚
22	黑文宁	格弗尼茨	47	罗伦	洛林
23	里塞尔	黎舍尔	48	孔诺夫	库诺
24	夏夫豪生	沙夫豪森	49	卡尔维	卡尔韦尔
25	阿非利加	非洲			

结语

当考证完重庆生活书店版的《帝国主义论》之后，笔者有这样一些感想。

首先，我们感受到了这本书的力量，列宁在书中利用辩证的逻辑对帝国主义经济本质的揭示，不但在当时帮助人们更清楚地认识了战争爆发的原因，而且在当代对错综复杂的国际形势的分析，也有巨大的指导意义。这正是作为列宁科学社会主义思想的经典体现，因而通过考证这一译本可以更好地认识列宁思想在中国的传播，了解列宁的思想是怎样影响了中国共产党、影响了广大的干部群众。可以说，在抗日战争年代，列宁的关于帝国主义的理论直接地或潜移默化地影响着中国共产党人的理论思维，这从一个侧面反映了马克思主义中国化的历史进程。

其次，这一译本有它的特殊性，它原本是出自苏联的专业翻译机构的成果，是苏联有组织地向各国介绍列宁思想的计划的一个组成部分。所以，它不同于国内翻译的其他版本，既不是分散的个人翻译，也不是由中国共产党在延安期间进行的有组织的翻译。这种由苏联翻译而在国内翻印的特殊性，使它在研究马克思主义中国化的过程中具有了特殊意义。可以通过对译本的考证，了解苏联学界对马克思主义和列宁思想的理解，他们所使用的概念和术语系统是怎样的，及其怎样影响到中国理论界对马列主义的理解。

再次，正因重庆生活书店版的译本是出自苏联的专业机构的翻译，是从《列宁选集》中文版第八卷而来，因而翻译水平很高，思想观点以及对列宁思想的错误理解方面的问题很少，存在的问题多是语言习惯的差异和表达方式的不同，体现了时代的历史条件的限制。如把“学术界”译成“科学界”、把“资产负债表”译成“收支账目”、把“生产资料”译成“生产工具”、把“贴现公司”译成“清算公司”等，在今天看来都是有缺陷的，有不准确之处，却是当时流行的很普遍的译法，在我们考证过的其他译介版本中也都是这样译的，由此我们可以分析出那个时代人们对马克思主义掌握的程度和译介翻译的水平。

最后，虽然重庆生活书店版的译本的翻译水平很高，但也应看到它的不足之处。译文体现着苏联计划经济模式下所形成的思维的深刻影响。如把“金融”译成“财政”、把“金融资本”译成“财政资本”、把“金融寡头”译成“财政寡头”、把“投资公司”译成“财政接济公司”等。像“金融”、“投资”这些概念和术语的使用都是商品经济市场化运行的产物，列宁也是在评述资本主义商品经济发展的历史背景下使用的。但换成“财政”概念后，就与政府对资金的安排使用和监管挂起钩来，这样银行等经济部门就不再是市场运行的主体，而只是财政部门的工具和手段，这就同列宁要说明的银行的新作用完全不符，以此思维是无法译介列宁要表达的原意的。不但在金融、投资等问题上，其他的涉及市场经济问题的翻译也有不准确的地方，如把“贷款”译成“信用”、把“垄断组织之间利益的明确分割”译成“正确的分配”、把“银行的两种类型”译成“两个集团”、把“垄断组织之间的人事结合”译成“个人的联合”等，都体现着谢唯真在苏联长期生活的环境对他的影响。

但瑕不掩瑜，存在的问题是马克思主义中国化过程中的正常现象，正是在解决这些问题的过程中，马克思主义中国化的历史进程才不断地深入发展。后来作为“干部必读”丛书的《帝国主义论》唯真译本就较本译本有了明显进步，把一些译得不准确的地方基本都改正了过来，已非常接近中央编译局《列宁专题文集》中的译文。

对重庆生活书店版译本的考证，也可以让我们认清这样的历史事实：马克思主义中国化的历史进程是有着多种力量的参与和采取了多种形式的，其中苏联马克思列宁主义经典著作的专业翻译机构直接组织的译介，推动了中国共产党人对马列经典著作的翻译、理解和传播，促进了马克思主义中国化的发展，这也正是我们考证本译本的独特意义和价值所在。

参考文献

［1］中共中央马克思恩格斯列宁斯大林著作编译局．列宁专题文集：论资本主义[M]．北京：人民出版社，2009.

［2］［苏联］列宁．帝国主义：资本主义底最高阶段[M]．王唯真，译．重庆：生活书店，1939.

［3］［苏联］列宁．帝国主义是资本主义底最高阶段[M]．莫斯科：苏联外国工人出版社，1938.

［4］列宁选集：第8卷[M]．伯虎，译．唯真，校．莫斯科：苏联外国工人出版社，1932.

［5］［苏联］列宁．帝国主义是资本主义底最高阶段[M]．唯真，译校．莫斯科：外国文书籍出版局，1949.

［6］［苏联］列宁．帝国主义是资本主义底最高阶段[M]．唯真，译校．延安：解放社，1950.

［7］［苏联］列宁．帝国主义是资本主义底最高阶段[M]．唯真，译校．北京：人民出版社，1951.

［8］列宁全集：第54卷[M]．北京：人民出版社，1990.

［9］列宁全集：第55卷[M]．北京：人民出版社，1990.

［10］列宁选集：第2卷[M]．北京：人民出版社，2012.

［11］毛泽东文集：第八卷[M]．北京：人民出版社，1993.

［12］北京图书馆. 列宁著作在中国：1919—1992年文献调研报告［M］. 北京：书目文献出版社，1995.

［13］刘维春. 列宁帝国主义论的再理解[M]. 北京：社会科学文献出版社，2013.

［14］刘长军，韩海涛，李惠斌. 列宁《帝国主义是资本主义的最高阶段》研究读本[M]. 北京：中央编译出版社，2017.

［15］人民出版社马列著作编辑室. 马克思、恩格斯、列宁、斯大林著作中文本书目、版本、简介：1950—1983[M]. 北京：人民出版社，1985.

［16］［德］李博. 汉语中的马克思主义术语的起源与作用[M]. 赵倩，王草，葛平竹，译. 北京：中国社会科学出版社，2003.

［17］顾玉兰. 列宁帝国主义论及其当代价值[M]. 北京：社会科学文献出版社，2015.

［18］王东，陈有进，贾向云. 马列著作在中国出版简史[M]. 福州：福建人民出版社，2009.

［19］马祖毅，等. 中国翻译通史・现当代部分：第1卷[M]. 武汉：湖北教育出版社，2006.

［20］高军，等. 五四运动前马克思主义在中国的介绍与传播[M]. 长沙：湖南人民出版社，1986.

［21］苏杰. 西方校勘学论著选[M]. 上海：上海人民出版社，2009.

［22］张舜徽. 中国文献学[M]. 上海：上海古籍出版社，2011.

［23］张一兵. 资本主义理解史：第1—5卷[M]. 南京：江苏人民出版社，2009.

［24］张一兵. 回到列宁[M]. 南京：江苏人民出版社，2008.

［25］［苏联］普·凯尔任采夫. 列宁传[M]. 企程，朔望，译. 北京：生活·读书·新知三联书店，1975.

［26］［苏联］娜·康·克鲁普斯卡娅. 列宁回忆录[M]. 哲夫，译. 北京：人民出版社，1960.

［27］王茂湘. 列宁的《帝国主义论》和当代资本主义[M]. 成都：四川人民出版社，1982.

［28］商德文. 列宁经济理论的形成和发展[M]. 北京：北京大学出版社，1983.

［29］李子猷，等. 列宁的经济学说[M]. 西安：陕西人民出版社，1988.

［30］王元璋. 列宁经济发展思想研究[M]. 武汉：武汉大学出版社，1995.

［31］《湖南历代人名词典》编委会. 湖南历代人名词典[M]. 长沙：湖南出版社，1993.

原版书影印

说　明

《马克思主义经典文献传播通考》各册均附有原版书影印资料，即马克思主义经典著作中文译本。本丛书所称“译本”是指：1. 我国单行出版的马克思、恩格斯、列宁等原著，包括著作、书信选译和专题文集；2. 报纸、杂志连载马克思、恩格斯、列宁等著作的完整译文。鉴于中华人民共和国成立前，马克思主义经典著作的译本数量众多，版次与印次繁杂，本丛书所附译本均作专门说明。

本册所附《帝国主义是资本主义的最高阶段》王唯真译本为1939年7月生活书店出版的《帝国主义——资本主义底最高阶段》。

列寧著
王唯真譯

帝國主義

——資本主義的最高階段

世界名著譯叢
生活書店發行

世界名著譯叢之六

帝國主義—資本主義底最高階段

列寧 著

王唯真 譯

各地生活書店發行

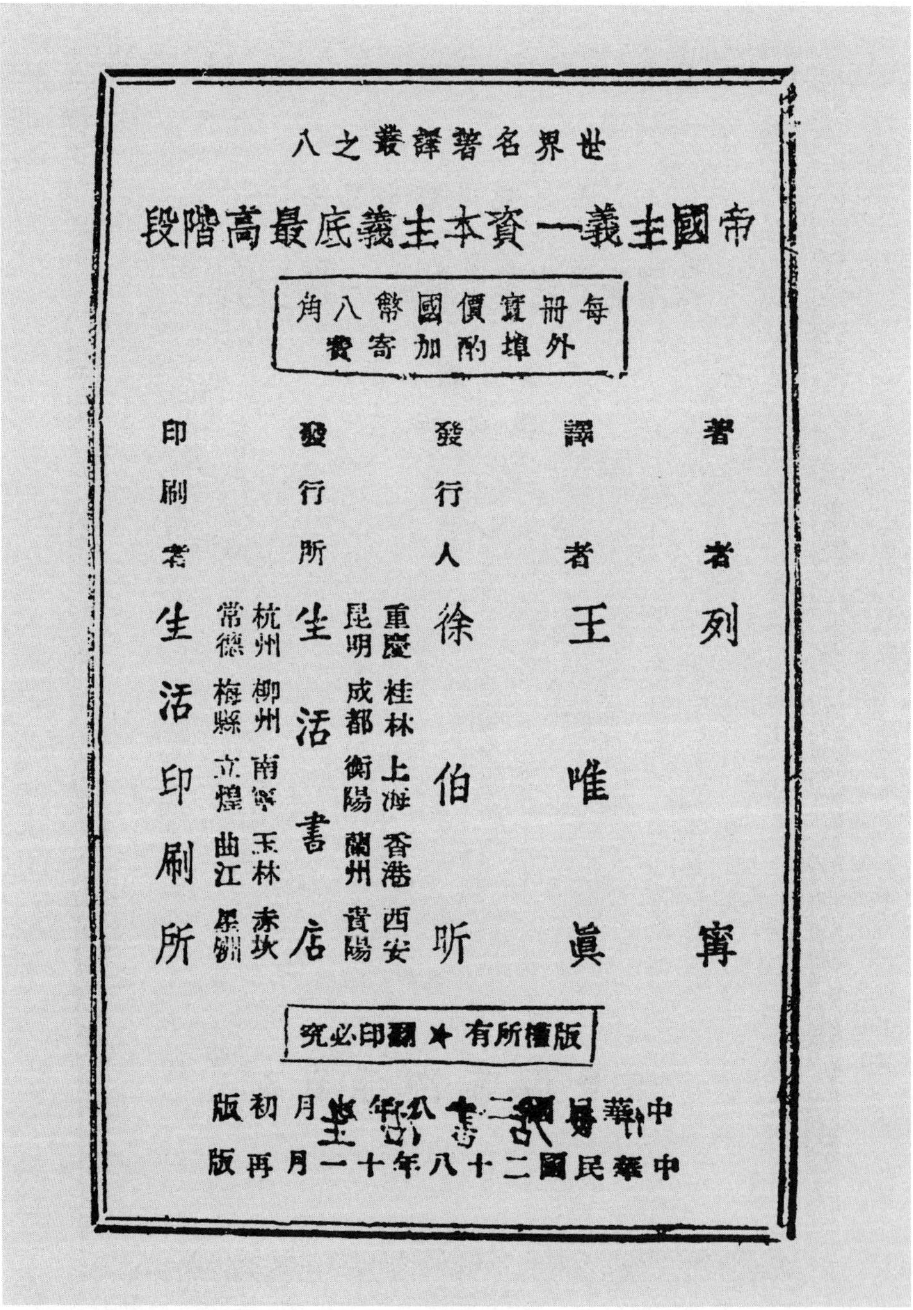
世界名著譯叢之八

帝國主義—資本主義底最高階段

每冊實價國幣八角
外埠酌加寄費

著者 列寧

譯者 王唯眞

發行人 徐伯昕

發行所 生活書店
重慶 桂林 上海 香港 西安
昆明 成都 衡陽 蘭州 貴陽
杭州 柳州 南寧 玉林 赤坎
常德 梅縣 立煌 曲江 屯溪

印刷者 生活印刷所

版權所有★翻印必究

中華民國二十八年八月初版
中華民國二十八年十一月再版

譯者底話……一
序……一
德文與法文版序……一
第一章　生產集中與壟斷……三
第二章　銀行及其新作用……二五
第三章　財政資本與財政寡頭制……五一
第四章　資本輸出……六五
第五章　各資本家聯合間之瓜分世界……八四
第六章　列強之瓜分世界……九七

第七章 帝國主義是資本主義底特殊階段……一二五
第八章 資本主義底寄生性與腐化……一三三
第九章 對於帝國主義的批評……一八
第十章 帝國主義底歷史地位……一七一
附錄
註釋……一八一

譯者底話

本書是列甯底帝國主義學說底一本基本著作。列甯底這一偉著是馬克思資本論之繼續的發展而列甯在這本書內所發揮的關於帝國主義的學說，便是馬克思關於資本主義的學說之直接的繼承。

列甯主義是帝國主義時代的馬克思主義，也就是說，是無產階級革命時代的馬克思主義。列甯關於無產階級革命與無產階級專政學說底每一個原理，都是立足於他在本書內所發揮的關於帝國主義的見解上面的。因此，列甯在本書內所發揮的見解，便是「蘇聯共產黨」黨綱及整個「共產國際」綱領底基礎，是各國共產黨領導無產階級去求得解放的武器，是各國共產黨用以打擊黨內黨外的機會主義的武器。

不消說，這一本書對於在半殖民地的中國進行鬥爭的工農革命戰士，是有特別重大的意義，牠給他們以進行鬥爭的指南，給他們以獲得勝利的信心。牠向他們說明：帝國主義底殖民地政策究竟有甚麼樣的經濟的必然性；在帝國主義與殖民地封建殘餘之間，有多麼密切的聯繫；一切改良主義的企圖，是如何反動而沒有根據；無產階級應如何領導勞動農民羣衆去打倒帝國主義的及反動地主資產階級的統治。牠又向他們說明：帝國主義內外的矛盾，是如何深刻而日趨於緊張；帝國主義系統之死亡與無產階級革命之勝利，有甚麼經濟的政治的社會的必然性；殖民地的民族解放運動，何以必須與西方的無產階級革命密切聯合起來，以消滅世界帝國主義的統治。

列甯這一本書，是在沙皇檢查制度之下寫成的；原名帝國主義——資本主義底最高階段，可是在一九一六年出版時，列甯曾經不得不把最初的原稿删出許多，而書名也改爲帝國主義——資本主義底最新階段。本卷所載的，乃是本書最初的原稿，最初的命名。

卷尾的註釋，是十分重要的，尤其是註第一，請讀者加以注意。頁尾的小註，共分三類，除編者註的與校者註的署有註者名字而外；而沒有署明爲何人註的，便是著者自己的註釋了。

譯者

序

這本供獻給讀者們的小冊子●是一九一六年春季我在蘇黎支*著的。在那裏的工作條件之下，自然是缺乏英法文的參考書，尤其是缺乏俄文的參考書。但是對於霍柏森**底一本關於帝國主義的英文名著，我却竭盡對該書所應予的——我相信——注意力來利用過牠的。

這本小冊子是在沙皇檢查制度之下著成的。因此，我不僅須極嚴格地限於純粹理論上的——尤其是經濟上的——分析，並且在敍述幾個必要的政治觀察時，不得不極謹慎地，以暗示的方法，用伊索式的文字，把他們敍述出來。這是沙皇制度迫着一切革命

---

*蘇黎支是瑞士城名。（譯者註）

**英國的經濟學者與歷史學家，著有多種關於帝國主義的書籍。（譯者註）

者，在他們握管來著『合法的』作品時，所不得不使用的。

在目前自由時期內，再去閱讀小册子裏那些因受沙皇檢察而變形的、被迫縮短的頁子，眞是很難爲情了。那時，要說到帝國主義是社會主義革命底前夜，社會國家主義（口頭上是社會主義，實際上是國家主義）是完全叛變了社會主義的叛徒，是完全轉入於資產階級方面的東西；以及因帝國主義客觀的條件所形成工人運動底分化——諸如此類的問題，我不得不用『卑躬屈節的』口氣。現在我衹好請注意這些問題的讀者去看那本快要出版的彙刊，即彙集一九一四年至一九一七年我在國外所作的論文的彙刊。㊀此處特別需要指出一點：在第九章末節，爲要以受檢察的形式向讀者們解釋，資本家及其走狗社會國家主義者（考茨基是何等不堅決地與他們爭鬥）關於併吞問題，是怎樣無恥地說謊，他們是怎樣無恥地掩飾自己的資本家之併吞的政策，我曾經不得不舉日本爲例子，細心的讀者，不難以俄羅斯代替日本，以芬蘭、波斯、[illegible]爾蘭、烏克蘭、希撫、布哈拉、愛沙尼亞及其他非大俄羅斯民族的地方來代替高麗。

我希望我的這本小冊子，將幫助讀者去認識基本的經濟問題，不研究這些經濟問題，便不會估計現代的戰爭和現代的政治；就是說，將幫助讀者去認識關於帝國主義之經濟本質的問題。

著者序於彼得堡

一九一七年四月二十六日

法文版與德文版序言●

一

我在俄文版序言中已經說過，本書是在一九一六年沙皇政府檢查條件之下寫成的。現在，我沒有可能來將全部原文改造一番；而且，這樣來改造也許是很不適宜的；因爲本書底基本任務，過去與現在都是這樣：根據無容爭辯的資產階級的統計和全世界資產階級學者底自供，而來說明在二十世紀初葉，在第一次世界帝國主義大戰底前夜，全世界資本主義的經濟，究竟形成了何種總結的局面，其國際的相互關係，究竟是怎樣。

而且，這對於先進各國裏許多共產黨員，還是不無益處的，因爲他們看了這一本被沙皇政府檢查局認爲合法的書籍以後，就會相信：在現時的美國或法國（不久以前，這兩國的共產黨員，幾乎全體遭受過逮捕，）可以而且必須利用那一點留給共產黨員的公開的機會，來揭露社會和平主義者對「世界民主制」所持觀點與希望之全部虛僞的實質。而本序言所要說到的，便是這本在檢查條件下寫成的書籍所最必要的補充了。

二

我在本書裏面已經證明，一九一四年至一九一八年的大戰，乃是帝國主義的戰爭，（即攘奪的、掠取的、强盜式的戰爭，）雙方都是爲了同一的目的：瓜分世界，分割與重分殖民地及財政資本的「勢力範圍」等等。

因爲，足以證明大戰底眞正社會本質的，或正確點說，足以證明大戰底眞正階級本質的，自然不是大戰過程裏的外交的歷史，而是對於一切交戰國裏統治階級之客觀情形的分析。爲要說明這種客觀的情形，我們就不要摘引單個的例子與單個的事實（在極複雜的社會生活現象中，我們隨時都可以找得任何數量的例子或單個事實以證實

3

任何的論見，）而一定要把所有關於一切交戰國及全世界裏面經濟生活底基礎的事實總和列舉出來。

我在一八七六年與一九一四年瓜分世界對照表（第六章）與一八九〇年與一九一三年的全世界鐵路割據情形對照表（第七章）中所引錄出來的，正是這一種不容否認的總和的事實的統計。鐵路情形，乃是資本主義工業中最主要的部門（石煤業與製鐵業）底總結，乃是世界貿易發展與資產階級民主文明之最顯著的指標。在本書最初幾章以內已經指明：鐵路之與大生產、新迪卡、卡德爾、托拉斯、銀行、財政寡頭制等，是有如何的聯繫。鐵路網之分配，這種分配之不平衡，這種不平衡性之發展，這便是現代全世界壟斷的資本主義底總結。而這一種總結也就是指明，在生產資料私有制尚存在的這個經濟基礎之上，帝國主義的戰爭是絕對不可避免的。

建築鐵路，這似乎是一種簡單的、自然而然的、民主的、文化上的、文明的經營：為資產階級豢養着來掩飾資本主義奴隸制的大學教授先生們以及小資產階級的庸人們，就是這樣觀察這件事情的。而在事實上呢，資本主義的密網，却千絲萬緒地將這種經營與一般生產資料私有制聯接起來，而將這種經營變爲用來壓迫附屬國裏十萬萬民衆（殖民地與半殖民地共占世界人口半數以上）的工具，變爲用來壓迫『文明』國裏資產階級鐵蹄下的僱傭奴隸的工具。

以小私產者勞動爲基礎的私有制，自由競爭，民主制，這是資本家及其報紙向來用以欺騙工農的口號；現在呢，這些口號都遠遠地落在時代底後面了。資本主義已經生長成爲壓迫殖民地的環球制度，由少數『先進』國的財政資本來絞殺地球上極大多數人民的環球制度了。而瓜分這種『勝利品』的，便是兩三個虎視環球的、全身武裝的强盜（美——英日——）同時他們又將整個世界捲入他們自己的爲瓜分自己的勝利品的戰爭之中。

三

君主專制的德國所迫訂的布勒斯特和約，⑥以及後來爲民主共和的美法與『自由主義』的英國所迫訂的更加野蠻無恥的凡爾賽和約，⑦曾替人類服最有益的役務：這兩個和約把帝國主義所僱傭的那些苦力與反動的市儈（雖然他們是自稱爲和平主義者與社會主義者）都盡情地揭露出來了，而這些先生們是讚美過『威爾遜主義』*和證明過在帝國主義條件下可以達到和平與改良的。

強盜戰爭（其動機就是英德兩夥財政資本的強盜爭分所有的勝利品）所引起的幾千萬死亡與殘廢，以及這兩個『和平的條約』空前迅速地提醒了成千成萬被資產階級所壓迫、所蹂躪、所欺騙、所愚弄的民衆。因此，在大戰所造成的環球破產基礎之上，便發展着全世界革命的危機；這個危機將不顧任何長期的與嚴重的阻難而必然達到

* 威爾遜（生於一八五六年，死於一九二四年，）是美國民主黨底領袖，大學教授。自一九一三年至一九二〇年充任美國大總統。歐戰時，他提出了著名的和平綱領『十四條』『國際聯盟』草案起草人。（譯者）

無產階級的革命及其勝利、

「第二國際」底巴塞爾宣言*在一九一二年所估計的戰爭正是一九一四年所發生的戰爭，而絕對不是一般的戰爭（因爲戰爭有多種，而且還有革命的戰爭，）這個宣言，已經成爲揭露第二國際英雄們底全部可恥的破產與一切叛變的行爲的紀念碑了。

因此，我現在把這篇宣言轉載於本版附錄之內，**並再三使讀者們注意在宣言內曾經明白而直接了當地說到當前大戰和無產階級革命之間的聯繫；而第二國際英雄們之細心避免這一點，正如强盜之細心躱避他實行偷竊的地點一樣。

四

*關於列寧所摘引的宣內容，可參看本選集第九卷。（譯者）

**參閱全集第十八卷四〇八至四一一頁（譯者註。）

本書會特別注意到批評『考茨基主義』這一個國際的思潮；而在世界各國裏代表這個思潮的，便是第二國際『最著名的理論家』與領袖、（奧國的鮑威爾*等，英國的麥克唐納爾**等，法國的湯姆***等）大批的社會主義者、改良主義者、和平主義者、資產階級的民主派、傳教師。

*鮑威爾（一八八二年生）奧國社會民主黨領袖之一。「奧國馬克思主義學派」底首領。歐戰時，信從考茨基底主張。「第二半國際」組織者之一。現爲第二國際反對蘇聯的理論專家（譯者註。）

**麥克唐納爾（生於一八六六年，）「第二國際」領袖之一「英國獨立工黨」底領袖。「建設派社會主義」底理論家。歐戰初期，抱和平主義的態度。隨即公開主張擁護祖國。一九二四年，充任第一次「工黨」政府內閣總理，完全繼續大英傳統的帝國主義的政策。一九二九年在自由黨協助之下，第二次組閣成功，完全替資產階級的統治服務。（譯者註）

***湯姆（一八七八年生）法國社會主義黨領袖之一。國會議員極端的國家主義者。現充「國際聯盟勞動局」主席；「第二國際執行局」委員之一。（譯者註）

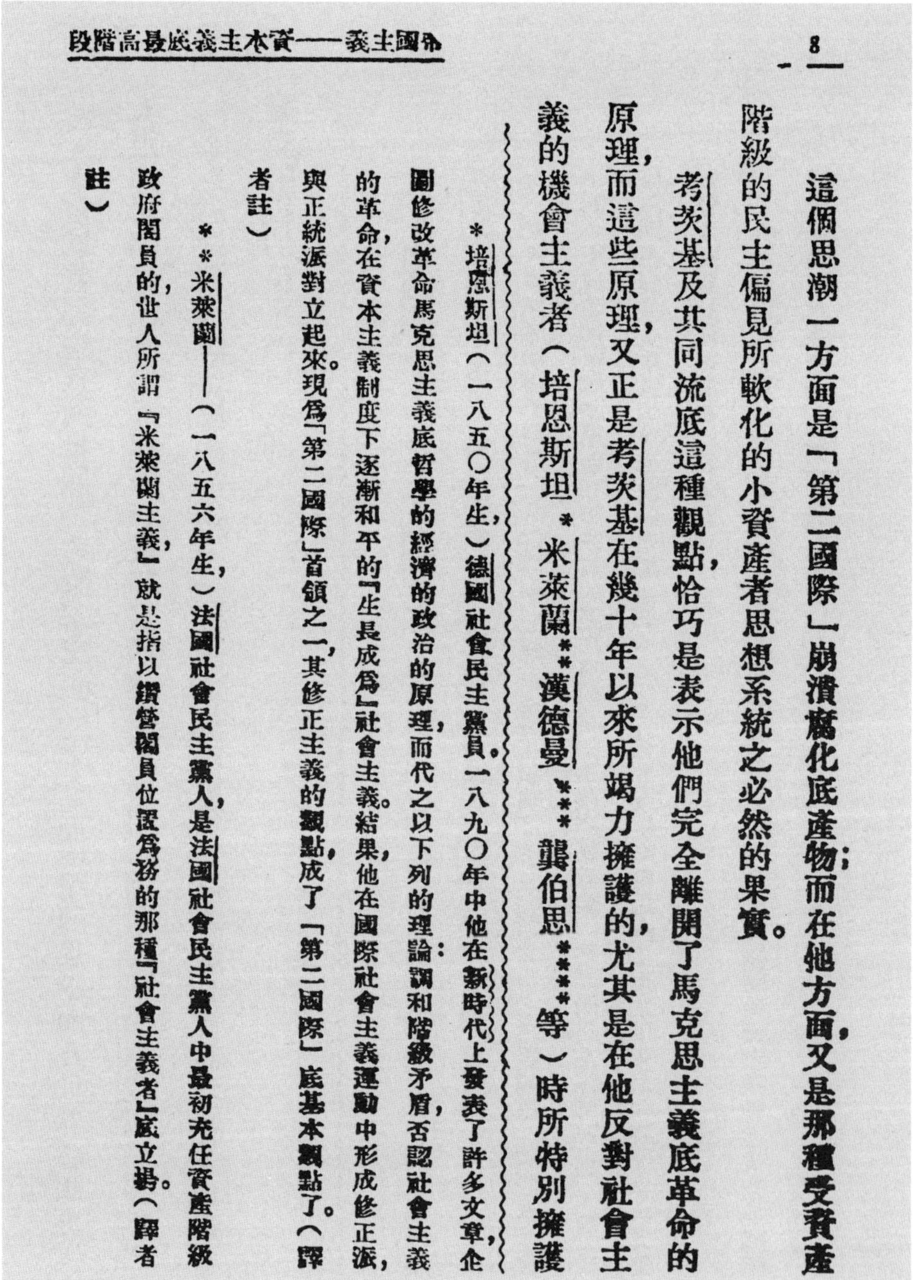

這個思潮一方面是「第二國際」崩潰腐化底產物；而在他方面，又是那種受資產階級的民主偏見所軟化的小資產者思想系統之必然的果實。

考茨基及其同流底這種觀點，恰巧是表示他們完全離開了馬克思主義底革命的原理，而這些原理又正是考茨基在幾十年以來所竭力擁護的，尤其是在他反對社會主義的機會主義者（培恩斯坦＊米萊蘭＊＊漢德曼＊＊＊龔伯思＊＊＊＊等）時所特別擁護

＊培恩斯坦（一八五〇年生，）德國社會民主黨員。一八九〇年中他在新時代上發表了許多文章，企圖修改革命馬克思主義底哲學的經濟的政治的原理，而代之以下列的理論：調和階級矛盾，否認社會主義的革命在資本主義制度下逐漸和平的『生長成為』社會主義。結果他在國際社會主義運動中形成修正派，與正統派對立起來現為「第二國際」首領之一，其修正主義的觀點，成了「第二國際」底基本觀點了。（譯者註）

＊＊米萊蘭——（一八五六年生，）法國社會民主黨人，是法國社會民主黨人中最初充任資產階級政府閣員的，世人所謂『米萊蘭主義』，就是指以鑽營閣員位置為務的那種『社會主義者』底立場。（譯者註）

的。因此，全世界的「考茨基派」之與極端的機會主義（經過「第二國際」或黃色國際）及資產階級的政府（經過資產階級吸收社會主義者參加的聯合政府）聯成一氣，這當然不是偶然的。

全世界日益增長的一般的無產階級的革命運動，尤其是共產主義的運動，是需要分析和揭露『考茨基主義』之理論上的錯誤的。尤其是因爲，和平主義與一般所謂『民主主義』，還非常強盛地流行於全世界，這些思潮，雖毫不假冒馬克思主義的名目可是，牠們之蒙蔽帝國主義矛盾底深刻性與否認由帝國主義產生出來的革命危機底

***漢德曼（一八四二至一九二一）英國著名的社會主義者。歐戰時，公開的社會帝國主義者。（譯者註）

****龔伯思（一八五〇至一九二五），美國著名的工人運動者。充任「美國勞動聯盟」主席至四十年之久。擁護工人貴族底狹隘的職工利益宣傳『階級利益協調』論，堅決反對工人運動中的社會主義與革命的傾向。（譯者註）

必然性，却完全是和考茨基及其同流一樣的。因此，無產階級底政黨，必須和這些思潮作鬥爭，這種無產階級底政黨，是應當把那些受資產階級所愚弄的小資產階級和多少處於小資產階級生活條件之下的廣大勞動羣衆從資產階級那裏奪取過來的。

五

關於本書第八章資本主義底寄生性與腐化，還要說幾句話。我在此書底本文中已經指出：在這一個問題上，希法亭（過去的馬克思主義者，現在已成爲考茨基底戰友，德國獨立社會民主黨內的資產階級改良主義政策底重要代表之一）比公開的英國和平主義者和改良主義者霍柏森還要退後一步。現在，整個工人運動之國際上的分裂已經完全暴露出來了。（「第二國際」與「第三國際」）這兩個思潮中間武裝鬥爭的和國內戰爭的事實也同樣暴露出來了：在俄國，孟塞維克與「社會革命黨人」幫助高察克與鄧尼金*以反對布爾塞維克；在德國，謝德曼派**諾思克***等協同資產階級以反對「斯巴達團」人；****廿、他如芬蘭，波蘭，匈牙利等國，也是如此。這一種全世界的歷史現象底經濟基礎，究竟何在呢？

這個經濟基礎，正是資本主義最高階段（帝國主義）所特有的寄生性與腐化。我在本書之內已經指出資本主義現在已經提拔出少數（其人口尚少於全球人口總數

---

* 高察克與鄧尼金同爲十月革命後反對蘇維埃政權的白黨首領。高察克於一九一九年十二月在西伯利亞被捕槍斃，鄧尼金於一九二〇年八月逃往英國。（譯者註）

** 謝德曼（一八六五年）德國社會民主黨人，充任國會議員多年；一九一二年，即德國社會民主黨在選舉鬥爭大獲勝利之後，曾被選爲國會副議長。歐戰初，謝氏本其政治路線，投票擁護軍用借款，一變而爲社會民主黨右派底領袖。後又參加資產階級的政府，壓迫工人暴動。（譯者註）

*** 諾思克（一八六八年）德國社會民主黨人，在職工運動中担任要職多年。歐戰時，協同謝德曼擁護軍用借款。後又幫助資產階級政府追壓海員暴動，充任反動的省長職務。（譯者註）

**** 「斯巴達團」是歐戰初期由李卜克內西與盧森堡等人所手創的革命組織，其目在於反對帝國主義的大戰及實行社會主義的革命。一九一八年，改組爲「德國共產黨」。（譯者註）

十分之一就是照『寬仁的』誇大的計算，也少於五分之一）特別富强的國家這些國家，以簡單的『剪息票』的方法，掠奪全世界。照戰前的價格與戰前資產階級的統計，每年從資本輸出所獲得的收入已達八十至一百萬萬之多。現在的收入，當然是更加巨大無比了。

很明顯的，根據這般巨大的額外利潤（因爲，這個利潤是比資產階級從剝削『本國工人所得來的利潤要大些）是可以收買工人領袖和上層工人貴族的。而『先進』國的資本家，已在收買他們了，資本家已在採用百般直接的與間接的方法，公開的與秘密的方法，以收買他們了。*

這一個資產階級化的工人階層或工人貴族階層，按其生活的方式及工資的分量，按其人生觀，都完全是小資產階級性的。牠是『第二國際』底主要柱石；目前呢，牠又是資產階級底社會的（不是軍事的）柱石了。因爲，牠是資產階級在工人運動中的眞正

*關於這一點的詳細敘述，讀者可參看列寧選集第九卷論第二國際之破產第七章。（譯者註）

代理人，牠是資產階級底工人僱員（Labor lieutenants of the Capitalist class）牠是改良主義和國家主義底眞正傳導者。在勞資間的國內戰爭時，其中不少部分的人，都必然要站在資產階級方面去，站在『凡爾賽人』方面來反對『公社社員』的。㊅

如果不懂得這種現象底經濟根源，不估計到這個現象底政治的與社會的意義，我們就完全不能解決共產主義運動中及當前社會革命中各個實際的任務。

帝國主義是無產階級社會革命底前夜。從一九一七年起，這一點已在世界規模上證實了。

尼古拉・列甯 一九二〇年七月六日

帝國主義——資本主義底最高階段

在最近十五年或二十年中，尤其是西美戰爭（一八九八年）。和英布戰爭（一八九九至一九〇二年）。之後，新舊大陸上的經濟書籍以及政治書籍裏，都漸漸使用了『帝國主義』這一個名詞，以表明我們目前這個時代底特質。一九〇二年，在倫敦和紐約出版了英國經濟學家霍柏森底帝國主義這一本著作。著者以資產階級的社會改良主義及和平主義的觀點（實質上正和過去的馬克思主義者考茨基現在的立場一樣）對帝國主義底基本的經濟的和政治的特性，給了一番很好的很詳細的敍述。一九一〇年，在維也納出版了奧國派馬克思主義者希法亭*底財政資本這一本著作。雖然

*希法亭生於一八七八年，是德國社會民主黨內著名的理論家，經濟學家。在歐戰時期，抱中派主義的態度。自一九二三年以後，歷任資產階級政府的財政總長。（譯者註）

著者在貨幣論問題上犯了錯誤，[2]並且他有調和馬克思主義與機會主義的傾向，可是，這本書對於『資本主義發展中的最新一個階段』（希法亭此書底一個標題就是這樣）有極寶貴的理論的分析。實際上，近年凡是說及帝國主義的，尤其是盈篇累牘的報章或雜誌文章以及議决案等，如赫姆尼茨大會和巴塞爾大會（一九一二年秋召集的）之議决案等等，差不多都沒有超出上述兩個著者所說明的——或者更正確些說——所總結的那些觀念底範圍。

在下文中，我們要簡單地並儘量以最通俗的形式，來說明帝國主義各個基本經濟特性間的聯繫和相互的關係。非經濟方面的事情，＊不論牠怎樣重要，我們都不管牠。＊＊文籍的引證及其他的註釋，因為他們並不能使所有的讀者都發生興趣，所以我們將他

＊即指政治方面的事情。（譯者註）

＊＊因為此書是預定在沙皇制度檢查之下而公開出版的（請參看列寧為本書所作的序言。）（譯者註）

們載入書本之末。*

第一章　生產集中與壟斷

資本主義最顯著的特點之一，便是工業異常的發展，與生產之迅速的集中於日益長大的企業中的過程。關於此種發展過程的最完備與最正確的統計，便是現在工業的調查。

例如德國每千個工業企業中，僱用五十個工人以上的大企業，在一八八二年有三個，在一八九五年有六個，在一九〇七年有九個。在上述幾年中這些企業所僱傭的工人數目，佔百分之二二，三十和三七。但是生產的集中比工人集中要快得許多，因為在大企業裏面勞動底生產率要高得多了。蒸氣機和電氣發動機的統計，便可證明此點。倘若我們考察德國所稱為廣義的工業，即包括商業與交通機關在內，那末我們便得到下列的

*在本版以內這些引證和註釋都完全刪去未載。（譯者註）

數字。在三、二六五、六二三個企業中，企業占三○、五八八個，即占總量百分之○・九。在一四、四○○、○○○個工人中，牠們占五、七○○、○○○人，即占總數百分之三九・五；在八、八○○、○○○蒸汽的馬力中，牠們占六、六○○、○○○馬力，即百分之七五；在一、五○○、○○○啓羅瓦特電力中，牠們占一、二○○、○○○啓羅瓦特，* 即百分之八○。

不到百分之一的企業，占有四分之三以上的汽力與電力。而二、九七○、○○○個小企業（僱用五個工人以下的企業，）即占企業總數百分之九一的小企業，卻只有百分之七的汽力與電力！幾萬個最大的企業擁有一切；而數百萬個小企業，卻一無所有。

德國在一九○七年，僱傭一千個工人以上的企業，有五六八個。牠們所僱的工人幾占總數十分之一（一、三八○、○○○），所有的汽力與電力，幾占總量三分之一（百分之三十二）貨幣資本與銀行（我們在下文內還要講到的，）使此少數最大企業底優

*啓羅瓦特是衡量電力的單位，等於一・三六馬力，也就是說，等於三一・二的中等人力。因爲在資本主義初期，許多企業都以馬力爲發動力，所以現在的機械發動力，也以馬力來表示。（譯者註）

勢，更加不可抵敵，換言之，數百萬小的、中等的、更至一部分大的『業主』事實上卻完全成了幾百個擁有幾萬萬資本的豪富的財政大王底奴隸。

在其他的現代資本主義的先進國——北美合衆國裏，生產之集中更加要劇烈。美國的統計，是關於狹義的工業的，牠按照每年出產品底價值數量來區別企業之大小，生產值一百萬美金以上的最大企業，在一九〇四年有一、九〇〇個，占總數（二一六、一八〇個）百分之〇・九；牠們有一、四〇〇、〇〇〇個工人，占工人總數（五、〇〇〇、〇〇〇）百分之二十五；牠們有五、六〇〇、〇〇〇、〇〇〇美金的生產，即占總生產（一四、八〇〇、〇〇〇、〇〇〇美金）百分之三八。五年之後，在一九〇九年其數目如下：三、〇六〇個企業，即占企業總數（二六八、四九一個）百分之一・一的企業，僱有二、〇〇〇、〇〇〇工人，計占工人總數（六、六一〇、〇〇〇人）百分之三〇・五，並有九、〇〇〇、〇〇〇、〇〇〇美金的生產，計占生產總數（二〇、七〇〇、〇〇〇、〇〇〇美金）百分之四三・八。

在美國所有企業底全部生產中，差不多有一半是握在占企業總數百分之一的企業底手裏！那三千個大企業包括有二百六十八個工業部門。由此即可明白看出，生產集中發展到了某種程度，便自然而然地要直接達於壟斷。因爲，數十個企業容易互相調和起來同時，正因企業規模宏大，所以就產生了競爭的困難，壟斷的傾向。在最新的資本主義經濟中，此競爭之變爲壟斷，即使不是唯一的最重要的現象，至少也是最重要的現象之一，因此我們就必須詳細把牠研究一下。但是我們首先就須除去一個可能的誤會。

在美國統計上載道：三千個大企業包括二百五十個工業部門。似乎每個工業部門，有十二個最大規模的企業。但是事實上並非如此。每個工業部門並不是都有大企業的；並且發展到最高點的資本主義，其最重要的特點，便是所謂聯合制，即聯合各種工業部門於單獨的一個企業之中。此等部門，或是代表製造某一原料的各個階段（如由鐵苗溶成生鐵與由生鐵鑄成鋼，或者再由鋼製造各種完成的物品，）或者是一個部門對於別個盡着輔助的作用。（如廢物或副產品之製造；打包用品之生產等。）

補充說明

『聯合制壓平了市場行市底差別，因此就給聯合制的企業保證了利潤率底穩固性。第二，聯合制可免除賣買的手續。第三，牠造成了一種改良技術的可能，因此使聯合制的企業，能比「單純」（即非聯合制的）企業，獲得更高的額外利潤。第四，牠使聯合企業底地位，比「單純」企業底地位，更要穩固，這樣就能增進牠在嚴重衰落（停滯、危機）時期（那時原料的跌價，不及製造品的跌價之快）的競爭力。』

德國資產階級的經濟學家黑依曼曾特著專書，以敍述德國製鐵工業中的『混合的』（即聯合制的）企業。他說：『單純的企業，因原料之高價和製造品之低廉而被消滅被破壞。』結果造成了這樣的情景：

企業『一方面祇剩下幾個巨大的石煤公司，每年生產數百萬噸的煤，緊密地結合於自己的新迪卡＊之中，在另一方面，還有幾個巨大的鑄鋼廠，極密切地也與那些石煤公司相聯合，這種鑄鋼廠是有牠們自己的鋼鐵新迪卡的。這些大企業，每年出產四十萬噸鋼，巨量礦苗和石煤生產大煤鋼製品，並僱傭一萬多工人居住於工廠附近房屋裏有時且擁有自己私有的商港與鐵路。這種大企業，便是德國鐵業之模範的代表。可是，生產底集中，還在不斷地繼續進行。各個單獨的企業愈變愈大。漸漸增多的企業，或是屬於一個工業部門的，或是屬於數個工業部門的，都聯合於巨大的聯合企業之內，而五六個柏林的銀行，便充當牠們的柱石和指揮了。馬克思關於資本集中學說之眞確，已明白地在德國的礦業中證明出來了；固然，此點是指工業受保護關稅與運輸稅則所保障的國家而說的。德國的礦業已到了『可以剝奪的時期了。』

這便是一個誠實的（這乃是例外）資產階級的經濟學者所必然要得到的結論。

在這裏，必須指出的，就是據他看來，德國因有高度的保護稅制，所以是一個例外的情形。但是，這種保護稅制，祇是促進生產底集中，使壟斷企業，卡德爾，*新迪卡等等壟斷同盟

*『新迪卡』是一種較卡德爾完善些的壟斷聯合。一切加入新迪卡的企業，都失去商業上的獨立性，但保存有生產上的獨立性。各企業商品之出賣（有時甚至於連原料之購買，）都由一個共同聯合的組織實現之。（譯者註）

更快形成而已。英國這種自由貿易的國家內生產集中之轉爲壟斷雖略爲晚些，也許是採取了另一種形式，可是仍舊歸結於壟斷；這一點是非常重要的，現在，且看列維教授根據大不列顛經濟發展的統計而在關於『壟斷、卡德爾和託拉斯』的特殊研究中所說的話：

『在大不列顛，企業規模之大和技術程度之高本身便包含有一種走到壟斷的傾向。一方面，生產底集中使企業必須投巨額的資本因此，新企業之開設就需要極大量必要的資本；這樣，牠們的出現也就發生困難了。另一方面（我們以爲是最重要的一方面）每個新企業凡是想與因集中而產生的巨大的企業相平行，則必需生產極大的多餘生產品量，這樣要使牠們售銷有利，祇有需求量大大增加時才可能。要是需求量沒有大大增加，那末這種多餘的生產品將使價

＊＊『卡德爾』是最初步的資本主義的壟斷聯合形式。卡德爾在各個參加卡德爾的企業之間分配市場；規定標準的最低限度的價格，各個參加者出賣商品時不得低於此價格；藉以佔領市場，提高價格等等。（譯者註）

格跌到很低的程度，使無論是新工廠，無論是其他壟斷的同盟，都不能得到利潤』。

在英國——與那些有保護稅制以促進卡德爾化的國家不同，大部份企業家壟斷的聯合，卡德爾與託拉斯*等，常祇在主要的互相競爭的企業數目減至『兩打左右』的時候，才產生出來。『這樣，生產集中之影響於大工業中壟斷底產生，已顯明得如水晶一樣了。』

五十年以前，當馬克思著資本論的時候，自由競爭這回事，在大多數經濟學者看來，都以爲是一種『自然法則。』官場的學者，企圖以緘默的陰謀，來埋沒馬克思底著作。當時，馬克思用他對資本主義之理論的和歷史的分析，來證明自由競爭產生了生產底集中，而生產底集中發展到一定的階段時，便走向壟斷。現在，壟斷已成爲事實。那些經濟學看，還在那裏著作成堆的書籍，以敘述壟斷底個別的表現，並繼續齊聲宣告『馬克思主

*『託拉斯』是一種比新迪卡更爲完善的壟斷聯合。加入託拉斯的企業，不僅失去商業上的獨立性，而且失去一切其他的技術上的生產上的獨立性。託拉斯有自由支配和指揮一切參加者的權利。（譯者註）

義已經倒台了。』但是，英國的俗話說得好『事實是很頑強的東西』無論你願意或是不願意，你總不能把牠撇開不管的。事實證明各資本主義國家間的差別——例如保護政策和自由貿易間的不同——祇能決定壟斷形式上或壟斷發生時期上微細的差異罷了。而生產集中之產生壟斷，已成為資本主義現階段底一般的基本法則了。

在歐洲，我們可以很確定地指出新資本主義完全替代舊資本主義的時間：這就是在二十世紀之初。在最近出版的一本關於『壟斷之形成』史的著作中，我們看到下列一

『我們可以引證一八六〇年以前資本主義壟斷底個別例子；在這些例子中，可以發現現在已成為常事的那種企業形式底胚胎；但是，所有這些當然祇是卡德爾歷史以前的時期。所以，現在壟斷之真正的開始，最早也是在一八六〇年的時候。壟斷發展中第一個重大的時期，是開始於一八七〇年代國際工業衰落的時候，終止於一八九〇年代之初。倘若我們以全歐範圍來考察這個問題，那末一八六〇至一八七〇年是自由競爭發展底終點。那時，英國已經完成了舊

式資本主義組織底建築在德國，這種組織則與手工業和家庭工業作了激烈的鬥爭，而開始造成牠自己的生存形式。』『大的變動是開始於一八七三年的破產——或者更正確些說，開始於破產後的衰落時期。這次衰落（在八十年代之初經過極短的時期停頓之後，在一八八九年又發生過異常猛烈的、但是短時期的高漲）便填滿了二十二年歐洲經濟的歷史。』『在短促的高漲時期中（一八八九至一八九〇年）卡德爾便極受採用，以利用當時的行市。但是這種粗浮的政策使價格增加得比沒有卡德爾時還要快、還要高，結果幾乎所有這些卡德爾都很倒楣地消滅於「破產底墳墓」中。此後又跟着五年的貿易不良和價格低落。但是在工業方面，所籠罩着的已非舊時的情緒。大家已不把衰落認爲是一件不言而喻的事情了，大家卻認爲牠是新的順利行市前的一個停頓了。

『於是卡德爾運動便走入第二個時期。牠已經不是暫時的現象，而已經成爲全部經濟生活中的基礎之一了。牠先後佔領各種工業，首先便是製造原料的工業。在一八九〇年初，卡德爾制已在焦煤新迪卡組織（煤業新迪卡便照此樣產生出來的）過程中獲得向來所沒有的組織法。十九世紀末工業異常的高漲和一九〇〇至一九〇三年的危機，至少礦業與鐵業中，是完全在卡德爾標誌之下前後繼起的經濟生活底各個重大部份照例都不受自由競爭所支配了；倘若在那時，這種現象還似乎是一件新奇的事情那末在目前牠已經被一般人認爲是一個不言而喻的眞理了。』

所以，壟斷底歷史共有下列幾個基本的時期：

（一）一八六〇至一八七〇年，爲自由競爭底最高的終極的階段，壟斷還只顯露出不甚明顯的萌芽。

（二）一八七三年危機之後，爲卡德爾廣泛發展的時期；但卡德爾還祇是例外的東西，還沒有穩固起來，還是暫時的現象。

（三）十九世紀末的高漲時期和一九〇〇至一九〇二年的危機時期，那時卡德爾成爲經濟生活底基礎之一了。資本主義乃變成了帝國主義。

各個卡德爾互相商定銷售條件，支付期間等等；互相分配市場，決定生產品數量，規定價格，均分利潤等等。

在德國，卡德爾底數目，在一八九六年約計二五〇個，在一九〇五年約計三八五個，參加的企業大約有一二、〇〇〇個。但是大家都知道，這些數字是估計得太少的。上面所引的一九〇七年德國的統計已告訴我們，就是這些一二、〇〇〇個最巨大的企業，大約也集合了全國半數以上的汽力與電力了。在美國，托拉斯底數目、一九〇〇年是一八五個，而在一九〇七年便增加到二五〇個。美國的統計把一切企業分爲三大類：屬於個人的，屬於商號的，屬於公司的。最後的這一類，在一九〇四年占工業總數百分之二三·六，在一九〇九年占百分之二五·九（即四分之一以上），牠們在一九〇四年所僱用的工人佔全數百分之七〇·六，在一九〇九年佔全數百分之七五·六（即四分之三）。牠們的生產在一九〇四年值一〇、九〇〇、〇〇〇、〇〇〇美金，在一九〇九年值一六、三〇〇、〇〇〇、〇〇〇美金，即佔美國生產總量百分之七三·七，和百分之七九。

一個工業部門底生產總量常有十分之七八是集合於卡德爾和託拉斯底手中。「萊茵·惠斯特石煤新迪卡」在一八九三年成立時，已集中煤區全部產額百分之八六·七的石煤而至一九一〇年，則已達百分之九五·四。如此產生的壟斷，保證巨額的收入，並形成規模極大的技術生產的單位。著名的美國煤油托拉斯（「美孚煤油公司」）成立於一九〇〇年。牠的資本計一五〇、〇〇〇、〇〇〇美金。牠發行了一〇〇、〇〇〇、〇〇〇張普通股票，和一〇六、〇〇〇、〇〇〇張優先股票。後者自一九〇〇年至一九〇七年，歷年獲得下列的紅利百分之四八，百分之四八，百分之四五，百分之四四，百分之三六，百分之四〇，百分之四〇，百分之四〇。即總計三四一、〇〇〇、〇〇〇元美金。自一八八二至一九〇七年「美孚煤油公司」實得八八九、〇〇〇、〇〇〇元美金的淨利，其中六〇六、〇〇〇、〇〇〇元分作紅利，其餘乃轉作準備資本。鋼業托拉斯（「合衆國鋼業公司」）中所有的企業在一九〇七年，僱傭了二一〇、一八〇個工人和僱員。德國礦業中最大的公司，即「該爾生礦業」公司（"Gelsenkirchner Berwerksgesellschaft"）在一九〇八年，僱傭四六、〇四八個工人和僱員。美國「鋼業托拉斯」在一九〇二年一年中就產生了九、〇〇〇、〇〇〇噸鋼。牠的生產在一九〇一年占美國產鋼總額百分之六六・三，在一九〇八年佔百分之五六、一牠的礦苗底開採」在同時期中自百分之四三・九，增至百分之六四・三。

美國政府委員關於託拉斯的報告上說：

『牠們之所以優勝於牠們的競爭者，是由於他們的企業有巨大的規模和優越特出的技術。烟草託拉斯在牠創始時，便竭力要大規模地在到處以機力來替代手力。為達到此目的，牠花費了巨大的款項，以買一切關於製造烟草的專賣權。有許多專賣權，本來是無用的，可是服務於託拉斯的工程師必須研究之改良之。在一九〇六年末，託拉斯又設立了兩個附屬的公司，其唯一的目的就是收買專賣權。託拉斯為了同樣的目的，又建設了自己的機器廠、鑄鐵廠和修理廠。在白魯客林地方，有一個這樣的工廠，僱用了大約三百個工人，專事試驗製造紙烟、小雪茄、鼻烟、錫紙、烟匣等等的方法。因此，新的方法都在那裏發明出來。其餘的託拉斯，僱傭了所謂「改良技術的工程師」，專門負責於繼續發明新的生產方法，實行改良技術的試驗。鋼業託拉斯用很高的償金支付給工程師或工人們，以取得那能夠提高技術或減少費用的發明。』

在德國大工業中，如化學工業（在近數十年來，這部門工業極迅速地發展了，）機器底改良，也是由於如上述的方法得來的生產集中底過程，在一九〇八年就已經在此工業中產生了兩個主要的『集團』，都各有壟斷底性質。首先，這兩個集團是兩對大工廠『雙方的聯合，』這些大工廠，各有資本兩千萬以至二千一百萬馬克：一方面是在靈斯達的舊「美斯達」工廠和在馬因·弗蘭克府的「加舍爾」工廠；另一方面是在留威斯哈雲的靛青與蘇打工廠和在愛波斐特的舊「貝爾」工廠。後來在一九〇五年，這一個集團，在一九〇八年另一個集團，又相繼各與其他一個工廠訂立了條約，結果是構成了兩個『三角聯盟』，各有資本四千萬至五千萬馬克。在這兩個聯盟之間已開始『接近』『訂定』價格等等。

競爭日益變爲壟斷。結果，就是生產社會化有大大的進步。尤其是技術發明與改進底過程，也在日益社會化起來了。

從前，各個廠主都是散處各方，各不相謀，各爲供給未知的市場而生產；現在呢，已經完全不是各個廠主間所發生的舊式自由競爭了，生產集中已達到這般的程度，已能大概計算一國以內或數國以內或甚至於全世界上所有的原料來源了（例如鐵礦田）現在不僅有人在作這一種計算而且這些富源都握在幾個大壟斷聯合手裏了。牠們已在對市場之大小作大概的估計，根據條約的協定互相『瓜分』市場。熟練的勞動力，都被壟斷；能幹的工程師都被僱去；交通的道路與工具（美國的鐵路，歐美的汽船公司，）都被奪去。資本主義到了帝國主義時代，是完全達到了生產最爲周密集中的時候。無論資本家底願望與意識如何，資本主義發展到了帝國主義階段，是要拖他們進入一種新的社會秩序，即從完全的自由競爭轉入完全的社會化的過渡秩序。

生產是社會化了，但是佔有仍舊屬於私人的。社會化的生產工具仍舊是少數人私有的財產。形式上自由競爭底一般的架子依然存在着，而少數壟斷者之壓迫其餘的人民，比以前要百倍的煩重百倍的顯著與難受。

德國經濟學者克斯特納曾著專書討論『卡德爾與局外人間的鬥爭』（所謂『局外人』是指未加入卡德爾的企業。）他把自己的著作標題爲『强迫別人去組織』

而在事實上，爲不要掩飾資本主義，就應標題爲强迫別人去服從壟斷家底聯合。在這本書上，作者曾把壟斷聯合爲了牠們所追求的『組織』而進行現代的、最新的、文明的鬥爭時所採取的方法，列成一個目錄。我們只要隨便看看這個目錄便可以獲得很大的益處。目錄如下：

（一）褫奪原料（『强迫加入卡德爾的最重要手段之一，』）（二）以『同盟』方法褫奪勞動力（即資本家與工會間訂立合同，使工人祇能在卡德爾化的企業內工作）（三）褫奪運輸機關（四）褫奪銷路；（五）與買主訂約，使他們祇與卡德爾發生貿易關係；（六）有計劃地跌價以破壞『局外人，』即未屈服於壟斷者的企業：化費數百萬金錢，使在某一時期內以低於本値的價格出售商品（例如石腦油工業中曾自四十馬克跌價至二十二馬克，即差不多跌一半）；（七）褫奪信貸（八）宣布抵制。

現在，已經不是大小企業間的鬥爭，或技術落後與技術進步的企業間的鬥爭了。現在已經是壟斷者抑塞那些不屈服於壟斷，不屈服於壟斷底壓迫及其意志的企業了。且看資產階級的經濟學者對這種過程的認識罷。比方克斯特納說：

『就在純粹的經濟活動範圍之內，也發生了相當的變動，即從舊式的商業活動轉移到組織的投機方面去的變動。能夠獲得最大勝利的，已經不是商人，已經不是根據自己的技術和商業的經驗來確定購買者底需要找尋或「發見」隱藏着的需求的商人；而是投機的英才，(!?)能夠預先估計或甚至只是預先嗅到組織上的發展，預先嗅到各個企業與銀行間有某種連繫的可能性的英才了。……』

把這一段話譯成人類的語言，則就是說資本主義之發展已經到了如此的程度，商品生產雖還照舊『統治』着全部經濟，仍舊是全部經濟底基礎，但是，實際上牠已經被毀壞了，大部分的利潤都跑到幹財政勾當的『英才』方面去了。而生產社會化便是這些勾當和詭詐行為底基礎。可是人類在此種社會化以前所造成的巨大的進步，都被投機者所利用。以後我們將看到，那些對資本帝國主義作市儈式的反動的批評的，怎樣『根據此點』來夢想向後轉，以回復『自由的』『和平的』『正直的』競爭。

克斯持納說。

『形成卡德爾底結果——長期的提高價格至今祇能在最主要的生產資料方面看到，尤其是在石煤、鐵、加里*方面是如此而在製成品方面，却從來沒有看到過同樣，由此所構成的入欵之增加，也祇能限於生產生產資料的工業部門。此種觀察，尙須以下列事實補充之：拿原料（而不是半製品）來製造的工業，不僅因組織卡德爾，以高度利潤的形式吸取利益而妨礙從事製造半製品爲製成品的工業部門；而且牠對這些工業，還發生了相當的統治關係，這是在自由競爭時所沒有的。』

我們加上着重點的那幾個字**是資產階級的經濟學者所不願意承認所鮮有承認的主要現象，也便是現在以考茨基爲首的機會主義擁護者，所竭力企圖敷衍而逃避不談的主要點。統治關係及由牠所引起的強力，便是『資本主義發展之最新階段』中

*『加里』是重要的化學品之一種。（譯者註）

**即『統治關係』數字。（譯者註）

的普遍現象這就是因萬能的經濟壟斷之形成所必然發生的，並且已經發生的現象。

我們再從卡德爾底經營中舉出一個例子。在全部分或大部分原料來源可以一把握住的場所，卡德爾之成立和壟斷之形成，便特別容易。但若以為不能握住原料來源的工業中，不會發生壟斷，那便錯誤了。水門汀工業之原料，是到處都有的。但是這種工業在德國仍是非常卡德爾化。水門汀的工廠都聯合於各區新迪卡之下：如南德，萊·惠等區。規定了壟斷的價格：規定每一車輛水門汀為二百三十以至二百八十馬克（而每一車輛之本值却只等於一百八十馬克！）企業的股息，自百分之十二至百分之十六：可是這裏不要忘了，現代投機的『英才』，除分得股息這部分利潤之外，還能搶得另一種大量的利潤。為要消滅這種有利企業中的競爭壟斷家甚至于使用各種詐術：散佈謠言，說這種工業中的情形不旺，刊登匿名的廣告於報上說：『資本家呀！切勿投資於水門汀事業之中．』終乃收買『局外人』底企業（即不加入新迪卡的企業，）給他們六萬、八萬以至十五萬馬克的『退讓費。』『壟斷制到處採用百般的方法，為自己開闢道路；對於競爭

者始顯其[illegible]『[illegible]』[illegible]乃『採用』美國式的炸彈方法，

卡德爾可以消滅危機，這完全是資產階級經濟學者竭盡全力來替資本主義粉飾的一種論調。其實恰巧相反；在某幾個工業部門中形成起來的壟斷反使一切資本主義生產所特有的紛亂現象更加緊張與劇烈起來工業與農業發展之不相適應是一般資本主義底特點，而這種不適應性現在更其增進了。最卡德爾化的工業（即所謂重工業，尤其是煤鐵工業）之特權的地位，使其各個工業的部門，發生一種被愛德思（他是一本最好的論『德國各大銀行與工業的關係』的書底作者）所認為『更其厲害地缺乏之計劃性』的現象。

資本主義之勇敢的擁護者李甫曼說：

『國民經濟越發達，便越趨向於更帶冒險性的或國外的企業，越趨向於那些需要更久的時間去發展牠的企業，或者是越趨向於那些祗有地方意義的企業』

冒險性之增加，終久是因資本之巨大的增加而引起的這種資本日益汎溢於邊疆流往外國等等同時技術上極迅速的進步使國民經濟各方面間不相適應的成分日益增加，使紛亂狀態與危機底成分日益增加。因此，李甫曼不得不承認：

『大約在最近的將來人類又會經歷許多技術上的大改革，國民經濟的組織……電氣，航空等等，也將受其影響。本着照一般的通例，在此種經濟上根本變動的時候，很厲害的投機事業就會發展起來。……』

一切危機——最通常的是經濟危機，但並不祇是經濟危機——自身又大規模地加緊集中與壟斷的趨向。我們知道：一九〇〇年的危機，是最新的壟斷史中的轉折點。且將耶德爾關於這危機底意義所發表的非常耐人尋味的議論：

『在一九〇〇年危機時除了各個主要工業部門中的巨大企業外還有許多所謂「單純的」企業』（即未聯合起來的企業）；『這些企業，在工業高漲底頂點上，曾經向上發展着而他們的組織，從現代的觀點上看來，則已陳腐不堪了。價格之低落，需要之減少，使這些「單純的」企業，陷於極端的窮困狀態，而同時這一窮狀或竟是完全不影響於聯合化的大企業，或是僅僅使牠們受極短時期的影響。因一九〇〇年的危機而引起的工業集中較之一八七三年的危機其程度眞是大得無可比擬；而一八七三年的危機，也發生了一種挑選優勝企業的過程；但照那時候的技術程度，這種挑選，不能使那些能在危機中取得勝利的企業走入壟斷企業的地位。最高限度握有這種長期壟斷的，首先就是現在製鐵工業中與電氣工業中巨大的企業。這是由於他們有很複雜的技術綿延的組織與資本的雄力；次之，便是製造機器的企業，五金工業中某幾部分的企業，交通工具及其他等的企業』

壟斷便是『資本主義發展之最後階段』中的最後的一個字。但是，倘若我們不注意銀行底作用，當我們對於現代壟斷底實力和意義的概念就未免極不充足，極不完全，和太欠缺了。

第二章　銀行及其新作用

銀行底基本的與初步的活動，便是充任支付錢中介。因此，銀行把不活動的貨幣資本，變為活動的資本，即產生利潤的資本；牠收集所有一切貨幣的收入，給資本家這個階級去應用。

因銀行事業之發展，及其集中於少數機關之內，銀行乃由簡單的中人底作用，一變而為萬能的壟斷者底作用了。差不多全體資本家和小私有主所有的貨幣資本，以及一國或數國以內大部分的生產資料和原料來源，都為牠們所管理。這一種把無數簡單的中人變為少數壟斷者的過程，便是由資本主義轉變為資本帝國主義的主要過程之一；因此，我們首先必須考察銀行事業底集中。

一九〇七年至一九〇八年間德意志一切擁有資本百萬馬克以上的銀行，共有存款七十萬萬馬克，到一九一二年至一九一三年間，已達到九十八萬萬馬克了。五年之間增加百分之四十的存款，而此二十八萬萬馬克的增加，其中有二十七萬萬五千萬馬克是存於五十七個擁有資本一千萬馬克以上的銀行之中。大小銀行間存款底分配如下：

各種銀行在存款總數中所佔的百分數

年份	九個柏林大銀行	其餘四十八個擁有資本一千萬馬克以上的大銀行	一百十五個擁有資本一百萬至一千萬馬克之銀行	資本少於百萬馬克的小銀行
一九〇七至一九〇八年	四七	三二·五	一六·五	四
一九一二至一九一三年	四九	三六	一二	三

小銀行被大銀行所排擠，而大銀行之中有九個銀行差不多集中了所有存款之半數。但是此地我們暫且不考察許多重要的事情，如無數小銀行事實上變成大銀行底分行等等，關於這些事情，以後再講。

一九一三年末，根據蘇爾茨·黑文甯底估計，存款總額約一百萬萬馬克，其中五十一萬萬馬克，是柏林九個大銀行底存款。該作者不僅考察了存款，並且考察銀行全部的資本。他說：

「一九〇九年末，柏林九個大銀行以及與牠們結合的銀行，支配着一百一十三萬萬馬克，即佔德國銀行資本總量約百分之八十三。「德意志銀行」（Deutsche Bank）及附屬於牠

的銀行，差不多支配着三十萬萬馬克，牠與普魯士國家鐵路管理局同爲資本世界中資本積蓄得
最多和分據得最精細的銀行。』
我們特別着重指出『附屬的銀行，』因爲這一點是最新資本集中底最主要的特
點之一；大企業，尤其是大銀行，不僅吞併小企業，並且用『參與』到小企業資本中去的
方法，用購買或交換股票的方法，用借貸關係的方法等等以『聯合』小企業，征服牠們，
吸收牠們加入『自己的』集團或自己的『康采恩』（資本主義聯合底術語。）李甫
曼教授作了一本五百頁的巨大『著作，』敍述現代的『參與公司和財政控股公司。』
可惜這一本書裏面，祇是有許多材料，簡直完全沒有加以任何的分析，而同時，卻又加上
了一些很低級的『理論的』推論。這種『參與』制度，將使集中過程達到怎樣的程度，
那要算銀行『大家』黎舍爾那一本關於德國大銀行的著作，說得最好了。但是，在沒有
研究他的材料之前，我們首先要從『參與』制中舉出一個具體的例子來。
「德意志銀行集團，」卽使不是一切大銀行集團中最大的集團，也是最大的集團

之一了。我們爲要考察將這一集團底一切銀行連繫在一塊的那些主要線索起見，必須分清第一級，第二級和第三級的『參與』或者說第一級，第二級和第三級的依賴（小銀行之依賴於「德意志銀行」）結果我們便得到如下的情景：

「德意志銀行」之參與

	第一級的依賴	第二級的依賴	第三級的依賴
經常參與	十七個銀行	其中九個又參與其他的三十四個銀行	其中四個又參與其他的七個銀行
永久參與	五個銀行	—	—
暫時參與	八個銀行	其中五個又參與其他的十四個銀行	其中二個又參與其他的二個銀行
總計	三十個銀行	其中十四個又參與其他的四十八個銀行	其中六個又參與其他的九個銀行

在八個「第一級依賴的」——「暫時」隸屬於「德意志銀行」——的銀行之中有三個

是外國銀行一個是奧地利的銀行「維也納出納總會銀行同盟」）其他兩個是俄羅斯的銀行（「西伯利亞商業銀行」和「俄羅斯對外貿易銀行」）直接或間接、整個或部份加入「德意志銀行」集團的總計有八十七個而該團所支配的自己的和他人的資本總數，共有二、三十萬萬馬克。

一個為該集團首領的銀行，既然與其餘比他稍小的半打銀行去訂立協約，以進行特別大的和特別有利的財政事業，如國債等，那末很明顯的，這一個銀行是已經由「中人」一變而為少數壟斷者底同盟了。

下列的統計，是我們從黎舍爾底統計中所摘引出來的；從這裏可以看到十九世紀末和二十世紀初期德國銀行事業集中之速度：

柏林六大銀行所有的。

年份	在德國的分行	存款所及兌換處	在德國各股份銀行中，經常為六大銀行所參與的銀行	機關之總數

一八九五	一六	一四	一	四二
一九〇〇	二一	四〇	八	八〇
一九一一	一〇四	二七六	六三	四五〇

我們看到：這個密網，是發展得何等的快，這一個密網包羅全國，集合所有的資本和貨幣收入，把成千成萬散處各方的經濟，轉變為一個全國資本主義的經濟，以至於轉變為全世界資本主義的經濟。此種『分權制』（現代資產階級經濟學者黑文富在上述一段話中曾經說到這一點，）實際上是把無數從前比較『獨立的』經濟單位，或者更正確些說，在各地彼此孤立的經濟單位，屈服於單一的中心之下。實際上，這是集權，是加強壟斷巨頭底作用，增進牠們的意義，增長牠們的勢力。

在資本主義較老的國家中，這種『銀行網』還要緊密一些。英國連愛爾蘭在內，在一九一〇年，所有銀行底分行總數，達七千一百五十一個。其中四個大銀行，各有四百個以上的分行（自四百四十七個至六百八十九個；）另有四個大銀行，各有二百個以上的分行；又有十一個銀行，各有一百個以上的分行。

法國三個最大的銀行：「里昂信託公司」（Crédit.Lyonais）「國家兌換所」（Omptoir National）和「銀行總公司」（Société Générale）其活動之發展與分行網之擴大，有如下的情形：

分行和兌換處之數目：

年代	一八七〇年	一八九〇年	一九〇九年
各省	四七	一九二	一、〇三三
巴黎	一七	六六	一九六
總數	六四	二五八	一、二二九

資本量 （百萬佛郎為單位）

本資	二、二〇〇	二六五八	式八七

客晉	四二七	一、二四五	四、二六三

黎各爾為要表明現代大銀行底「聯繫」引用了「清算公司」（"Disconto-Gesellschaft"——此公司是德國或全世界上最大的銀行之一，在一九一四年牠的資本已達三萬萬馬克）所收發信件之數目如下：

年份	收到的信件	發出的信件
一八五二	六、一三五	六、二九二
一八七〇	八五、八〇〇	八七、五一三
一九〇〇	五三三、一〇二	六二六、〇四三

巴黎大銀行「里昂信託公司」淸單底數目在一八七五年有二八、五三五件，至一九一二年已達至六三三、五三九件。

這些簡單的數目，比長篇的解釋要更明顯地表明：因資本之集中和銀行周轉之增速，使銀行底意義起了根本的變更。散處各方的資本家，集合成為一個集體的資本家。發行爲少數資本家管理流水賬，似乎做了純粹技術性的並且完全輔助性的工作。當這種工作範圍擴得很大的時候，結果便是少數壟斷者屈服了整個資本主義社會中全部工商業底活動，他們便能以銀行的聯繫、流水賬及其他財政的活動，爲開始正確地探知各個資本家底情形，然後則監督牠們，以擴大或縮小，促進或阻礙信用的方法去影響牠們。末了，他們就要完全決定牠們的命運，決定牠們的收入，奪去牠們的資本，或使牠們的資本能迅速而大規模地增加起來。

我們剛才提到柏林「清算公司」三萬萬馬克的資本。「清算公司」資本之這樣的增加，便是柏林兩個最大銀行「德意志銀行」和「清算公司」彼此爭奪霸權的一幕。

在一八七〇年「德意志銀行」是一個新的銀行，共有資本一千五百萬；「清算公司」共有資本三千萬。至一九〇八年，前者有資本二萬萬，後者有資本一萬七千萬。到一九一四年，前者的資本增至二萬五千萬，而後者因與其他頭等大銀行「夏夫豪生聯產銀行」聯合起來資本便達到三萬萬。在這種爭奪霸權的鬥爭中，這兩個銀行間的安協，自然也隨着鬥爭而更加增多與更加强固。這種發展底進程，使銀行事業專門家（他們在考察經濟問題時所持的觀點，總是逃不出最溫和的最求實的資產階級改良主義底範圍，）必然得出以下的結論：

德文雜誌銀行對於「清算公司」資本增至三萬萬的問題，載道：

『其他的銀行也循着這條路綫進行，而現在統治着德意志經濟的三百個人物，將漸漸減至五十個，二十五個，或者還要少些。可是，不要以爲最近的集中運動，是祇限於銀行事業一種的。各銀行間緊密的聯繫，自然而然地使這些銀行所庇護的新迪卡工業家們也接近起來。……我們總有一天，一覺醒來看到我們目前的祇有一些託拉斯，就會驚異起來；到那個時候，就必須以國家的壟斷來代替私人的壟斷。但是，到那個時候我們實際上也無可自責，除非責備我們讓事物底發展，循着自由的歷程進行，而以股票稍稍加速此歷程罷了。』

這便是資產階級報章毫無辦法底表現，而資產階級的科學界，其與這種表現不同的，也祇是比較的更不誠實些，而企圖隱蔽事實底實質，想用樹木去遮掩森林罷了。『驚異』集中底結果『責備』資本主義的德意志。政府或資本主義的『社會』』（『我們』）生怕因採用股票而『加速』集中，猶如德國一個『論卡德爾』的專家齊世基懼怕美國式的託拉斯而『甯取』德國式的卡德爾一樣，一若『卡德爾能夠不像託拉斯那樣異常加速技術的經濟的進步』——這難道不是毫無辦法嗎？。

但是事實還是事實。德國沒有託拉斯而祇有卡德爾；但是不上三百個的巨頭，統治了

認而且巨頭底數目還在不斷地減少。銀行在任何的情形之下，在一切的資本主義國家之中在各種銀行法律之下，總是百倍地加緊並加速資本集中和壟斷形成底過程。

半世紀以前，馬克思在資本論中說：『銀行在社會範圍中造成了公共簿記和生產資料公共分配底形式，但祇是形式而已。』我們所引用的關於銀行資本發達的數字，關於大銀行的辦事處和分行數量增加的數字等等，都具體表明出整個資產階級底這一

種『公共的簿記』而且還不僅是資產階級底公共簿記因爲銀行收集(雖是暫時的)一切貨幣的收入，小私有主、僱員和少數上層工人底收入。從形式上看來，『生產工具之公共的分配』這便是由現代銀行中所發生出來的，這種銀行，如法國約有三個至六個，德國約有六個至八個，運用數十萬萬數百萬萬的資本。但是，若從內容上看來，這種生產工具的分配便完全不是『公共的，』而是私有的，是適應於大壟斷資本底利益的，尤其是適應於最大的壟斷資本底利益的，此種壟斷資本在這樣的條件之下：民衆過着半飢的生活，農業發展遠落於工業發展之後，『重工業』從其他落後工業部門中收取貢賦，——發生牠的作用。

在資本主義經濟社會化的事業中，儲蓄銀行和郵局儲金處開始與銀行競爭。牠們是一種比較更『分權』一些的組織，就是說，牠們的勢力蔓延於更大的區域，更多的冷僻地方和更衆多的人民。且看美國調查銀行和儲蓄銀行存款之比較的增加問題的委員會，所得的統計：

存款（以十萬萬馬克爲單位）

		一八八〇年	一八八八年	一九〇八年
英國	銀行	八·四	一二·四	二三·二
	儲蓄銀行	一·六	二·〇	四·二
法國	銀行	?	一·五	三·七
	儲蓄銀行	〇·九	二·一	四·二
德國	銀行	〇·五	一·一	七·一
	信託公司	〇·四	〇·四	二·二
	儲蓄銀行	二·六	四·五	一三·九

儲蓄銀行付了四厘至四厘又四分之一的存款利息，必須替自己的資本找得『有利的』投殖，如從事於期票、典押和其他的營業。銀行和儲蓄銀行間的界限『漸漸失去』。例如波府和愛福特兩地之商會，要禁止儲蓄銀行從事於『純粹的』銀行事業，如兌換期票之類；並要限制郵局中『銀行式的』活動。銀行的大王們好像懼怕國家的龍斷[illegible]

從憶料不及的方面來抓住他們。但是這種恐懼，顯然沒有超出在同一事務室內兩個經理相互競爭底範圍。因爲一方面實際上終久還是同一銀行資本底巨頭去支配儲蓄銀行中的數十萬萬的資本；在另一方面在資本主義社會裏國家的壟斷，不過是一種替此部門或彼部門工業中的將近破產的百萬富翁提高並担保其收入罷了。

自由競爭統治着的舊資本主義之被壟斷統治着的新資本主義所替代，並在交易所作用之衰落中表現了出來。銀行雜誌載道：

『交易所之爲必要的流通的中人，是從前銀行還不能在牠的顧客中分配大部分所發行的有價證券的時候；可是那個時候，已經過去很久了。』

『一切銀行，都是交易所』這是一句現代的格言。銀行越大，銀行事業越集中，這句格言所包含着的眞理也愈多。』『要是在從前七十年代時，交易所充滿着牠少年的銳氣』（這是對一八七三年交易所的危機和創業舞弊*的糾紛等『微妙的』暗示，）『曾開闢了德意志工業化的新紀元，那末在現在的時候，銀行和工業已能『獨立支持

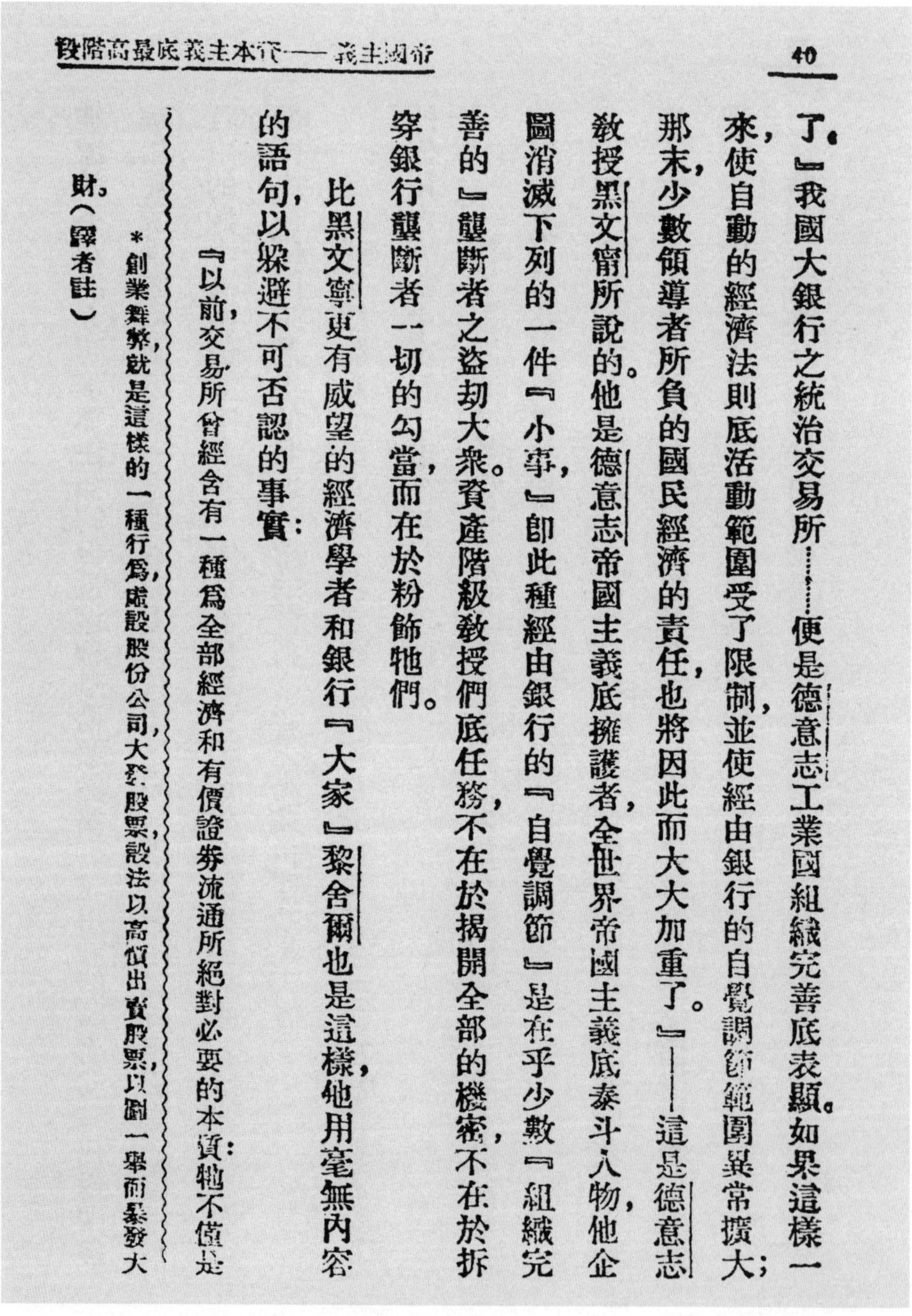

了。』我國大銀行之統治交易所……便是德意志工業國組織完善底表顯。如果這樣一來，使自動的經濟法則底活動範圍受了限制，並使經由銀行的自覺調節範圍異常擴大；那末，少數領導者所負的國民經濟的責任，也將因此而大大加重了。』——這是德意志教授黑文甯所說的。他是德意志帝國主義底擁護者，全世界帝國主義底泰斗人物，他企圖消滅下列的一件『小事』，即此種經由銀行的『自覺調節』是在乎少數『組織完善的』壟斷者之盜刼大衆資產階級教授們底任務，不在於揭開全部的機密，不在於拆穿銀行壟斷者一切的勾當，而在於粉飾牠們。

比黑文寧更有威望的經濟學者和銀行『大家』黎舍爾也是這樣，他用毫無內容的語句，以躱避不可否認的事實：

『以前，交易所曾經含有一種為全部經濟和有價證券流通所絕對必要的本質，牠不僅是

*創業舞弊，就是這樣的一種行爲，虛設股份公司，大發股票，設法以高價出賣股票，以圖一舉而暴發大財。（譯者註）

這種經濟運動底最準確的度量的工具，而且幾乎是經濟運動中的一個自動的調節者現在呢牠的這種本質，是日漸消失了。』

換言之，自由競爭的舊資本主義，以交易所爲絕對必要的調節者的資本主義，已成過去了。一個新的資本主義代替了牠，這個新的資本主義帶有某種明顯的過渡的特質，帶有某種自由競爭和壟斷間的混合物。這個最新的資本主義將『過渡』到什麽呢？——這個問題，自然是要發生的；但是資產階級的學者，却不敢提出這一個問題。

『在三十年前，自由競爭的企業家，執行了十分之九不屬於「工人」體力勞動範圍以內的經濟工作。現在呢，十分之九的這種經濟的智力工作，都由僱員們擔任了。銀行事業便佔這種發展底首位。』

黑文寧這種承認，越弄越專注於下列的問題：最新階段的資本主義，即帝國主義階段的資本主義，究竟是走向甚麽的過渡。

因集中底進展，少數銀行遂成爲全部資本主義經濟底領袖，而在這些少數銀行之間實行壟斷式的協調的傾向，組織銀行托拉斯的傾向，自然要日益表現而且加强起來。美國現在已不是九個而是二個大銀行（卽巨萬豪富羅克費爾和摩爾根兩個銀行）統治着一百一十萬萬馬克的資本。我們上面所指出的德國「夏夫豪生聯合銀行」之爲「清算公司」所合併，在交易所機關報佛蘭克府報方面引起了下列的評論：

「因銀行集中之增進，減少了尋常可以發給信用借款的機關，因此大工業更加依賴於少數銀行的集團。在工業和財政界嚴密的聯接之下，缺少銀行資本的工業公司，其行動底自由，就受了限制。所以大工業對於銀行托拉斯化之加緊（聯合或變成托拉斯）有很混雜的感覺；實際上，我們已經再三看到各大銀行康采恩之間某種協調底胚胎，而這種協調，是要限制競爭的。」

銀行事業發展中最後的一個字——壟斷，又出現了。

正是在銀行和工業間嚴密的聯繫中，銀行底新作用表現得再明顯沒有了。倘若銀行替某個企業兌換期票，管理流水賬等等，那末這種行爲，單獨看起來，一點沒有減少該企業底獨立性，而銀行也沒逃出簡單的中人底作用。假若這些行爲，增多起來，鞏固起來，倘若銀行『收集』極大量的資本於自己的掌握中，倘若經管某企業底流水賬使銀行能（事實上確能如此）更詳細地、更完備地知道顧客底經濟情形，那末結果工業資本家便日益完全依賴於銀行了。

同時，銀行和工商大企業間所謂個人的聯合也發展起來了，以佔有股票的方法，以派銀行理事員充當工商企業董事會會員或經理部部員的方法，或反之以派工商企業的理事員去充當銀行董事會會員等的方法，彼此聯合起來。德國經濟學家愛德思搜集了關於資本集中方面最詳盡的資料。柏林六個最大的銀行，有牠們的經理在三百四十四個工業公司裏當代表，又有牠們的董事會的會員在四百零七個公司裏當代表，一共在七百五十一個公司裏有牠們的代表。在二百八十九個公司中，牠們在每個公司之內，不是有二個董事會會員，便是當董事會會長。在這些工商業公司之中，我們見到各種各樣的工業部門，有保險事業，有交通工具，有飯館酒樓，有戲院，有美術館等等。在另一方面，該六個銀行底董事會在一九一〇年有五十一個最大的工業家，如「克虜伯」炮廠底經理大汽船公司「哈巴克」(「漢堡美利堅輪船公司」)底經理等等六個銀行之中每一個銀行從一八九五年至一九一〇年間參與了發行數百個工業公司底股票和債券，即自二百八十一個公司至四百十九個公司。愛得思說：

『銀行和工業間的「個人聯合」；又以公司與政府間的「個人聯合」補充之。董事會會員底位置是誠意地供獻給聲望隆重的人物，以及卸職的政府的官吏，因爲他們在與政府發生關係時，能得到不少的便利(11)……在大銀行董事會中，我們常見到國會的議員或柏林市議會的議員。』

因此，製造或培植大資本主義的壟斷，是完全以『自然的』和『超自然的』手段開足馬力進行的。結果是形成了現代資本主義社會中數百個財政大王間有系統的分工：

『因各工業家活動範圍之擴大』(參與銀行管理處等等)『和分派各省銀行理事共專門管理某一工業區域的事務，於是在大銀行底領導人中間就發生了相當的專門化。這種專門化，一般說來，祇有在一切銀行企業底規模是非常之大的時候才有可能，尤其是牠與工業的聯繫極廣大的時候才有可能。這種分工，向着兩個方向進行：一方面，與工業的關係，信托於某一個經理，作爲牠的專責；另一方面，每個經理都親身監督幾個單獨的企業，或監督因職業與利益相接近的幾個企業團』（資本主義已發展到有組織的監督各單個企業了……）『指定某一個經理專門管理德國的工業，有時甚至於管理德國西部的工業』（德國西部是德國工業最盛的區域）『而另一部分經理，則專門與外國政府及外國工業發生關係，考察調查各工業家個人的消息以及交易所的事業等等。此外每個經理，常又管理一特殊地方或一特殊部門的工業，有的專在電氣公司董事會裏工作，有的在化學工廠，釀酒場或製糖廠裏工作；有的在數個比較孤立的企業中工作，同時又參加保險公司董事會……一言以蔽之，在大銀行中因銀行活動規模與種類之擴大與增多，毫無疑義的便形成了經理們間更細的分工，其目的（和其結果）就是要提高他們活動底程度，使之高於所謂單純的銀行事業，使他們更能決斷並且更知道工業中一般的問題及其單個部門中特殊的問題，養成他們在工業範圍內實行銀行底影響。銀行又竭力邀集熟悉工業的人、企業家、去職官吏、尤其是服務於鐵路與礦山事業的人，加入董事會；

這種銀行制度，便這樣完成了……』

我們在法蘭西銀行事業中見到同樣的情形，祇略有形式上的不同而已。例如，三個法蘭西最大銀行之一，卽「里昂信託公司」組織了一個特殊的『財政消息收集部。』在這中間，經常有五十個工程師、統計家、經濟家、法律家等工作着。這個機關每年需要辦事費用六十七萬佛郎。牠自己又分成八個部門：有的收集專門關於工業企業的消息，有的研究一般的統計，有的考察鐵路公司和汽船公司，有的考察證券，有的研究財政報告等等。

結果，是一方面銀行資本和工業資本日益緊密的融合，或如布哈林所說得很對的，銀行資本與工業資本混合生長；另一方面銀行日益轉變爲眞正『萬有性的』機關。我們認爲關於這個問題必須引用研究這種事業最深刻的作者愛德思底正確說法：

『我們考察全部工業聯繫的結果，看到在工業中工作的財政機關底萬有性。大銀行是恰巧與其他銀行形式相反的，恰巧與書籍中有時所規定的需要相反的（如說銀行必須專門從事於工業中某部份或某部門的事業以維持自己的地位）牠竭力企圖把自己和工業企業中間的聯繫弄得五花八門般的複雜，使其所包含的生產區域與部門盡量廣泛和繁雜；竭力消滅那些在各單個企業歷史中所存在的各工業部門與區域間資本分配不均勻的現象。』『有一種趨勢，使銀行與工業的聯繫成爲普遍的現象；另一種趨勢，使該聯繫更形堅固和緊密起來；兩者都實現於六大銀行之中，雖不完全，然已大規模地並且以同一的程度實現了。』

在工商業界方面常聽見有人對銀行底『恐怖主義，』發出一種不滿的怨聲。當銀行以如下例所說的情形去『指揮』其他企業時，這種的怨聲當然是要發生的。一九〇一年十一月十九日，所謂柏林D字銀行（四個大銀行*底名稱其第一字母都是D字）之一，給「西北中德意志水門汀新迪卡」底經理部寫了這樣一封信：

* 即「德意志銀行」("Deutsche Bank")「清算公司」("Diskonto Gesellschaft")「德來士敦銀行」("Dresdner Bank")和「丹姆斯塔銀行」("Darmstadtor Bank")（編者註）

『據本月十八日你們在某報上所登載的消息，在本月三十號所召集的貧新迪卡大會上，將通過一個決議案以便在貴企業中施行一種變更這種決議是我們所不能接受的。因此，我們不得不停止你們一向所享用的信用了；不勝抱歉之至。……但若在該大會上，將不通過我們所不能接受的決議，並且對於將來能給我們以相當的担保的話，那末，我們就極願意與你們商議成立新的信用借貸。』

實際上，這種怨聲正和小資本因受大資本壓迫而發出的怨聲一樣，不過在此地以『小』字輩而屈膝埋怨的，已經是整個的新迪卡罷了舊的大小資本間的鬥爭，已經在新的高不可比的發展階段上恢復了起來。很明顯的，擁有數十萬萬之巨的銀行企業是能以空前無比的方法去推進技術的發展的。例如銀行設立專門研究技術的團體，研究的結果當然是祇有『和衷共濟的』工業企業才可以享受的。例如「電氣鐵道問題研究會，」「中央科學技術研究局」等等便是這類的組織。

大銀行領袖們自己不能不看到新的國民經濟條件，是在形成的；但是，他們在這些條件前面祇是束手無策。比方愛德思寫道：

『誰在最近幾年來觀察過經理和董事人選底變更，誰便不能不看出所有的權力，漸漸轉入到那些視大銀行之積極干與一般工業發展事業為必要急務的人們手中去了；同時，在這些人和舊的銀行經理之間，便常因工作的關係、有時且因個人的關係，而發生意見的分歧。實際上問題是在於：銀行既是一種信用的機關，那末，牠是否會因干與工業生產過程而有所損失，牠是否會因從事於這種和信用借貸的中人職務毫不相干的活動，從事於這種可以使自己陷入那種比前更受工業行市所盲目統治的範圍中去的活動，而犧牲掉自己的穩固的原則和可靠的利潤。舊的銀行經理，都是這樣說法。而大部分新進的經理們，則認為積極干與工業的問題是必然的，猶之乎現代大工業勃興同時必然發生大銀行和最新的工業式的銀行企業一樣。兩方面的意見，祇有一點相同，即雙方都認為在大銀行底新活動中，並沒有穩固的原則和具體的目的。』

舊資本主義已經死亡了。新資本主義是轉到別種制度中去的過渡。尋找『穩固的原則和具體的目的』以『調和壟斷和自由競爭』顯然是沒有希望的了。實際家底承認，是完全不像新資本主義底辯護人（如黑文寧李甫曼這一流的『理論家』）對『有組織的』資本主義所唱的那種官場的贊美歌一樣的。

究竟是在什麼時期，這種大銀行底『新活動』才完全形成，關於這個重要的問題，我們可以從愛德思那裏找到很正確的答覆：

『現時工業企業間的聯繫，有其新的內容，新的形式，新的機關；而這種機關，便是同時以集權與分權方法所組成的大銀行。這一種聯繫之形成爲特殊的國民經濟的現象，當不在一八九〇年以前。在某種意義中，這個起點還可以移到一八九七年，因爲在那個時候，各種企業都實行大規模地「合併」起來；而根據銀行對工業的政策，這種「合併」便首先造成新式的分權的組織系統。這個起點還可以移到再後一個時期，因爲一九〇〇年的危機，才大規模地增速工業和銀行事業集中底進程，鞏固這種進程，開始把銀行和工業的聯系變成大銀行現代的壟斷，並且使這種聯系比從前更要密切和緊張些。』

所以，二十世紀便是從舊資本主義轉到新資本主義的轉折點，即從一般的資本統治轉到財政資本統治的轉折點。

第三章 財政資本與財政寡頭制

希法亭說：

『工業資本之日益增加的部分，不屬於使用這資本的工業家了。工業家祇有經過銀行，才得支配資本，銀行對於工業家，便是這種資本底主人。在另一方面，銀行也必須把日益增加的一部分自己的資本，投到工業中去。因此之故，銀行便日甚一日地變成工業資本家了。這樣一來，銀行資本（即取貨幣形式的資本），實際上已變爲工業資本，我稱牠爲財政資本。』『財政資本便是在銀行支配之下而由工業家來運用的資本。』

這個定義，是不完全的，因爲牠沒有指出最重要的要素之一，卽沒有指出：生產集中和資本集中已發展到很高的程度，使得這種集中勢必變爲，而且已經變爲壟斷。但是，一般說來，希法亭全部的敘述，尤其是在我們所引用的定義之前二章裏曾注重到資本主義壟斷底作用。

生產集中由集中所發生的壟斷銀行與工業融合或混合生長，——這些便是財政資本產生的歷史及財政資本這個概念底內容。

我們現在且來敘述，在一般的商品生產和私有財產制之下，資本主義式的壟斷的『管理』怎樣必然要變爲財政寡頭底統治。我們知道，德意志（也不衹一個德意志）資產階級科學界的代表，如黎舍爾、黑文寧、李甫曼及其他等人，都完全是帝國主義和財政資本底辯護人。對於那些形成寡頭制的『機密』牠的手段，牠的『無愧的』『有愧的』收入之規模，牠和國會的聯繫等等，他們不但不加以揭露，反而竭力去掩飾。他們以重要而含糊的語句，去避去這些『可惡的問題，』稱道銀行經理們底『責任心，』贊揚普魯士官吏們底『義務心，』嚴重地考察細小而毫不嚴重的『監督』法和『條例』草案，玩弄理論的把戲，如像李甫曼教授所寫的下列的『科學的』定義『……**商業是一種業務的活動，專事於收集財富，保存財富以供應用**……』（着重點是李教授本人加上的）由此得出的結論便是商業是在尚未知道交換爲何物的原人時代已有的了，而且在社會主義社會裏也是存在的！

但是有許多關於財政寡頭制之奇異統治的奇異事實，是何等鮮明地擊觸了人們底眼簾，結果在一切資本主義的國家中（不論是美國、法國、德國）都出現了這樣的著述，這些著述雖然是本着資產階級的觀點，但畢竟還是作了一種近乎正確的估計及對財政寡頭制的批評（當然是小資產階級式的批評）。

首先便要提到從前已經略略說過的那種『參與』制度。德意志經濟學家黑依曼幾乎是一個最先注意到此事內容的人。他曾經叙述此事內容如下：

『總經理管理總公司（直譯爲「母親公司」），總公司又統治隸屬於牠的公司（「女兒公司」）而後者又統治「孫女公司」以此類推』。

這樣一來，握有不十分多的資本便可以統治極大範圍的生產。實際上，倘若佔有股份公司百分之五十的資本便足以支配這個股份公司，那末總經理祇要擁有一百萬的資本，便能支配各『孫女公司』八百萬的資本了。要是這種的『互相錯綜』繼續下去，一百萬的資本便可以支配一千六百萬，三千二百萬……的資本了。

其實經驗證明：佔有百分之四十的股票，便足以指揮股份公司底事業了，因爲，有部份散處各方的小股東，實際上是一點沒有參加股東大會等等的可能。這種股票佔有權底『民主化』（資產階級的詭辯家和機會主義者以及『也是社會民主派』希望——或使人相信他們是在希望——因此而使『資本民主化，』希望因此而加强小生產底作用和意義，）其實祇是增加財政寡頭權力的方法之一。所以在較先進的或較老的和較『有經驗的』資本主義國家中，法律允許發行較多的小股票。德國法律不許發行少於一千馬克的股票，而德意志的財政大王，望見英國法律允准一個金磅（三十馬克，約十個盧布）的股票，實在妒嫉。西門思是德意志最大的工業主人兼『財政大王』之一，曾於一九〇〇年六月七號在國會中宣言道：『一磅的股票，是不列顛帝國主義底基礎。』這個商人對於什麼叫做帝國主義，要比那一個被認爲俄羅斯馬克思主義始祖的怪作家，*着實要有更深刻的『馬克思主義』的認識；這個怪作家以爲帝國主義祇是某一個民族底醜性而已。

但是『參與制度』不僅使壟斷者底權力大大的增加，並且還使任何黑暗而齷齪的事業，可以偷過衆人耳目而不受懲罰地去進行，因爲『母親公司』在形式上和法律上是不替『女兒公司』負責的，『女兒公司』算是『獨立的』；經過『女兒公司，』便什麽都可以『做得』到。請看我們從德意志資產階級的雜誌銀行第五期所引出來的例子：

『加塞爾之「彈簧鋼鐵股份公司」』在數年前算是德意志最賺錢的企業之一。因管理的不良，股息從百分之十五落至百分之零。據說：總理部沒有得到股東底同意，出借六百萬馬克給該公司底「女兒公司」之一「哈西亞」；而後者名義上的資本總共祇有數十萬馬克。這筆借款，比「母親公司」底股資差不多要大三倍，而在公司賬目上卻絲毫也沒有提及。在法律上，這樣的緘默，完全是合法的，並且可以延長到二年之久，因爲這種行爲沒有違犯一條商業法律。董

*這是指普列漢諾夫而言。（編者）

事會會長，以負責人資格簽字在這種假簿上的，以後仍舊做加瑟爾商會的會長。股東們知道這筆借給「哈西亞」公司的欵子，是還在證明這件事的「錯誤」（這二個字，著者理應放在括弧以內）之後。……當時洞悉此中祕密的股東已經將公司底股票賣出，而公司底股票底價格幾乎降跌了百分之百。……

這一種在收支賬目上玩平衡把戲的例子，是在股份公司中最常見的，這個例子便是說明：為什麼股份公司底經理們比私人的企業家要更甘心去做冒險事業。製定收支賬目的最新的方法，不但使他們能把冒險事業瞞過普通的股東，並且使利害最相關的人們能在事業不利的時候，按時出賣他們的股票以卸去責任；而私人的企業家卻要以自己的皮骨替自己所做的事情負全部的責任……

許多股份公司底賬簿，和著名的中古時代的複寫羊皮紙相似，要發見藏於紙下的原稿之眞實的內容，必須先把上面所寫的字抹去。*

最簡單而最常用的糊混賬目的方法，便是以創立「女兒公司」或聯合這種「女兒公司」

*複寫羊皮紙，是這樣的一種羊皮紙，在這種紙上，擦去了基本的原稿，再在字痕之上，寫上其他的東西。

等法，而將一個企業分爲數部份。從各種目標——合法的或非法的——上看來這種制度之有利，已明顯到極點：現時大公司不採用這種制度，那簡直是例外。』

在最大的壟斷公司中作者舉著名的電氣總公司＊（關於這個公司以後還要講到，）作爲最大規模地採用這種制度的例子。在一九一二年這個公司參與了一百七十五個至二百個公司，牠當然又統治了這些公司，並且總共掌握了約十五萬萬馬克的資本。

好意的——即有辯護和掩飾資本主義的好意的——教授們和官吏們所使一般人注意的一切管理條例，公布賬目，製訂一定的賬簿格式，設立監督機關等等，都不能有什麼意義的。因爲，私有財產是最神聖的；誰也不能阻止誰去買賣股票，交換股票，典押股票等等。

在俄羅斯大銀行中，「參與制度」究竟達到怎樣的程度，這可以根據阿哈德底統

＊電氣總公司（A.E.D.）是德國最大的電氣公司。（譯者）

計斷定之阿氏曾在華俄銀行充任僱員十五年，他在一九一四年五月出版了一本書，書名不十分確切，叫做大銀行和全世界的市場。著者把俄羅斯的大銀行分爲二個主要的集團（甲）在『參與制』之下經營的；（乙）『獨立的』可是他所謂『獨立，』就是指『不依賴』外國銀行的意思。作者把第一個集團又分爲三個小集團：（一）德國的參與，（二）英國的參與，（三）法國的參與：——這是指這些國家最大的外國銀行底『參與』和統治而言的。作者把銀行資本分爲投入工商業的『生產』資本和投入交易所和財政活動的『投機』資本，他以自己所特有的小資產階級改良主義的觀點，以爲在保存着資本主義的條件之下，可以將第一種形式的投資和第二種形式的投資分開，並且可以消除第二種形式的投資。

著者底統計如下：

銀行底全部資產（依據一九一三年十月十一月的賬目，以百萬盧布爲單位：）

俄羅斯銀行集團	所投的資本 生產的	投機的	總計
(甲)一・四個銀行:			
西伯利亞商業銀行」 「俄羅斯銀行」…… 「國際銀行」…… 「清算銀行」……	四一三・七	八五九・一	一、二七二・八
二・二個銀行:			
「工商銀行」…… 「英俄銀行」……	二三九・三	一六九・一	四〇八・四
三・五個銀行:			
「道勝銀行」…… 「聖彼得堡私立銀行」…… 「莫斯科聯合銀行」……	七一一・八	六六一・二	一、三七三・〇

「阿速夫海、頓河銀行」…… 「俄法商業銀行」……			
十一個銀行共計	一·三六四·八	一·六八九·四	三·〇五四·二
（乙）八個銀行：			
「莫斯科商人銀行」…… 「窩瓦喀馬銀行」…… 「容克股份銀行」…… 「聖彼得堡商業銀行」……（卽前的「弗裴堡銀行」） 「莫斯科銀行」…… 「喀布興銀行」…… 「莫斯科清算銀行」…… 「莫斯科商業銀行」…… 「莫斯科私立銀行」	五〇四·二	三九一·一	八九五·三
十九個銀行共計	一·八六九·〇	二·〇八〇·五	三·九四九·五

按照這些統計，作爲大銀行『工作』資本的約及四十萬萬盧布之中有四分之三以上即三十萬萬盧布是屬於那些實際上已成爲外國銀行底『女兒公司』的銀行的，此等外國銀行中之最主要的便是巴黎的銀行（著名的「巴黎聯益銀行」，「巴黎荷蘭銀行」「總公司」）和柏林的銀行（特別是「德意志銀行」和「清算公司」。）俄國二個最大銀行，即「俄羅斯銀行」（「俄羅斯國外貿易銀行」）和「國際銀行」（「聖彼得堡國際商業銀行」）從一九〇六年至一九一二年牠們的資本自四千四百萬盧布增至九千八百萬盧布，而準備金自一千五百萬增至三千九百萬盧布；『其中四分之三是用德國的資本。』第一個銀行是屬於柏林「德意志銀行」『康采恩』的，第二個銀行是屬於柏林的「清算公司」『康采恩』的，慈善的阿哈德深怒柏林銀行之握有大部分的股票，致使俄羅斯股東毫無力量。自然，輸出資本的國家是獲得收成的：例如柏林的「德意志銀行」，在柏林發行「西伯利亞商業銀行」底股票，把這些股票藏在自己提包之中經過一年之後，乃以百分之一百九十三的價格出售，即差不多以二倍

價格出售而『賺得』約六百萬盧布的利潤卽希法亭所稱的『創業利潤』。(十一)

著者認爲，彼得格勒最大銀行底全部『實力』有八十二萬萬三千五百萬盧布，卽差不多八十二萬萬五千萬；其中國外銀行底『參與』，或更眞確點說外國銀行底統治如下：法蘭西的銀行有百分之五十五，英吉利的銀行有百分之十，德意志的銀行有百分之三十五，據著者計算在此八十二萬萬三千五百萬總數的營業資本中，三十六萬萬八千七百萬（卽百分之四十以上）是投入於新迪卡的；如煤炭新迪卡，(十二)五金新迪卡，(十三)冶金、煤油、和水門汀等新迪卡。所以因資本主義壟斷之形成，銀行資本和工業資本間的合併，就在俄國亦有長足的進步。

集中於少數人手中而利用實際壟斷權的財政資本，因創辦企業，發行有價證券、購買公債票等等而獲得大批的日益增加的利潤，以鞏固財政寡頭的統治，替壟斷者去向全社會徵收貢賦，下列便是希法亭所引的美國托拉斯『管理』中無數例子之一；一八八七年「加福美爾」將十五個小公司合併成爲一個糖業托拉斯，牠們的總資本原來是等於六百五十萬美金。可是這個托拉斯的資本，因爲牠『攙了水』〔十三〕——如美國人所說的那樣——却標定爲五千萬美金了。這種『過度資本化』是預期到未來的壟斷利潤的，猶如同在美國的一個『鋼業托拉斯』因預期未來的壟斷利潤，而購買了很多的鐵礦山一樣。實際上，『糖業托拉斯』確曾規定壟斷式的價格，使牠的收入，能把資本『攙水』七倍計算，而付以百分之十的股息，即在創辦托拉斯時實際上所投的資本，可以得到百分之七十的股息！到一九〇九年這個托拉斯底資本有九千萬美金，在二十二年裏面資本增加了十倍以上。

在法蘭西『財政寡頭』統治（反對法蘭西的財政寡頭制是李濟斯那本在一九〇八年五版發行的名著之標題）底形式稍有不同。四個最大的銀行，在發行有價證券時，不只是享受相對的壟斷權，而享受『絕對的壟斷權』的。實際上這就是『大銀行的托拉斯』。壟斷權保證着發行證券的壟斷利潤。借債的國家，在借款時所得到的，常沒有超過總數百分之九十；其餘的百分之十，便給銀行和其他中人拿去了。銀行從四萬萬佛郎的中俄借款中所得到的利潤是百分之八，從一九〇四年八萬萬俄國借款中所得到的利潤是百分之十，從一九〇四年的六千二百五十萬的摩洛哥借款中是百分之十八又四分之三。資本主義的發展，以小的高利資本開始，而以大的高利資本爲終結。李濟斯說；『法蘭西人是歐洲的高利貸者。』一切經濟生活條件，因資本主義這種蛻化而受了深刻的變更。在人口、工業、商業、海運等停滯時，『國家』可以藉高利貸而致富。『握八百萬萬佛郎資本的五十個人，能夠在四個銀行中指揮二十萬萬佛郎。』我們已經知道的『參與』制也是歸結到同樣的結果。最大銀行之一的『總公司，』曾替『女兒公司』「埃及煉糖廠，」發行了六萬四千張債券。發行底行市是百分之一百五十，即從每一個盧布中，該銀行獲得五十個哥比。當這個公司底股息被證實爲虛假之後，『大衆』便損失了九千萬至一萬萬佛郎；而總公司底經理之一，便是「煉糖廠」董事會會員，無怪著者不得不作出如下的結論：『法蘭西共和國是財政的專制國。』『財政寡頭統治一切；牠既統治報紙，又統治政府。』

發行有價證券，是財政資本主要的事業之一；其特別高度的利潤，在財政寡頭制的發展中和財政寡頭制的鞏固中有很重大的作用。德意志的銀行雜誌說『在本國之內，沒有一種事業能夠趕上發行外債的中人所獲得的那樣高度的利潤。』『再沒有別種銀行事業會有像發行股票那樣高度的利潤了。』據德意志經濟學者底統計，發行工業企業的證券，平均每年所得的利潤如下：

一八九五	百分之三八・六
一八九六	百分之三六・一
一八九七	百分之六六・七
一八九八	百分之六七・七
一八九九	百分之六六・九
一九〇〇	百分之五五・二

『在一八九一年至一九〇〇年的十年之中，在發行德意志工業證券時所『賺得』

的金錢已達十萬萬以上。

倘若在工業興盛的時候，財政資本的利潤是無限的高，那末在衰落的時候，小企業和不强固的企業就淪於滅亡，而大銀行便以廉價來『參與』於購買這些企業；或『參與』於有利的『整理』和『改組』這些企業。在『整理』這些虧本企業時，『股票資本跌價，卽收入是按照較小的資本量來分配，*到後來且照這較小的資本量來作計算的基礎了。或者倘若收入跌價到零時，新的資本便被吸入，於是牠與收入微細的舊資本相聯合，卽可得到充分的收入了。』希法亭又說道，『現在正可以說凡此一切整理和改組，對於銀行有雙重的意義：第一、這是有利的事業，第二、這是一種使這樣窮乏的公司依賴於銀行的良好機會。』

下列便是一個例子。多特蒙德的礦業股份公司「聯合」是在一八七二年創辦的。

*比方，股票資本百元，照例應得股息（收入）六元，後來企業虧本，收入減少，每百元股票資本只攤分得三元股息，則一百元的股票資本就降低爲五十元了。（譯者註）

股票資本差不多發行了四千萬馬克；當第一年獲得百分之十二的股息時，市價便漲到百分之一百七十。財政資本就指到了油賺了約如二千八百萬的『小數』在創辦這個公司的時候，資本很順利地達到三萬萬馬克的最大的德國銀行「清算公司」佔了主要的地位。後來「聯合」底股息降低到零。股東們不得不贊同於『勾消』資本，即損失一部分，以免遭受完全的損失。多次『整理』的結果，使在三十年中從「聯合」公司賬簿上消滅了七千三百萬以上的馬克。『到現在這個公司的最老的股東們，祇獲得股票票面價值百分之五，』而銀行在每次『整理』中，却繼續『賺錢。』

以發達很快的大城市近郊的土地做投機生意，也是財政資本特別有利的事業。此地，銀行的壟斷和地租的壟斷及交通工具的壟斷合併起來；因為土地價格之增加，零塊銷售之有利等等，首先要看這些土地與城市中心之間的交通工具，是否利便，但是這些交通工具，是在大公司掌握之中，而這些大公司又因參與制和分配經理制而與那些銀行相聯繫。結果，形成了德意志著作家愛思維（即銀行雜誌的職員，專門研究土地貿易

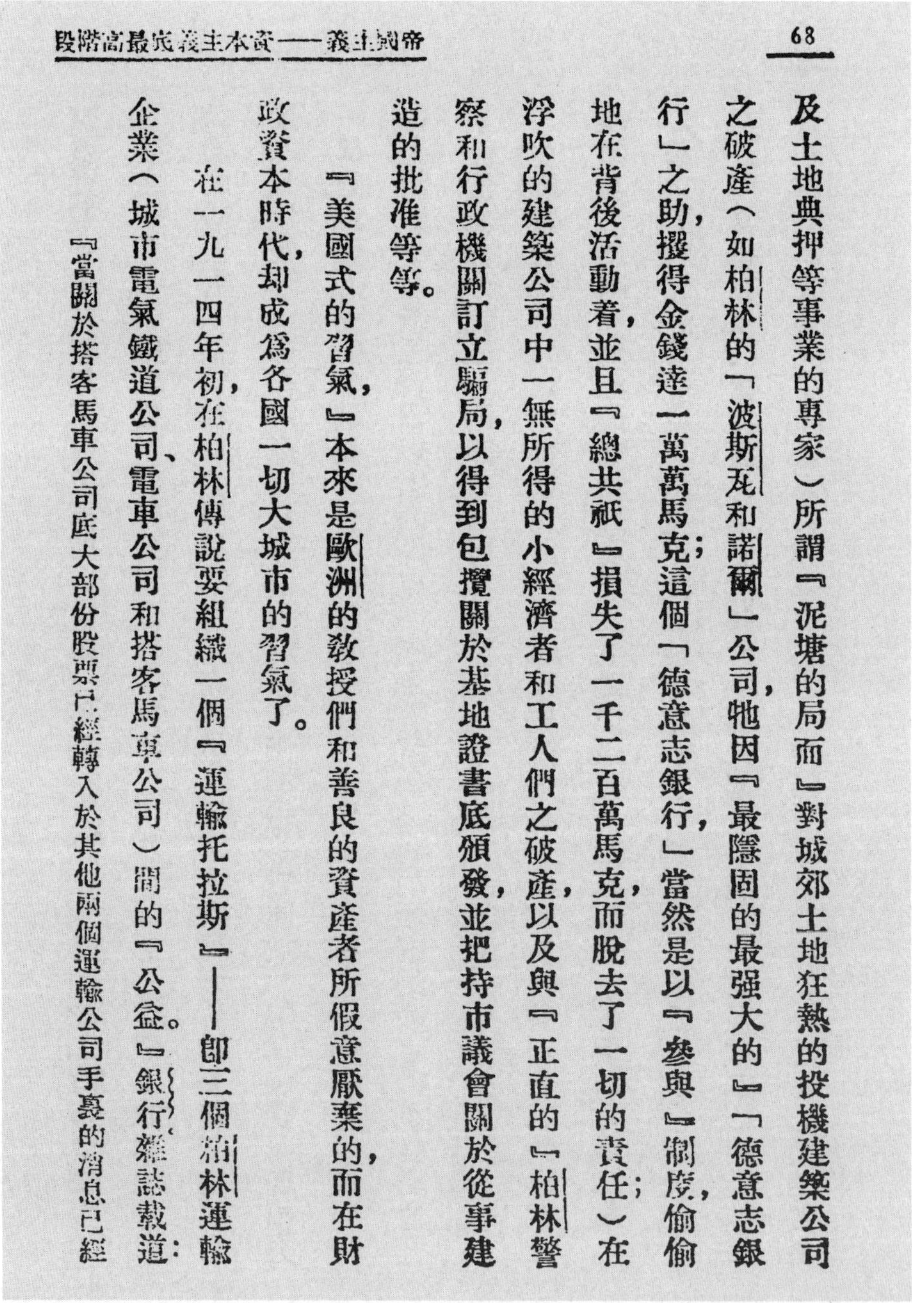

及土地典押等事業的專家）所謂『泥塘的局面』對城郊土地狂熱的投機建築公司之破產（如柏林的「波斯瓦和諾爾」公司，牠因『最隱固的最强大的』「德意志銀行」之助，攫得金錢達一萬萬馬克；這個「德意志銀行，」當然是以『參與』制度，偷偷地在背後活動着，並且『總共祇』損失了一千二百萬馬克，而脫去了一切的責任；）在浮吹的建築公司中一無所得的小經濟者和工人們之破產，以及與『正直的』柏林警察和行政機關訂立騙局，以得到包攬關於基地證書底頒發，並把持市議會關於從事建造的批准等等。

『美國式的習氣，』本來是歐洲的教授們和善良的資產者所假意厭棄的，而在財政資本時代，却成爲各國一切大城市的習氣了。

在一九一四年初，在柏林傳說要組織一個『運輸托拉斯』——即三個柏林運輸企業（城市電氣鐵道公司、電車公司和搭客馬車公司）間的『公益。』銀行雜誌載道：

『當關於搭客馬車公司底大部份股票已經轉入於其他兩個運輸公司手裏的消息已經

傳出的時候，我們就已經知道這一種計劃是存在的。我們敢完全相信，那些循着這個目標做去的人們，是希望以統一調節運輸事業方法去得到相當的節省，而有一部份的節省，終久是能有利於大衆的。但是，這個問題，因有下列的情形，就變爲很複雜的了，站在這些新創的運輸托拉斯之後的是銀行，牠能（倘若牠願意）使牠所壟斷的交通工具，屈服於牠的土地貿易底利益。爲要信任上述這個假定之必然，祇要回憶，在創辦這個城市電氣鐵道公司時，那個促成創辦該公司的大銀行底各種利益，都已經混合起來了。就是說，這個運輸企業底利益是和土地貿易底利益互相錯綜的。因爲，這條鐵路之東面的支綫，是要經過屬於銀行的土地的，一到鐵路建設已經確定之時，銀行便要以巨額的利潤出售這些土地，以利自己及幾個參與人。』

壟斷既然形成和運用幾萬萬資本，牠就絕對必然要深入於社會生活底各方面，將不顧及政治的結構或是任何其他『特殊的情形。』德意志的經濟書籍，慣於阿諛式地讚美普魯士官吏底廉潔，而對法國的巴拿馬(一)或美國政治上的賄賂，則總是搖頭嘆息。但是，實際上甚至於資產階級的書籍，專論德意志的銀行事業的，也不得不經常遠遠涉及純粹銀行活動範圍以外的部分例如因官吏們轉入於銀行服務之增多，乃不得不敍述關於『企圖鑽入銀行』的問題，『政府的官吏既然暗中企圖在培倫世德勒街＊上獲得一個安逸的位置，那末他還有不實行賄賂的嗎？』銀行雜誌出版人藍司布在一九〇九年著作了一篇標題為維盛鐵主義經濟意義＊＊的論文，曾說及威廉第二到巴列士敦的旅行，『這次旅行的直接結果便是建築巴格達鐵道，⑩⑤這件不幸的「德意志的企業經營的大事，」對於我國所處的「包圍」狀態（所謂「包圍」顯然是愛得華第七＊＊＊底政策，他企圖孤立德國，想用帝國主義的反德同盟包圍德國同盟，）要負很大的責任，他在這一點上所犯的過失，比我們一切政治錯誤總和起來所犯的，還要嚴重

＊柏林街名，德意志銀行即開設於此。

＊＊維盛鐵主義，是指第十一世紀至第十三世紀維盛鐵帝國那種特殊的政治制度和政治生活：暴虐專橫，官僚主義，官場阿諛，宮廷傾軋，賄賂公行等等。（譯者註）

＊＊＊愛德華第七，是一個英國皇帝。（譯者註）

些。』我們已經提過的同一雜誌底職員愛思惟，曾著一篇論文叫做富豪統治和官僚。揭露了如德意志官吏菲蓋爾底事。菲氏是卡德爾研究委員會的委員，他是個精明強幹的人，不久就在最大卡德爾（鋼鐵新迪卡）中間得到了一個有利的位置。並非偶然而與此同樣的情形，使同此一個資產階級的作者，不得不承認『德意志憲法在許多經濟生活方面所担保的經濟的自由，是毫無意義的條文，』並且不得不承認在現有的富豪統治之下，『甚至於最普遍的政治自由，也不能掩去我們已變成不自由人民的事實。』

至於講到俄羅斯，那我們只要舉一個例子就夠了。數年前，所有報紙都傳佈一個消息，說信貸局底經理大衛多夫，放棄政府的職務，而在一個大銀行中獲得了一個位置，按照合同，他在數年中所得的薪俸，就要超過一百萬盧布以上，而這個信貸局是一個行政機關，牠的任務就是『統一所有政府信貸機關底活動，』并給京城各銀行以八萬萬至十萬萬盧布的津貼。

資本佔有權之與資本在生產中的應用相分離，貨幣資本之與工業資本或生產資本相分離：祇依賴貨幣資本收入而生活的食利者之與企業家及其他一切直接應用資本的人們相分離，——這是資本主義一般的特點。帝國主義或財政資本的統治，是最高級的資本主義，那時，這種分離已經達到很大的限度了。財政資本之統治一切其他形式的資本，便是食利者和財政寡頭底統治，就是少數有財『力』的國家從其他國家中分化出來。至於這種進程已經達到什麼限度，可以從關於發行證券——發行各種有價證券——的統計中看出來。

耐馬克在國際統計研究院要覽上曾發表了關於全世界發行證券最周詳的、最完備的、最可比較的統計，這個統計在經濟書籍中常被部分地引用。下列便是四十年中的總結：

十年內發行證券的數目（以十萬萬佛郎爲單位）

一八七一至一八八〇	七六·一
一八八一至一八九〇	六四·五

一八九一至一九〇〇	一〇〇·四
一九〇一至一九一〇	一九七·八

在七十年代時，特別是因普法戰爭及戰後德意志創業舞弊時代借款之增加，全世界發行證券的總數特別提高了；一般說來在十九世紀末三十年中數量上的增加，比較還不很快，祇到了二十世紀最初十年代中才大批地增加起來，十年之內差不多增加了一倍。所以，二十世紀初葉是一個轉變時代，不僅在壟斷聯合（卡德爾、新迪卡、托拉斯）之發展上發生了轉變（關於這點我們已經說過了，）而且財政資本底發展上也發生了轉變。

賴馬克估計一九一〇年全世界有價證券底總數約有八千一百五十萬萬佛郎。他為要大概地刪去重複的數目，把這個總數減到五千七百五十萬萬至六千萬萬佛郎。下列便是各國間的分配情形（以六千萬萬佛郎為標準：）

一九一〇年有價證券的數量

（十萬萬佛郎爲單位）

英吉利	一四二	美利堅	一三二
法蘭西	一一〇	德意志	九五
以上四國共計			四七九
俄羅斯	三一	奧匈	二四
意大利	一四	日本	一二
荷蘭	一二·五	比利時	七·五
西班牙	七·五	瑞典挪威瑞士	六·二五
丹麥	三·七五	羅馬尼亞及其他國家	二·五
總共			六〇〇·〇〇

按照這些數字，立刻可以見到，四個最富的資本主義國家是如何鮮明地特出，牠們各佔有約自一千萬萬至一千五百萬萬佛郎的有價證劵。其中，兩個是最老而且我們知

道是擁有最多殖民地的資本主義國家卽英吉利和法蘭西其他兩個是在發展速度方面和資本主義壟斷制之在生產中蔓延的程度方面最先進的資本主義國家卽美利堅和德意志。四個國家一起有四千七百九十萬萬佛郎的財政資本，卽約佔全世界財政資本百分之八十。差不多全世界其他各國都這樣或那樣成爲這些國家（這些國際銀行家，全世界財政資本之四大「柱石」）底債務人和納貢者了。

現在，我們要特別考察一下，在造成財政資本之國際的依賴與聯繫羅網中資本輸出，究竟起何種作用。

第四章 資本輸出

商品輸出，乃是以自由競爭占完全統治的資本主義底特徵，而**資本輸出**，則是以壟斷占統治的現代資本主義底特徵。

資本主義是發展到最高度的商品生產，那時，勞動力也成爲商品了。國內交換，尤其是國際間交換之發展便是資本主義最顯著的特徵在資本主義制度之下各企業各工業部門和各國間發展之不平衡性和突進狀態是必不可免的。英國首先成爲資本主義的國家，比其他國都來得早些到了十九世紀中葉因爲牠曾施行自由貿易便變爲『全世界底作坊，』和各國製造品底供給者了；而這些國家則必須供給牠以原料而與之交換。但是，英國這種壟斷，至十九世紀末二十五年中已被破壞了；因爲那時其他各國，已各以『保護』關稅保障自己而發展成爲獨立的資本主義的國家了。在二十世紀初，我們就見到別種的壟斷：第一，便是在資本主義已發達的各國中，資本家間壟斷的同盟；第二，便是數個最富的國家（在這裏資本的積累已經達到極大的限度）底壟斷地位。在先進國家中，發生了『資本過剩。』

倘若資本主義能把現在各處遠遠落於工業之後的農業發展起來，倘若資本主義能把各處（雖有眩人耳目的技術進步）依然窮困半飽的民衆生活標準提高起來，那麽顯然就談不到資本的過剩了。而一般小資產階級的對資本主義的批評家所經常提出的，正是這種『理由』。但是，如果這樣，資本主義就不成其爲資本主義了，因爲，發展之不平衡和羣衆生活標準之惡劣，是這種生產方法之根本的必然的條件和前提。要是資本主義還是資本主義，那麽過剩的資本，就不用作提高國內民衆生活標準，因爲這樣便會降低資本家的利潤；而是要以資本輸出到落後國家中的方法，來提高利潤的。在這些落後國家中，利潤常常很高（因爲資本很少），地價較低，工資低廉，原料又很便宜。資本輸出之可能，是由於許多落後的國家已經捲入於世界資本主義的旋渦，鐵道的主要路線，已在建設或開始建設；發展工業的基礎條件已有保障等等。資本輸出之必要，是由於資本主義在幾個國家中已經『太熟了，』『有利』於資本的投資場所已是不足夠了。（在農業不發達與羣衆窮乏之條件之下。）

下列大概的統計，便是關於三個强國在國外所投資本底數量：

在國外所投的資本（以十萬萬佛郎爲單位）

英吉利	法蘭西	德意志

一八六二年	三・六		
一八七二年	一五	一〇（一八六九）	
一八八二年	二二	一五（一八八〇）	
一八九三年	四二	二〇（一八九〇）	
一九〇二年	六二	二七至三七	一二・五
一九一四年	七五至一〇〇	六〇	四四・〇

從這裏我們知道，祇在二十世紀之初，資本輸出才大批增加起來。戰前三强國在國外所投的資本計達一千七百五十萬萬至二千萬萬佛郎。按照平允的利息率五厘計算，從這宗數目所得到的收入，每年當達八十萬萬至一百萬萬佛郎。這就是帝國主義用以壓迫和剝削全世界大部份的民族和國家的堅實基礎，也就是少數最富國的資本主義寄生性底堅實基礎！

這種投在外國的資本怎樣在各國中分配，並且投在那裏——關於這種問題祇能

給以大概的答案；可是這個大概的答案已能揭露現代帝國主義底普遍的相互關係和聯繫

各國輸出資本（約在一九一〇年）所分配（約略）的地面。（十萬萬馬克單位）

	英吉利	法蘭西	德意志	總數
歐洲	四	二三	一八	四五
美洲	三七	四	一〇	五一
亞洲、非洲、澳洲	二九	八	七	四四
共計	七〇	三五	三五	一四〇

在英國，有首要作用的是牠那種殖民地的佔有，亞洲以及其他地方且不必說，就在美洲，牠也有很多的殖民地（例如坎拿大。）在這裏，這種資本的巨量輸出多半是與巨

量的殖民地有最密切的關係。關於殖民地對帝國主義的意義，我們以後還要講到。法國底情形，卻不是如此。牠在國外所投的資本，主要的是在歐洲，其中第一便是俄國（至少一百萬萬佛郎），特別是借貸資本國債等類，而不是投在工業中的資本。法帝國主義是和英帝國主義或殖民的帝國主義不同，牠可以叫做放債的帝國主義。而德意志又是第三種花樣，牠的殖民地不多，牠在國外所投的資本，最平均地分配於歐、美之間。

資本輸出所到的那些落後的國家，影響到那裏資本主義（一）的發展，並且異常加速其發展。因此倘若這種資本輸出，在某種程度上可以引起輸出國發展上相當的停滯，那末，牠是以擴大和加緊全世界資本主義的向前發展爲其代價的輸出資本的國家，總是能獲得相當『利益』的，這種利益底性質，表露財政資本和壟斷時代底特質。例如柏林銀行雜誌在一九一三年十月載道：

『在國際資本市場上，近來正在演着一齣趣劇，是很值得亞力斯多芬*舉筆一寫的。很多

*亞力斯多芬，是古希臘著名的趣劇作家。（譯者註）

的外國政府，自西班牙到巴爾幹，自俄羅斯到阿根廷，自巴西到中國，都公開或祕密地在巨大的貨幣市場之前要求借款，常是非常着急地要求借款。現在，貨幣市場底情形，並不十分光明；而政治的前途，也未可以樂觀。但是，沒有一個貨幣市場敢斷然拒絕借款，因爲生怕鄰國捷足先登，以致獲得很大的利益。在這種國際情形之下，債權者差不多總是獲利的優惠的商務條約，開設煤站，建築海港，租讓良好租界，定購大砲等。』

財政資本本已經創造了壟斷制的時代。而壟斷制則到處散佈壟斷的原則：利用『聯繫』來作有利的協定去替代公開的市場上的競爭。最尋常的情形，便是借款的條件，是規定借款中一部份的用途用作購買債權國底生產品尤其是軍用品，船艦等等。在最近二十年中（一八九〇至一九一〇），法國是時常使用這種方法的資本輸出至國外，便成爲鼓勵輸出商品至國外的工具了。在這種情形之下，尤其是大企業間的協定，正如西爾伯所『柔和』描寫的一樣，『已經近於收買行徑』了。德國的克虜伯，法國的司奈德，英國的阿姆斯特郎，便是這種公司底例子，牠們與巨大的銀行和政府皆有密切的關係，締結借款條約時，這兩者一定要常在裏面『回避』不得。

法國在借款給俄國的時候，便在一九〇五年九月十六日締結了一個商約，〔十六〕強迫俄國給與許多的讓步，直至一九一七年爲止；同樣，法國又根據一九一一年八月十九日的商約，〔十七〕從日本獲得了讓步。奧地利和塞爾維亞的關稅戰爭，〔十八〕從一九〇〇年開始至一九一一年終止（在這一長期中，只有七個月的息戰），引這次戰爭的原因，一部份是奧地利和法蘭西互爭供給塞爾維亞軍需的事情。德沙尼爾於一九一二年一月在衆議院裏說道，法國公司在一九〇八年至一九一一年間供給塞爾維亞的軍需品，爲數達四千五百萬佛郎。

駐聖保羅（巴西）的奧匈領事在其工作報告中說道：

『巴西鐵道之建築，大都是用法蘭西、比利時、不列顛、德意志的資本所完成的；這些國家在與鐵道建築相關連的財政活動中，要求供給鐵道建築的材料。』

所以，我們可以直接說，財政資本底密網，已彌蔓於全世界了。在這一點上，設立在殖民地的銀行及其分行，便有很大的作用。德意志的帝國主義者是很嫉視一般『老牌』的殖民的國家之特別『幸運地』享受這種特權的。在一九〇四年，英國有五十個殖民地銀行和二千二百七十九個分行（一九一〇年有七十二個和五千四百四十九個分行）；法蘭西有二十個殖民地銀行和一百三十六個分行；荷蘭也有十六個殖民地銀行和六十八個分行；而德意志呢，則『總共祇有』十三個殖民地銀行和七十個分行。美國資本家又很嫉恨英德兩國的資本了，他們於一九一五年訴說道：

『在南美洲，五個德意志銀行有四十個分行，五個英吉利銀行有七十個分行……在最近二十五年內，英德兩國在阿根廷、巴西、烏拉圭投了四十萬萬美金左右的資本，結果他們支配了這三國裏面全部商業百分之四六。』

如果把『瓜分世界』這幾個字作爲假借的意義來講，那末輸出資本的國家已經把世界瓜分了。而財政資本却要更進一步來直接瓜分世界。

第五章 各資本家聯合間之瓜分世界

資本家壟斷的聯合（卡德爾、新迪卡、托拉斯）首先瓜分國內的市場，將本國的生產，多多少少完全奪入自己掌握之中。但是，在資本主義之下，國內市場是必然和國外市場相關連的。在很久以前，資本主義就已經造成了全世界的市場。所以跟着資本輸出之增加，跟着一切國外的和殖民地的關係之擴大，跟着最大的壟斷聯合底「勢力範圍」之擴張，便「自然」要發生他們相互間的國際協調和形成國際卡德爾。

這便是全世界資本集中和生產集中底新階段，比以前的集中是高得不可比擬的。我們要考察，這種高級的壟斷，是怎樣發展起來的。

電氣工業，是最足以代表最新的技術進步和十九世紀末與二十世紀初的資本主義的工業的。這種工業，在兩個最先進的新興資本主義國家中，最爲發展，這兩個國家便是美國和德國。在德國，一九〇〇年的危機，特別加速了這門工業之集中。當時，銀行已與工業充分密切聯合起來了。在此危機時期中，銀行乃更加促進與加緊較小企業之崩壞，使之被大銀行所吞併。愛德思說：

『凡最需要銀行贊助的那些企業，銀行概拒絕之；這些和銀行無密切關係的公司，首先是有過瘋狂的興盛的；後來呢，卻遭遇了無可救藥的破產。』

結果，在一九〇〇年以後，集中過程便大步前進了。在一九〇〇以前，電氣工業中有七八個『集團，』其中每個集團都包含有數個公司（共有二十八個公司），各有二個以至十一個銀行去維持之。到了一九〇八年至一九一二年，所有這些集團乃合併成爲二個或一個集團了。且看這個過程是怎樣的：

電氣工業集團

一九一〇年前：　　一九一二年時：

「惠爾登」……
「拉義爾」…… } 「惠拉聯合公司」
「電氣總公司」—「總電氣公司」…… } 「電氣總公司」……

「西門子」……
「許克爾」…… → 「西許聯合公司」
「白克孟」——「白克孟」…… → 「西許聯合公司」（從一九〇八年起，密切「合作」）
「古姆」——一九〇〇年破產……

這樣發展起來的著名的『電氣總公司』統治着一百七十個至兩百個公司，（經過「參與」制）其所支配的資本總共約十五萬萬馬克。單就他的國外直接代表機關數目來說就有三十五個，其中十二個是股份公司，分佈於十餘國之中。在一九〇四年時，德國電氣工業在國外所投的資本已有二萬萬三千三百萬馬克了其中六千二百萬是投在俄國的。不用說，這個『電氣總公司』是一個最大的聯合企業了，單就他所有的製造公司數目來說便有十六個，這些公司是製造各種不同的生產品，自海底電線和絕緣品以至於汽車和飛機用品。

但是，歐洲的集中過程，也便是美國集中過程底一部分。其進行的情形如下：

美國 「總電氣公司」(General Electric co.)
- 「湯姆生和霍斯東公司」爲歐洲創設一個公司
- 「愛迪生公司」爲歐洲創設一個公司
- 「法國愛迪生公司」從者又把專賣權轉交給德國公司

德國 「電氣總公司」(A.E.G.)
- 「聯合電氣公司」
- 「電氣總公司」

兩個電氣「巨頭，」便這樣聯結起來。海甯在他那篇電氣托拉斯之道路論文內寫道：「世界上已經沒有其他的完全不倚賴於他們的電氣公司了。」關於兩個「托拉斯」底週轉和經營的規模，下列數字可以給我們一個大概而很不完全的概念：

公司	年份	商品底流轉（百萬馬克爲單位）	僱員底人數	純利（百萬馬克爲單位）
美國的「總	一九〇七	二五二	二八·〇〇〇	三五·四

電氣公司」	一九一〇	二九八	三三·〇〇〇	四五·六[illegible]
德國的「電	一九〇七	二一六	三〇·七〇〇	一四·五
氣總公司」	一九一一	三六二	六〇·八〇〇	二一·七

一九〇七年美國和德國的兩托拉斯間，締結了瓜分世界的條約。競爭便因此而停止了。美國「總電氣公司」『領有』美國和坎拿大；德國「電氣總公司」『獲得』德意志、奧地利、俄羅斯、荷蘭、丹麥、瑞士、土耳其和巴爾幹。關於『女兒公司』又締結了特殊的（當然是秘密的）條約，這些『女兒公司』逐漸侵入新的部門和『新的』而形式上尚未瓜分的國家之中。此外，條約上還規定互相交換發明和經驗。

這兩個公司，實際上已成爲單一的全世界的托拉斯，指揮有數十萬萬的馬克，在天涯地角都有自己的分公司、代表、經理處及聯系等等。要和這個公司來競爭，不待說是很難很難的。但是，如因不平衡的發展，戰爭，爆發等等原因，使勢力的比例關係變更了，那末，這兩個強大的托拉斯所瓜分了的世界，當然還免不了有重·分·之必要。

煤油工業，便是企圖這樣的重分和爲重分而鬥爭的最有趣的例子。愛德思在一九〇五年寫道：

『世界的煤油市場，現在還是由二個大財政集團分割着，這二個集團便是美國羅克費爾底「煤油托拉斯」（「美孚煤油公司，」）和俄國巴庫油田的主人羅士德與諾貝爾。兩個集團有祕密的聯系；但是，幾年以來，他們的壟斷地位會受下列五大敵人之威脅：第一，美國煤油淵源之告罄；第二，「巴庫曼德舍夫公司」之競爭；第三。奧地利的煤油源；第四，羅馬尼亞煤油田；第五，海外的煤油源，尤其是荷蘭的殖民地（最富裕的「撒姆爾」和「協爾」公司，與英資有關係。）後三種的企業是與「德意志銀行」所領導的德意志各個最大銀行集團有關係的。這些銀行獨立地和有計劃地發展如羅馬尼亞等的煤油業，求得他們「自己的」基礎。在一九〇七年羅馬尼亞煤油業中，計有外資一萬八千五百萬法郎，其中德資占有七千四百萬。』

經濟書籍中的所謂『瓜分世界』的鬥爭便開始了。一方面，羅克費爾底『煤油托拉斯，』想把持一切，在荷蘭設立『兒女公司，』購買荷屬印度的煤油源，想以此打擊他主要的敵人，即英荷托拉斯（「協爾公司。」）在另一方面，「德意志銀行」與其他柏林銀行却努力於『援助』，羅尼馬亞金使其與俄羅斯聯合以反對羅克費爾。但是羅克費爾佔有巨大無比的資本且有運輸煤油及供給煤油給消費者的卓越的組織。這種鬥爭必須結束，在一九〇七年終以「德意志銀行」的完全失敗而結束了。此時留給「德意志銀行」的道路，是二中取一：或是損失數百萬而取消他自己的『煤油利益，』或是屈服。他採取了後面的一條路，與「煤油托拉斯」訂結很不利於「德意志銀行」的條約。照此條約「德意志銀行」必須『不作任何妨礙美國利益的經營，』但同時又規定：倘若德國通過了政府專賣煤油的法律，那末這個條約便應失其効力。

『煤油趣劇』從此開場。德國財政大王之一，封金諾，即「德意志銀行」底經理，委託其私人秘書許道斯開始進行擁護煤油專賣的宣傳。這個柏林最大銀行底全部巨大的機關，一切廣泛的『聯系，』都一齊動作起來，報章上充滿了『愛國主義的』喊聲，說要反對美國托拉斯的『覊軛』，一九一一年三月十五日，國會差不多一致通過議決案，請求政府製定煤油專賣的計劃，政府表示贊助這一個『公衆的』意見，而「德意志銀行」想欺騙其美國的對手，以政府專賣的方法去救濟自己的事業的這一套把戲便終得勝利。德國煤油大王已預嘗了巨量的利潤，不亞於俄羅斯糖廠主人的利潤。——但是第一，德國大銀行間因相互間分贓而紛爭，「清算公司」揭露了「德意志銀行」貪利的企圖；第二，政府怕與羅克費爾鬥爭，因為除羅氏以外，（羅馬尼亞的生產率不大，）德國是否能獲得煤油，這是完全成問題的；第三，一九一三年德國已花費十萬萬金錢於戰爭的準備。專賣的計劃於是擱置下去。鬥爭結果，羅克費爾底「煤油托拉斯」還是個勝利者。

柏林的銀行雜誌關於這個問題載道，德國祇有施行電流的壟斷，變水力為廉價的電氣，才能與煤油托拉斯去爭鬥。銀行雜誌又說道：

『但是，電氣壟斷之成立，是在生產者需要他的時候，祇在下一次電氣大危機將臨的時候，祇有當那些私家的電業「康采恩」在各處所設立的偉大高價的電站（牠們現在已從城市及政府等處為這些電站獲得相當的部分的壟斷）完全處於工作失利的時候，壟斷才成立。到那時候乃可採用水力但不能以政府的消費來經營廉價的電氣而還得交給「受政府監督的私人壟斷公司」，因爲私有的工業已經和政府締結過許多條約並獲得巨額的償金……加里業底壟斷曾經是這樣的，煤油的壟斷現在便是這樣，電氣的壟斷將來也就要這樣。我們的迷戀於優美原則的國家社會主義者，現在應當了解：德國的壟斷是從未循着一個目標，也未得到一種結果，來使消費者有利或給政府以一部分企業利潤的；這些壟斷祇是以國庫來救治將近破產的私人的工業。」

德國資產階級的經濟學者不得不作這種有價值的承認。在這裏，我們很清楚地看到：私人的和國家的壟斷，在財政資本時代中，怎樣地連成一氣，牠們兩者，實際上，怎樣不過是各最大壟斷者之間分割世界的帝國主義鬥爭中的個別環節。

在商業航海方面，集中過程之偉大的進步也是達於瓜分世界的。德國形成了兩個最大的公司：「漢堡美國」公司和「北德勞特」公司，各有資本三萬萬馬克（普通股和優先股）和價值一萬萬八千五百萬至一萬萬八千九百萬馬克的汽船。在另一方面，美國於一九〇三年一月一日，成立了所謂摩爾根的托拉斯叫做「國際商船公司」，牠是聯合九個英國與美國的輪船公司組織而成的，擁有資本一萬二千萬美金（四萬八千萬馬克）德意志的大王們和這個英美托拉斯間，已於一九〇三年時，因分配利潤而締結了瓜分世界的條約。德國的公司同意不在英美間轉運上做競爭。條約上曾經很正確的規定那些海港「屬於」誰，並且曾經產生了聯合監察委員會等等。條約有效期間是二十年，但有一個附帶條件：在戰爭時，該約應失其效力。

國際鐵軌卡德爾之形成的歷史，也是異常耐人尋味的。英比德的鐵軌廠初次企圖組織這個卡德爾，是早在一八八四年的時候。那時候正是工業方面最嚴重衰落的時期。加入協約的國家，同意於彼此不競爭國內的市場，國外市場則按下列百分比分割之：英國百分之六六，德國百分之二七，比利時百分之一七。而印度則完全屬於英國。為了反對一個不加入同盟的英國公司，牠們乃合力進行其鬥爭，其所需的費用，則按照商品銷售總量中抽取相當部分補償之。但是到了一八八六年，兩個英國公司退出這個同盟協約便毀壞了。特別的地方，是這種協約在隨後工業興盛的時期中，便不能締結。

一九〇四年初在德意志成立了鋼業新迪卡。在一九〇四年十月，又根據下列成分而將「國際鐵軌卡德爾」恢復起來，英國獲得百分之五三・五；法國百分之二八・八三；比利時百分之一七・六七。法國後來才加入，在第一、二、三年中在超過於百分之百以上的市場中獲得百分之四・八，百分之五・六，和百分之六・四，意即在百分之一〇四・八，百分之一〇五・六，和百分之一〇六・四的數目中獲得上述的部分。一九〇五年美國的「鋼業托拉斯」（「鋼業公司」）加入進來，隨後奧地利和西班牙也加入了。一九一〇年伏赫思坦寫道：

『現在地球已經分完了，而大消費者，尤其是國有鐵道（世界既已分割完結，也就無人顧及他們的利益了）可以像神仙一樣在天宮那裏去生活了。』

試再考察一九〇九年成立的「國際鋅業新迪卡」，牠在德、比、法、西、英五國工廠間，正確地分配生產底分量。還有國際火藥托拉斯，據李甫曼說：

「這是所有德意志炸裂品製造廠間最近代的密切的聯合，後來牠與法美同樣組織的炸藥製造廠，共同瓜分了全世界。」

照李甫曼計算，德國所參加的國際卡德爾，在一八九七年共約四十個，而在一九一一年，便有一百個左右了。

有些資產階級的作家發表這樣的意見說：（而完全叛變了自己的馬克思主義立場——例如他一九〇九年的立場——的考茨基，現在也是同意於這個意見的，）國際卡德爾是資本國際化底最明顯表現之一，牠使人們可以希望在資本主義之下得到民族間的和平。這種意見在理論上是荒謬絕倫的，而在實際上是一種詭辯主義，是一種擁護劣等機會主義的卑污手段。國際卡德爾證明出現在資本主義的壟斷已發達到如何的程度，各資本家同盟間，爲了什麽而鬥爭；後者是最關重要的；祇有後者才能說明現時事變之歷史經濟的內容，因爲鬥爭底形式，可以變，而且是經常依照各種不同的比較局部暫時的原因而變更的，但是鬥爭的本質及其階級的內容，祇要階級一天存在着，終是不能變更的人們爲了德意志（比方說）資產階級底利益（考茨基底理論上的推論，實已轉入德國資產階級方面去了，關於這一次以後還要再說，）自然要隱瞞現代經濟鬥爭（瓜分世界）底內容而偏重這個鬥爭底這種或那種的形式。考茨基犯了同樣的錯誤。這當然並不祇說德國的，而是說全世界的資產階級。資本家之瓜分世界，並不是由於他們特別的惡意，而是因爲現有的集中程度迫着他們去跑這條路以獲取利潤同時他們瓜分世界，是『按照資本』『按照實力』的，因爲在商品生產和資本主義之下，決不能有其他的瓜分的方法。實力是按照經濟和政治的發展而變更的，爲要了解現時的事變，必須知道那些問題是由實力之變動來決定的；至於這些變動是『純粹』經濟上的或非經濟上的（例如軍事的，）却是次要的問題，這是絲毫也不能變更對於資本主義最新階段的基本觀點的。以資本家同盟間的鬥爭與協商形式（今天和平，明天不和平，後天又不和平，）的問題，去替代鬥爭與協商底本質問題，就等於墮落到詭辯家的地位。

最新的資本主義時代指示給我們看，在資本家同盟間，根據經濟上瓜分世界的這一個基礎結成了相當的關係而與之同時並存而密切相關的便是在政治同盟間諸國家間，也根據領土上瓜分世界的這一個基礎，根據爲奪取殖民地而鬥爭，根據爲『經濟領域而鬥爭』的這一個基礎，結成了相當的關係。

第六章　列強之瓜分世界

地理學家蘇泮在其論歐洲殖民地領土的擴張一書中，對十九世紀末殖民地擴張的情形，作了下列簡單的總結

屬於歐洲列強的殖民地面積之百分數

（美國在內）

地點\年份	一八七六年	一九〇〇年	增減
在非洲的	一〇・八％	九〇　四％	增　七九・六％

在玻里內西亞的	五六・八	九八・九	增　四二・一
在亞洲的	五一・五	五六・六	增　五・一
在澳洲的	一〇〇	一〇〇	—
在美洲的	二七・五	二七・二	減　〇・三

蘇泮結論說：『因此，分割非洲和玻里內西亞，便是這個時代底特點。』因爲，在亞洲和美洲，未被佔領的土地，卽尙未屬於任何列强的土地是沒有了，所以蘇泮底結論不得不更加推廣下去地說道：最終的瓜分土地，便是這時代底特點。所謂最終底意思，不是說不能重分——反之，重分是可能的，並且是必然的——而是說資本主義國家的殖民地政策，已經把地球上所有未被佔領的地面完全佔領了。世界算是第一次被瓜分完竣，將來祇有重分，卽從一個『主人』轉給另一個『主人』，而不是從無主人的轉入於『主人』了。

因此，我們是生存於世界殖民地政策底一個特殊時代之中，這種殖民地政策是和

「資本主義發展中的最新階段」即財政資本，有異常密切的關係。因此，我們首先必須詳細考察實際的統計，以便更明確地解釋此時代和前代的區別，以及現在的實際情形。這裏，首先發生了兩個實際上的問題：在財政資本時代中，殖民地政策是否更加緊張，殖民地的鬥爭是否更加劇烈化了？在這個關係上，現時，世界已被瓜分到了怎樣的一個地步？

美國作家莫里斯其在論殖民化史一書中，企圖統計英、法、德在十九世紀各時代中所佔有的殖民地底規模。茲將他所得的總結簡錄如下表：

被佔領的殖民地面積

國名	英吉利		法蘭西		德意志	
年份	面積（百萬方哩）	人口（百萬）	面積（百萬方哩）	人口（百萬）	面積（百萬方哩）	人口（百萬）
一八一五至一八三〇年	?	一二六·四	○·○二	○·五	—	—
一八六〇年	二·五	一四五·一	○·二	三·四	—	—

一八八〇年	七・七	二六七・九	〇・七	七・五	—	—
一八九九年	九・三	三〇九・〇	三・七	五六・四	一・〇	一四・七

英國奪取殖民地很多的時期，是在一八六〇至一八八〇年，而在十九世紀末二十年中奪取得尤其多。至於法、德奪取殖民地的時期，却正在這二十年中間。

我們在上面已經看到壟斷資本主義以前的資本主義，即自由競爭統治着的資本主義之極度發展的時代，是在一八六〇和一八七〇這二十年代中。我們知道就在這時代以後，便開始了搶奪殖民地的狂『潮』並異常加强了瓜分世界領土的鬥爭。所以，從資本主義轉變到壟斷的資本主義階段或財政資本顯然是和瓜分世界的鬥爭劇烈化互相聯系着。

霍柏森在其論帝國主義的著作中，把一八八四年至一九〇〇年這一時代劃爲歐洲列强加緊『擴張』（擴張領土）的時代。據他的計算；在這個時期中，英國搶得三百七十萬方哩的地面和五千七百萬的人口；法國搶得三百六十萬方哩的面積和三千六百五十萬人口；德意志搶得一百萬方哩和一百六十七萬人口；比利時搶得九十萬方哩和三千萬人口；葡萄牙搶得八十萬方哩和九百萬人口。各資本主義國家在十九世紀末（尤其是從一八八〇年起）之拚命獵取殖民地，是外交史和外政史中有目共覩的事實。

在一八四〇至一八六〇年英吉利自由競爭最發達的時代，英國資產階級的政治領袖是反對•殖民地政策的；他們認爲解放殖民地，使殖民地完全脫離英吉利，乃是一件必然的並且有利的事情。貝爾在其一八九八年出版的論現代英帝國主義的文章裏面說道：在一八五二年的時候，一般說起來，就是最傾向於英政府的帝國主義行爲的人像狄斯雷里，尙且說：『殖民地是掛在我們頸上的鐲軛。』但是，一到十九世紀末，羅得斯和張伯倫便成當代的英雄，他們公開地宣傳帝國主義，毫無顧忌地實行帝國主義的政策！

當時，英國資產階級底這些政治領袖，已經明瞭到現代帝國主義中所謂純粹經濟上和社會政治上之根源間的關係；這正是一件耐人尋味的事實。張伯倫宣傳帝國主義是『真正的聰明的經濟政策，』並特別指出英國目前在世界市場上所遇到的德、美、比方面的競爭。資本家說補救的方法是在乎壟斷；所以創辦卡德爾、新迪卡、託拉斯。資產階級的政治領袖也重復着說，補救的方法是在乎壟斷，所以拚命趕快奪取世界上尙未分割的土地。按羅德斯底好友新聞記者斯載特說，羅得斯在一八九五年告訴他關於本人對帝國主義的意見道：

『我昨天在倫敦東隅（工人區）參加了一個失業工人的會議。當時，我在那裏所聽到粗野的演說，充滿了不斷的呼聲：麵包麵包。回家時，我把所看見的情形分析了一番，結果，我便比以前更要相信帝國主義底重要了。我的宗旨，便是解决社會問題，就是說要使聯邦帝國四千萬的人民，不起來作自相殘殺的內戰；我們殖民主義的政治家，必須佔領新的土地以移殖過剩的人口，為工廠與礦山商品獲得新的銷售的區域。我常常說，帝國主義是飯碗問題。要是你不喜歡內亂，你就必須去做帝國主義者。』

一八九五年，百萬富翁，財政大王，英、布戰爭的罪魁羅得斯便是這樣說法的。他之視護帝國主義，雖然比較粗笨而傲慢；但在實際上，他和馬斯洛夫、叔德民、波特列索夫、達徵特、俄國馬克思主義運動底創造者*等人底理論並無不同之處的。羅得斯是一位比較誠懇一點的社會國家主義者。

為要對於瓜分世界地面和最近幾十年來在這方面所發生的變動給以更正確的敍述，我們不妨利用蘇泮在上述著作中關於世界列強之殖民地佔有問題所得的統計。蘇泮所考察的是一八七六年和一九〇〇年的情形。我們現在要考察一八七六年的情形（將這一年選擇起來考察一番是最好也沒有了，因為，一般說起來，那時候恰巧是西歐資本主義之壟斷以前的階段發展終結的時期）及一九一四年的情形，並以胡伯納底地理統計表上更新的數字來代替蘇泮底數字。蘇泮祇考察殖民地；我們以為要描寫瓜分世界的全圖起見，不妨簡略地加進那些關於非殖民地和半殖民地的數字。我們把波斯、中國、土耳其都劃為半殖民地，其中第一個差不多已完全成為殖民地，而第二個和

*這是指普列漢諾夫而言。（編者）

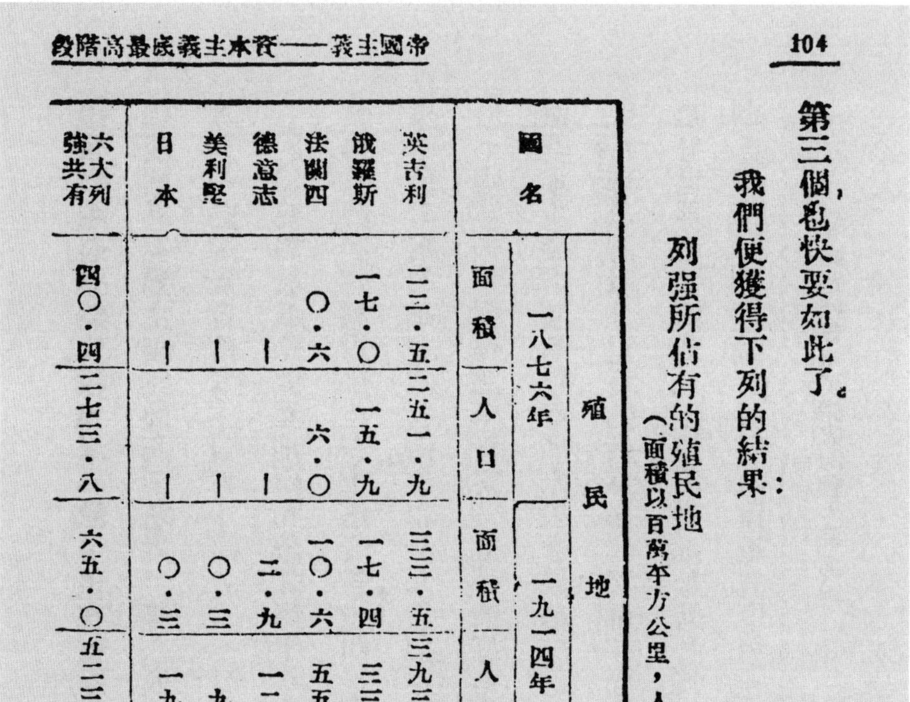

第三個，也快要如此了。

我們便獲得下列的結果：

列强所佔有的殖民地

（面積以百萬平方公里，人口以百萬爲單位）

國名	殖民地 一八七六年 面積	殖民地 一八七六年 人口	殖民地 一九一四年 面積	殖民地 一九一四年 人口	宗主國 一九一四年 面積	宗主國 一九一四年 人口	總計 一九一四年 面積	總計 一九一四年 人口
英吉利	二二·五	二五一·九	三三·五	三九三·五	〇·三	四六·五	三三·八	四四〇·〇
俄羅斯	一七·〇	一五·九	一七·四	三三·二	五·四	一三六·二	二二·八	一六九·四
法蘭西	〇·六	六·〇	一〇·六	五五·五	〇·五	三九·六	一一·一	九五·一
德意志	—	—	二·九	一二·三	〇·五	六四·九	三·四	七七·二
美利堅	—	—	〇·三	九·七	九·四	九七·〇	九·七	一〇六·七
日本	—	—	〇·三	一九·二	〇·四	五三·〇	〇·七	七二·二
六大列强共有	四〇·四	二七三·八	六五·〇	五二三·四	一六·五	四三七·二	八一·五	九六〇·六

其他列強底殖民地（比、荷等）……	九・九	四五・二
半殖民地（波斯、中國、土耳其）……	一四・五	三六一・二
其他各國……	二八・〇	二八九・九
全地球……	一三三・九	一、六五七・〇

我們從這裏可以看到：在十九世紀二十世紀之交，世界怎樣瓜分『完畢』。自一八七六年後，殖民地之佔領便大規模地擴張，自四千萬平方公里增至六千五百萬平方公里，即增加至一倍半以上。六個最大的列強，增加之數達二千五百萬平方公里，即大於宗主國的面積（一千六百五十萬）一倍半。有三個列強在一八七六年時，還沒一點殖民地；法蘭西也差不多一點都沒有。到了一九一四年，這四個列強獲得殖民地面積有一千四百一十萬平方公里。即大約大於歐洲面積一倍半，所包含的人口幾達一萬萬人之多。殖民地的擴張是異常不平均的。如果我們拿法、德、日三國來比較，她們面積的大小和人

口的數量並不相差得很厲害，可是法蘭西所佔領的殖民地（面積）却大於德、日相加之和的三倍。但是，在我們所考察的時代之初，法蘭西財政資本的數量，大概也比德日二國合併起來要富數倍。除開純粹的經濟條件和根據於此的條件以外，地理上及其他的條件也影響於殖民的擴張。近幾十年來，在大工業、交易和財政資本的壓力之下，世界各國之均等化，各國經濟與生活條件之平等化，雖然進展得很快，但是，相互間的區別還是很大的；並且在上述六國中，我們可以看到：一方面是青年的異常急進的資本主義國家（美利堅、德意志、日本）另方面，却是資本主義發展的老大國家，他們近來進步得比上述幾國要慢得多（法蘭西和英吉利）；在第三方面，還有一個在經濟上最落後的國家，（俄國）在那裏，最新的資本帝國主義與資本主義前的制度結成特別稠密的網子。

除了大強國底殖民地佔領以外，還有小國底那塊殖民地，這些地方是可以說是可能的必然的『殖民地重分』之最近的對象。這些小國之所以能保持其殖民地，主要的是因為在列強中間存在有一種妨礙分贓妥協的利害矛盾及衝突等等。至於『半殖民地的』國家，他便是一切自然界和社會中所見到的那些過渡形式的例子。在一切經濟關係和國際關係方面上，財政資本有異常偉大的勢力或者可以說是有決定一切的勢力，能屈服政治上完全享受獨立的國家，並且在實際上已經在屈服這些國家；我們馬上就可以看到這樣的例子。但是，對於財政資本最『方便的』最有利的屬國，顯然是這種••失去政治獨立性的附屬國家和民族。在這一點上，半殖民地的國家，便是標本式的『中間』形式。在世界已分割完結的財政資本時代，爭奪這些半獨立國的鬥爭，當然是特別的緊張。

殖民地政策和帝國主義，在資本主義底最新階段以前，已經存在着了，並且甚至遠在資本主義社會以前的時候，就已經存在着了。以奴隸制為基礎的羅馬，曾進行殖民地政策，實行帝國主義。••但是『一般地』談論帝國主義，忘却了或輕視了各國社會經濟結構之間的根本不同處，這就必然要陷於最空洞的廢話或虛誇，例如把『大羅馬和大不列顛』相提並論。其實，資本主義過去各時代底資本主義的殖民地政策，也根本與財政資本時代底殖民地政策不同。

大企業家壟斷同盟的統治，便是最新資本主義底主要特點。當所有原料的來源都被一手抓住的時候，這種壟斷便堅固無匹。我們知道，資本家的國際同盟是如何拚命集中力量去褫奪對手方面一切競爭的可能，購買各種原料來源，例如鐵礦地或煤油礦等等。僅僅一個殖民地的佔有，便完全足以担保壟斷組織去戰勝在與競爭者鬥爭中的各種意外的遭遇，甚至於當敵手要求施行國家壟斷的法律的時候，也能獲得勝利。資本主義愈發達，當原料缺乏愈覺厲害，競爭和獵取全世界的富源愈形緊急，於是爲獲取殖民地的爭鬥也愈趨於你死我活的現象。

施爾德說：

『我們可以提出那種在有些人以爲是荒唐無稽的斷言：即城市工業人口的增加，在最近的將來，將很迅速地遇到工業上原料缺乏的障礙，這種缺乏之發生比食品的缺乏之發生，還要迅速，』例如愈趨愈貴的木材的缺乏，皮革的缺乏，紡織工業原料的缺乏，都緊張起來。『工業家同盟，企圖在全世界的農業和工業間造成一種平衡；而一九〇四年所創辦的農工業同盟門棉業製造同盟間的同盟，以及一九一〇年照上述同盟的樣子所創辦的歐洲麻業同盟，但可以作為例子。』

資產階級的改良主義者，尤其是他們中間的現時考茨基派，當然企圖把這種事實底意義減輕而提出這樣的論調，說原料『可以』不用昂貴的和危險的殖民地政策而在自由的市場上獲得之，說原料供給『可以』一般地用『單純的』改良農業底條件而使之大大地增加起來。但是，這種說法已變成帝國主義底護身符，變成掩護帝國主義的色素，因為，牠的出發點，就是完全忘卻了近代資本主義之主要的特點——壟斷。自由市場日益化為過去的事物；壟斷式的新迪卡和託拉斯，天天在減削自由市場而農業條件之簡單的改良，便要引起民衆生活情形之改良，工資之提高與利潤之減少。試問，除了改良派底幻想以外，那裏有一個託拉斯能注意於民衆底生活而不注意於奪取殖民地呢？

對於財政資本，不但已開發的原料來源是有意義就是可能的來源也是有意義的，因爲，在目前時代中技術進步的迅速是不可思議的，今天無利可圖的土地，明天要是發明了新的方法（爲了這一個目的，大銀行可以派遣大批工業師農學家去偵探，）或投入了大批的資本，也許會變成有利可圖的了。關於礦源的開採，新的製造方法之發明，各種原料之利用等等也是如此。因此，財政資本必然企圖擴大經濟的領域，甚至於企圖擴大一般的領域。託拉斯計算未來的（不是現在的）『可能的』利潤和壟斷的結果，而以二三倍的評價方法，將自己的財產資本化；同樣，財政資本估計可能的富源，生怕在爭奪世界上未被分割的最後一塊土地的鬥爭中，或重分已割的一塊土地的鬥爭中，自己要落伍，所以總是盡可能地無論用什麼辦法去奪取任何的無論什麼地方的土地。

英國資本家正在竭力企圖在自己的殖民地埃及中發展棉花的生產（一九〇四年埃及二百三十萬公畝耕地中，已經有六十萬公畝（即四分之一以上）是種植棉花的，）俄國的資本家想在他自己的殖民地土耳其斯坦中發展棉花的生產；因爲，這樣一來，牠們便能更加容易地戰勝國外的競爭者，更容易得到富源的壟斷，更能以『聯合』式的生產，以集中一切生產和製造過程於自己的掌握之中，去創辦一個更經濟更有利的紡織託拉斯。

資本輸出底利益，也同樣要促進掠取殖民地的舉動，因為在殖民地市場中，更容易（而有時祇能在殖民地）用壟斷的方法去消滅競爭者，保證訂貨條約之獲得，鞏固適當的『聯繫』等等。

在財政資本基礎上呈現出來的非經濟的上層建築，財政資本底政策及思想，都足以促進掠取殖民地的企圖。希法亭曾經很正確地說：『財政資本不喜歡自由而喜歡統治。』有一位法國資產階級的著作者，曾經發揮和補充羅得斯底上述的意見＊他認為，現代的殖民地政策，除經濟的原因而外，還應補入以下的社會的原因：

『因生活越弄越複雜和許多日益增長的困難（這些困難不僅祇加在工人群衆底身上，

＊請參看本書第一一七頁（編者。）

而且加在中等階級底身上）於是在一切老文明國家中，便堆滿了危及社會安寧的急燥憤怒和怨恨；自某種階級習慣所發生出來的能力，必須找到施用的地方，必須給以國外的出路，以避免國內的爆裂。』

談到資本帝國主義時代的殖民地政策時，必須指出財政資本和適應於財政資本的國際政策，這種國際政策引起列強之間為經濟上和政治上的分割世界的鬥爭，並且產生許多過渡的國家倚賴形式。在這個時代裏面，不僅有兩種基本的國家集團（即佔有殖民地的國家和殖民地，）而且還有各種形式的附屬國，牠們在政治上和形式上是獨立的，而實際上是受財政上和外交上倚賴的羅網所包圍。在上文裏面我們已經說過各種過渡形式之一，即半殖民地。例如阿根廷便是別一形式底標本。

黑文寧在其論不列顛帝國主義的著作中說道：『南美洲（尤其是阿根廷）之在財政上依賴於倫敦，簡直可以說是英國商業上的殖民地了。』施爾德根據一九〇五年駐布宜諾斯愛利斯的奧國領事底報告，計算英國投在阿根廷的資本，共有八十七萬萬五千萬佛郎，我們不難設想，英國財政資本及其好『友』（外交）已與阿根廷的資產階級及一切領導阿根廷經濟生活和政治生活的團體間，產生了怎樣鞏固的關係。

葡萄牙底例子，又指示給我們另一種政治上獨立而財政上和外交上不獨立的形式。葡萄牙是獨立的王國，但是實際上自爭西班牙承繼權（一七〇〇年至一七一四年）的戰爭後，二百多年以來，是在英國保護之下的。英國為要鞏固牠與牠的敵人（西班牙、法蘭西）爭鬥中的地位起見，保護葡萄牙和葡屬殖民地。英國由此換得了商業上的利益，換得了商品輸入葡萄牙和葡屬殖民地中的較好的條件，尤其是資本輸出的條件，且換得了使用葡萄牙的商港和海島等等的可能。各大國和小國間這樣的關係是一向就有的，但是在資本帝國主義時代，這種關係已成為最普遍的制度，是『瓜分世界』關係總和底一部份，已變為全世界財政資本活動鏈子底一環節了。

為要結束瓜分世界問題起見，我們尚須注意下列的情形。不但西美戰爭後的美國書籍和英布戰爭後的英國書籍，公開而明確地在十九世紀末和二十世紀初討論這個問題，不僅常常『嫉』視着『不列顛帝國主義』的德國的書籍有系統地估計這件事情；而且在法蘭西的書籍中，這個問題也很明確而普遍地（從資產階級觀點着想）提起出來了。我們且用歷史家特里屋底話，他在他的十九世紀末的政治問題和社會問題一書中論列强與瓜分世界一章內說道：

『近年來地球上自由的土地，除中國以外，已被歐洲列强和北美合衆國所佔據了。在這方面已經發生了許多衝突和勢力的變易，這便是在最近將來就要發生的最可怕的爆裂底預兆。因爲，大家都不得不緊急注意：凡是自己不能保障自己的國家，將有永遠得不到牠自己的應得部份的危險，將有永遠不能參加那種將成爲二十世紀主要事情之一的大規模經營土地的危險。近來歐洲各國與美國之所以充滿殖民地擴張和帝國主義之狂熱，便是爲此而所謂「帝國主義，」便是十九世紀末最顯著的特點。』

作者又補充道：

『在這種瓜分世界的情形之下，在這樣狂烈的獵取地球上的寶藏和大市場的時候，在此十九世紀末所形成起來的各帝國之相對的力量，完全與那些形成各帝國的民族在歐洲所佔據的地位不相稱。在歐洲佔居優勢的列强，足以决定歐洲命運的列强，並不是在全世界上也佔居同樣的優勢。可是，殖民政策的威力和佔領財富（尚未計定的）的期望，顯然要影響到歐洲列强間相對的力量，所以，這種殖民地問題（假如你願意就說「帝國主義」罷）既已使歐洲本地底政治條件發生了變更，將來還更要使牠們日益變更的。』

第七章　帝國主義是資本主義底特殊階段

現在，我們要作出相當的結論，以總核前面對於帝國主義的論述。帝國主義是一般資本主義基本特性之發展與直接的繼續。但是，資本主義祇在牠發達到一定的很高的程度時，才成爲資本帝國主義；此時，資本主義幾個特性，已經變爲他的對面；此時從資本主義轉變到更高的社會經濟組織的過渡時代底特點，已經在各方面形成與暴露出來。在此過程中，經濟上最主要的，便是資本主義的自由競爭之被資本主義的壟斷所代替。自由競爭是資本主義和一般商品經濟底特點，而壟斷恰是自由競爭底對面；但是，我們親眼看見自由競爭已變爲壟斷[illegible]大生產排擠小生產用最大的生產來代替大生產；使生產的集中和資本的集中，達到很高的程度，以至於產生了壟斷的聯合如卡德爾、新迪卡，託拉斯，與數十個運用數十萬萬資本的銀行資本相結合。同時，由自由競爭中生長起來的壟斷，並沒有消滅競爭，卻是建築於競爭之上而與之並存，並由此而產生出許多特別緊張、特別嚴重的矛盾，許多敵對和衝突。壟斷是從資本主義轉變到更高制度上去的過渡。

如果必須給帝國主義下一個最簡單的定義，那麽，可以說：帝國主義是資本主義底壟斷階段。這樣的定義已經包括了最主要的現象，因爲，一方面財政資本是少數最大的壟斷銀行底銀行資本與工業家的壟斷聯盟底資本，相融合起來的資本；而另一方面，世界之瓜分，是從自由擴張到未被任何資本主義列强所攫取的區域的殖民地政策，進到獨佔已經分完的領土的這種殖民地政策的過程。

太簡單的定義，雖因牠能總括主要的現象而很方便，但若必須特別指出所解釋的現象底各個最重要的特點，那這種定義便太不充分了。因此，我們不可忘却一般定義底有條件的和相對的價值，牠們無論如何不能統括某種現象在其整個的發展過程中所有各方面的聯系；現在呢，我們却要給帝國主義下一個包含下列五個主要特點的定義第一生產集中與資本集中已發展到很高的程度，以至於造成了在經濟生活中起決定作用的壟斷；第二財政資本與工業資本相融合，並且在『財政資本』基礎上，造成財政寡頭制；第三資本底輸出（與商品底輸出不同）有了特別重要的意義；第四瓜分世界的資本家的國際壟斷同盟形成了；第五，各個最大的資本主義列強間的瓜分土地已經完竣。帝國主義是發展到某一個階段的資本主義，那時，壟斷的和財政資本的統治已經形成了，資本底輸出有特殊的意義，國際託拉斯已經開始瓜分世界，各最大的資本主義國家，已經把一切領土瓜分完結了。

我們以後就會知道，倘若我們對於帝國主義不僅注意到牠的純粹經濟上的主要現象（上述的定義，祇限於這點，）而且注意到資本主義底現時階段對於一般的資本主義所佔的歷史地位或是注意到帝國主義與工人運動中兩個主要傾向的關係時那末，我們可以而且應當對帝國主義下一個另外的定義。現在所必須指出的，就是根據上述的認識，帝國主義毫無疑義地是資本主義發展中的一個特殊階段。爲給讀者對於帝國主義以更有根據的概念，我們特意盡量引用資產階級的經濟學者底估計，而這些學者對於最新資本主義經濟底那些絕對肯定了的事實已不得不加以承認了。爲了同一個目的，我們又引用他們的詳細的統計，以使讀者們明瞭銀行資本等等之發展，已達到了如何的程度：怎樣從數轉變爲質，怎樣從成熟的資本主義變爲帝國主義。自然界與人類社會裏面的一切界線，當然是有條件的，並且是活動的，這是用不着說的了；所以，如果爭論帝國主義之『完全』成立究在何年何代，那就恐不可及了。

但是，關於帝國主義底定義問題，首先便得與所謂第二國際時代（即一八八九年至一九一四年的二十五年之中）的馬克思主義大理論家考茨基來爭論。

在一九一五年時，以至於早在一九一四年十一月時，考茨基已是反對我們包括在帝國主義定義中的根本見解，他極堅決地說道，帝國主義不應解作爲某種經濟底『形式』或附段，應解作一種政策，即財政資本所『願取』的某種政策；不應當把帝國主義與『現代的資本主義』『併爲一談』，要是把帝國主義解作爲『現代資本主義底一切現象』（卡德爾、保護關稅制、財政家的統治、殖民地政策，）那麼，關於帝國主義對於資本主義之必要性的這個問題，便『簡直是重複的贅言』了，因爲，這樣一來，『帝國主義之對於資本主義，自然是必不可少的東西』了。要把他的意見表白得特別清楚，我們就引用考茨基底定義。而這個定義，又是直接反對我們所發揮的見解的（因爲，考茨基早已知道，多年來宣傳這種見解的德意志馬克思主義者隊伍中一部份人底反駁，正是馬克思主義運動中某個派別底反駁了。）

考茨基底定義說：

『帝國主義是高度發展的工業資本主義底產物。其實質，就是在於各個工業資本主義的民族企圖不斷地併吞或征服農業的（着重點是考茨基加上的）區域，而不管那裏住的是那些民族」

這種定義，是完全要不得的，因爲他是單方面的，卽隨意提出僅僅一個民族問題（這個問題本身及其與帝國主義的關係，雖是異常的重要，）隨意而且很不正確地把這個問題只和併吞別國的那種國家內的工業資本聯接起來，並且又同樣隨意而不正確地把侵略農業區域的這一點提起出來。

帝國主義是一種趨於併吞的傾向——這便是考茨基底定義在政治方面所得到的結論。這個定義是對的，可是非常不完全，因爲，帝國主義在政治方面一般的是傾向於壓迫和反動的了。可是，我們這裏是要考察考茨基在他的定義中所歸納的經濟方面的情形，在這裏，考茨基底定義之不正確處就完全畢露了。帝國主義底特點，恰巧不是工業資本，而是財政資本。法蘭西在工業資本衰弱的時候，財政資本恰巧特別迅速發展起來，自前世紀八十年代起，便引起了併吞（殖民地）政策之極度的加劇這並不是偶然的事。帝國主義底特點，恰巧不祗在乎併吞農業區域的傾向，他卻是連工業區域（德意志對比利時的慾望，法蘭西對於羅倫＊的慾望）也要併吞的。因爲，第一，地球已經瓜分完結了，在重分的時候，不得不伸手於所有的土地；第二，對於帝國主義很重要的是數個列强各圖獲得霸權的競爭，其奪取土地不僅爲的自己，而且爲的是挫折敵手，顚覆敵手底霸權（比利時對於德意志是特別的重要，牠可以用作反對英吉利的支點；巴格達對於英吉利也是特別的重要，牠是對付德意志的支點㊃，以及諸如此類的情形。）

考茨基特別（屢次）援引英國著作家底議論，似乎英國著作家，也許依照他的意思給帝國主義這個名詞下了純粹政治上的定義。我們試舉英國著作家霍柏森爲例。霍柏森在一九〇二年出版的帝國主義內寫道：

『新帝國主義和舊帝國主義之不同，第一，在乎舊的帝國主義是孤王獨霸，而新的帝國主義却是好幾個帝國同受政治上的擴大和商務上的利益的慾望所驅使而互相爭雄的理論與

＊羅倫原係法國領土，位居德法交界處，富有煤鐵，是德法兩國幾十年來戰爭底主要對象之一。普法戰爭時被德割去，世界大戰結果，該地被法國奪回了。（譯者註）

實際；第二，財政的利益或投資的利益，統治着商業的利益。」

由此可見，考茨基引證一般的英國著作家的時候，實際上，也是絕對不對的。（除非他去引證那些庸俗的主張大英帝國主義的人們或直接擁護帝國主義的人們。）由此可見，考茨基假裝着繼續擁護馬克思主義的態度，而實際上，比社會自由主義者的霍柏森還要退後一步，因爲霍柏森還比他更正確地估計了現代帝國主義之兩個『歷史的具體的』特點（考茨基底定義，恰巧是蒙蔽這種歷史的具體的特點：）第一，數個帝國主義間的競爭，第二，財政家之統治商業家，倘若主要的祇說及工業國併吞農業國，那麽，便是把商人的地位推到前列去了。

考茨基底定義，不僅是錯誤而非馬克思主義的，而且是做了一切完全離開馬克思主義的理論和實際的理論系統底基礎；關於這點，以後再講。至於考茨基所提出的那個字面上的爭論，那完全是開玩笑：稱資本主義底最新階段爲帝國主義也好，爲財政資本的階段也好，都隨你的便，沒有什麽關係。事情底本質卻在於：考茨基把帝國主義底政策和他的經濟割開了，他解釋『併吞，』以爲是財政資本所『願取』的政策，而與另一個似乎可能的、也是以財政資本爲立脚點的資產階級的政策對立起來。因此，經濟上的壟斷，似乎是與政治上非壟斷的、非强力的、非掠奪的行動方式可以並存的。因此，地球上領土的分割（牠恰巧在財政資本時代完畢的，他是資本主義列强間新式競爭之基礎）似乎與非帝國主義的政策可以並存。這就是不去暴露資本主義最新階段中各個根本矛盾底深處，反而加以掩飾與蒙蔽，這就是以資產階級的改良主義去替代馬克思主義。

考茨基曾經與擁護德意志帝國主義與併吞政策的孔諾夫辯論過，孔氏粗率地並毫不客氣地推論道：帝國主義是現代的資本主義，資本主義的發展是必然的，並且是進步的；所以帝國主義也是進步的；因此，必須向帝國主義去卑躬屈節，歌功頌德！他這話，令人想起一八九四年至一八九五年民粹派對於俄國馬克思主義者的諷刺：倘若馬克思主義者以爲資本主義在俄國是必不可免的，並且是進步的，那麼，他們就應該開設酒店，從事於資本主義之培植了。考茨基『反對』孔諾夫道：這話不對，帝國主義不是現代的資本主義，祇是現代資本主義政策底一種形式，我們可以而且應當與這種政策、與這種帝國主義、與這種吞併政策等等作鬥爭。

這種反駁，表面上似乎是很美觀的，而在實際上是等於更精細地更隱匿地（因此更危險地）宣傳與帝國主義去妥協因為與託拉斯及銀行底政策作『鬥爭，』而不觸及託拉斯和銀行底經濟基礎，結果便要變成資產階級的改良主義與和平主義變成溫和而幼稚的願望。蔑視現存的矛盾，忘却其中最重要的矛盾，不去揭露矛盾底深根——這便是考茨基底理論，這個理論是和馬克思主義沒有絲毫相同之處的。顯然的，這種『理論，』只好拿去擁護那個主張和孔諾夫*保持一致的意見去。

考茨基說：

『從純粹經濟上的觀點着想資本主義是能夠再有一個新的階段的，即把卡德爾政策移

*孔諾夫（生於一八六二年）德國著名的社會民主黨員，社會學家與政論家，歐戰時曾是社會帝國主義底理論家，主張根本修改德國社會民主黨以前的全部策略。現代修正主義的理論家之一（譯者註。）

到對外政策方面或『超帝國主義的階段』（即全世界的帝國主義間的聯合，而不是全世界帝國主義間的鬥爭的階段，在資本主義下消滅戰爭的階段）『由國際聯合的財政資本來共同剝削地球的階段。』

關於這一個『超帝國主義的理論，』我們以後還必須說到，要詳細地指出這一個理論究竟與馬克思主義堅決地永別地分裂到了什麼程度。現在呢，我們試照本書底全盤計劃，考察一下關於此問題的正確的經濟上的統計。從純粹經濟上的觀點着想，這個所謂『超帝國主義』或超廢話是否可能？

倘若把純粹經濟上的觀點看作『純粹的』抽象化，那末，一切可能的說法，都要歸納到如下的結論：發展下去，就要達到壟斷，因此，也就要達到全球獨一的壟斷或全球獨一的託拉斯。這是無容爭辯的，但這是毫無內容的；這恰巧等於說『發展下去』就要達到在化學實驗室裏面生產食料。在這一點上說來，超帝國主義『論』之狗屁不通，也正如『超農業論』一樣。倘若把財政資本時代『純粹經濟上的』條件，看作是二十世紀初的歷史上具體的時代，那麽，對於『超帝國主義』這個死的抽象名詞（這個名詞只是爲了一個最反動的目的，卽使人不去注意現存矛盾底深刻性）的最好的囘答，便是拿現代世界經濟底具體經濟事實來與之對立。同時，考茨基底超帝國主義的論調，同時又刺激了那種十分錯誤而是替帝國主義辯護人效勞的思想：認爲似乎財政資本底統治，削弱了世界經濟內部的不平衡及矛盾，而其實財政資本的統治正是加强着這種不平衡及矛盾的。

卡爾維在其世界經濟入門這一本小冊子裏面，企圖總納一切最重要的純粹經濟的統計，凡是能具體表明十九世紀和二十世紀之交的世界經濟底內部關係的，都包括在內。他分全世界爲五個『主要經濟區域』：第一，中歐（除英、俄而外的全部歐洲；）第二，不列顛；第三，俄羅斯；第四，東亞細亞；第五，美洲。他把殖民地都包括於那些統屬殖民地的國家『區域』以內，而把少數未被分配於各區的國家，『擱置一旁』，例如亞洲的波斯、阿富汗和阿拉伯，非洲的摩洛哥和阿比西尼亞等等。

茲將他所收集的關於這些區域的經濟統計簡錄如下

世界上主要的經濟區域	面積（百萬方公里）	人口（百萬）	交通工具 鐵道（千公里）	交通工具 商船（百萬噸）	貿易 進出口（十萬萬馬克）	工業 開採品（百萬噸） 煤	工業 開採品（百萬噸） 鐵	工業 紗錠數目（百萬支）
中歐	二七·六	三三八	二〇四	八	四一	二五一	一五	二六
*	（二三·六）	（一四六）	—	—	—	—	—	—
不列顛	二八·九	三九八	一四〇	一一	二五	二四九	九	五一
*	（二八·四）	（三五五）	—	—	—	—	—	—
俄羅斯	二二	一三一	六三	一	三	一六	三	七
東亞	一二	三八九	八	一	二	八	〇·〇二	二
美洲	三〇	一四八	三七九	六	一四	二四五	一四	一九

*括弧裏的數字是殖民地底面積和人口

我們看到三個資本主義發展得很高的區域（交通工具貿易和工業都非常發展，）即中歐、不列顛及美洲。其中三個國家統治了全世界，即德國、英國和美國。他們相互間的帝國主義式的競爭和搏鬥，非常緊張，因為德國祇有一片小土地和少許的殖民地；而『中歐』之形成，尚須待諸來日，並且這個『中歐』是要經過死戰才能誕生出來的。現在，全歐洲底特徵，便是政治上的四分五裂。而在英國和美國區內，政治上卻異常集中；但是，相互間又有極大的不相稱：即前者底殖民地，簡直是不可勝數；而後者底殖民地，卻異常稀少。資本主義在殖民地中才開始發展。奪取南美洲的鬥爭，一天緊張一天。

尚有兩個資本主義不很發達的區域，即俄羅斯與東亞細亞。前者人口密度極稀，而後者極密；前者政治上很集中，而後者不集中。帝國主義之分割中國，還剛才開始。日美等國間為奪取中國的鬥爭，日益緊張起來。

試把考茨基關於『和平的』超帝國主義的胡說，與這些實際的情形（經濟條件與政治條件之極端龐雜，各國發展速度等之極不相稱，帝國主義國家間狂烈的鬥爭等等）比較一下！難道這不是喪胆的市儈之反動的想逃避險惡實情的企圖嗎？考茨基所認爲是『超帝國主義』底胚胎的國際卡德爾（恰好與實驗室裏的藥片生產『可以』稱爲超農業底胚胎一樣）豈不是給我們以瓜分世界和重分世界的例子嗎？豈不是給我們以從和平分割變爲不和平的分割，再由不和平分割變爲和平分割的例子嗎？難道以前協同德國來和平瓜分世界的美國及其各國的財政資本（如在國際鐵軌新迪卡、或國際商船託拉斯以內）現在不是又根據新的勢力關係，用極不和平的方法來重分世界嗎？

財政資本和託拉斯，並不減弱世界經濟中各部分發展速度的差異，却是加强這種差異。一旦勢力關係變更了，那麽，在資本主義之下，除訴諸强力以外，可有什麽解決矛盾的方法呢？在鐵道統計中，我們便可看到異常正確的關於世界經濟中資本主義和財政資本底各種發展速度的統計。在最近幾十年來帝國主義的發展中，鐵道底長度之變化如下：

鐵道

（千啓羅米突爲單位）

	一八〇九	一九一三	增加的數量
歐洲	二二四	三四六	一二二
美國	二六八	四一一	一四三
一切殖民地	八二	二一〇	一二八
亞美兩洲之獨立國和半獨立國	四三 }一二五	一三七 }三四七	九四 }二二二
共計	六一七	一·一〇四	

所以，在亞、美兩洲殖民地和獨立（半獨立）國中，鐵道的發展比其他各處都要快。四、五個最大的資本主義國家底財政資本，顯然是在那裏完全統治着亞、美兩洲殖民地及其他各國裏面的二十萬公里的鐵道，便是等於四十萬萬馬克以上的新投資，這些資

本都是以特別有利的條件，具有收入底特別担保以對鋼鐵廠厚利的定貨等等而投入的。

資本主義在殖民地與海外諸國內發展得最快。其中還出現了新的帝國主義的列強（日本）。全世界帝國主義間的鬥爭，緊張起來。財政資本從特別有利的殖民地企業和海外企業中所收獲的貢款，繼續增加。在分『贓』的時候，極大部分的贓物，都落於那些在生產力發展速度上並不常居於首位的國家之手。在最大的列強中（連他們的殖民地也在內，）其鐵道的長度計如下表：

（以一千啟羅米突爲單位）

	一八九〇	一九一三	增加
美國	二六八	四一三	一四五
不列顛帝國	四〇七	五〇八	一〇一
俄羅斯	三二	七八	四六

德意志	四三	六八	二五
法蘭西	四一	六三	二二
五列強中共計	四九一	八八〇	三三九

所以，百分之八十左右的鐵路，是集中於五個最大的列強手中。但是這些鐵路的所有權的集中，即財政資本的集中，還要遠過於此，因爲例如有許多許多美、俄等國鐵路的股票和債券，都是屬於英、法的百萬富翁的。

英國因有廣大的殖民地，故能增加『自己的』鐵路網至十萬公里之多，即四倍於德意志。但是，誰都知道在此時期中德意志生產力的發展，尤其是石炭生產和鐵工業的發展，比英吉利（且不說法蘭西和俄羅斯）要快得不可比擬。一八九二年，德意志產鐵四百二十萬噸，而英吉利產六百八十萬噸；可是到了一九一二年，已是一千七百六十萬噸與九百萬噸之比了，即趕過英吉利很遠了！試問在資本主義基礎之上，爲要消除生產力的發展和資本的積聚（一方面）之與財政資本的瓜分殖民地和劃分『勢力範圍』

（另一方面）間的不相稱，除了戰爭以外，尙有什麽其他的方法呢？

第八章 帝國主義之寄生性與腐化

現在我們要來考察帝國主義另一個很重要的方面，而這一方面正是大部分討論帝國主義問題的人所未充分估計到的。馬克思主義者希法亭底缺點之一，便是他比非馬克思主義者霍柏森還要倒退一步。我們所要說的便是關於帝國主義所特有的寄生性。

我們已經知道，帝國主義之最根深蒂固的經濟基礎，便是壟斷。這種壟斷是資本主義式的壟斷，是從資本主義裏面產生出來的。牠是存在於一般的資本主義商品生產，競爭條件之下的，同時，又與一般的資本主義的條件有不可調和的矛盾。但是資本主義式的壟斷，也與其他任何的壟斷一樣，必然發生停滯和衰落的趨勢：隨着壟斷價格之規定（雖是暫時的）改良技術的動機，也相當地消滅下去，因此，一切其他的進步也消滅下去這樣便造成一種以人力方法去阻止技術進步的經濟上的可能性。例如美國有個歐文斯發明了一種製瓶機將引起製瓶業的革命。德意志製瓶業卡德爾向歐文斯買得他的專製權，並將該發明隱藏起來而不去應用。在資本主義之下，壟斷當然是不能完全和永久地除去世界市場上的競爭（這也就是超帝國主義論之所以狗屁不通的原因之一。）當然，因技術改良而降低生產費和提高利潤的可能，是可以促進各種變遷的。但是壟斷所特有的停滯的與衰落的趨勢，還是繼續發展，這種趨勢在某國內，在某一工業部門中，在某一時期內，往往還要佔上風。

壟斷性的佔有特別廣大的特別富饒的而位置優越的殖民地，也有同上的作用。

不寧惟是。帝國主義就是表示少數國家積聚了巨額的貨幣的資本，我們在上面已經看到，他們所佔有的貨幣資本，數達一千萬萬佛郎以至一千五百萬萬佛郎的有價證券。因此，食利階級，或更正確點說，食利階層，即以『剪息票』爲生的階層，完全不參加任何企業而專以懶惰爲職業的階層，就非常增長起來。輸出資本（帝國主義底重要經濟基礎之一，）更加强了食利階層完全脫離生產的現象，更把寄生性底痕跡，布滿於全國，使其專靠剝削數個海外國家和殖民地底勞動爲生活。霍柏森說：

『一八九三年，不列顚投於國外的資本數約佔不列顚聯邦帝國總財富百分之十五。』

我們須記得在一九一五年的時候，這種資本又大約增加了二倍半。

霍柏森又說：

『侵略性的帝國主義，甚加在納稅者肩上的担子是如何的嚴重，其對於工商業家是如何的很少作用，……而對於找覓投資地的資本家』（此術語英文用『investor』即『投資者』一字表明之，即食利者便是）『却是大宗利潤底來源。……據統計家季芬底計算，一八九九年，大不列顚從牠所有的對外貿易和殖民地貿易即進出口中所得到的歲收，等於八萬萬金鎊流轉資本總數百分之二・五，即一千八百萬鎊（約一萬九千萬盧布）』

這個數目無論怎樣大，還不足以表明侵略的大不列顚帝國主義。而從投資中所獲得的，或食利階層底收入，却有九千萬以至一萬萬金鎊之多，這個數目却能說明什麽是

大不列顛帝國主義了

食利者底收入五倍於世界上最大『商業』國的對外貿易的收入！這便是帝國主義與帝國主義寄生性底本質。

所以，『食利國』（『Rentnerstaat』）或放債國的名稱在論帝國主義的經濟書籍中便普遍地使用起來。世界遂分爲極少的放債國和極大多數的債務國了。

黑文寧說：

『在海外的投資中，其投在政治上隸屬的或同盟的國家中的資本，要算頭等的投資：如英國借給埃及、日本、中國和南美洲的借款。在必要時，英國底艦隊便會充當法庭差吏的職務。英國底政治力量足以保障英國免去債務人之反叛。』

死特海生在其國外投資的國民經濟制度一書中，以荷蘭爲『食利國』的模型，並且說現在英國和法國也是這樣。旋爾德以爲英吉利、法蘭西、德意志、比利時和瑞士五個工業國家，便是『最標本的債權國。』他在這裏不提出荷蘭，祇因爲牠『很少工業化』

之故而美國呢則祇在美洲方面算是債權人

黑文寧說：

『英國漸漸的從工業國變到債權國。工業的生產和工業品的出口雖絕對增加了，而從利息股息、發行證券和投機等方面所獲得的收入，在全部國民經濟中，却繼續增加其相對的意義。照我的意見，這個事實，恰巧是帝國主義向上發展底經濟基礎。債權人和債務人，要比出賣者與購買者連絡得更堅固。』

關於德國方面，柏林銀行雜誌底出版人監司布在其一九一一年的德國是食利國論文中說道：

『德國人總是樂意於譏笑法國所有的轉變爲食利者的偏向。但是，他們竟忘掉這一件事實，即在資產階級方面說來，德國底情形也是日益接近於法國情形的。』

食利國是寄生性的腐敗化的資本主義的國家；這種情形，便不能不一般地反映到這種國家裏面一切社會政治的條件上面來，尤其是不能不反映到工人運動中的兩種主要傾向上面來爲要更明顯地指出這一點，我們不妨引證霍柏森底言論。霍柏森是一位最『可靠的』證人，一則因爲誰也不能懷疑他是傾向於『正統派的馬克思主義』二則，他是一個英國人很知道英國底實在的情形，而英國又是最富於殖民地，富於財政資本及帝國主義的經驗等等的。

霍柏森受着英、布戰爭所引起的活的印像，描寫了帝國主義與『財政家』底利益間的關係，描寫財政家從條約上定貨上所得的利潤之增加等等；他說道：

『資本家是這種固定的寄生政策底指導者；但是，同一的動機也影響到工人中特殊階層上面來。在很多城市中，最重要的工業部門是依靠政府定貨的；五金業中心與造船業中心底帝國主義，多以這一事實爲轉移。』

據作者底意見，兩種條件使老大帝國底力量衰弱下去：第一，『經濟寄生性』；第二，從附屬民族中編制軍隊。

『前者是經濟寄生性底習慣，宗主國利用各省各殖民地各附屬國來增加其統治階級底財富賄買其下層的階級，而使之安分守己。』

我們可以補充一下：爲要使這種賄買（不論採取什麼形式）有經濟上的可能須有壟斷式的高度的利潤。

關於第二個條件，霍柏森說：

『帝國主義最古怪的盲目表徵之一，便是大不列顛、法蘭西等帝國主義國家在這方面所表現的疏忽。其中以大不列顛爲尤甚。我們獲得印度帝國時，大部分的戰爭，是我們編自土人的軍隊去打的。在印度以及近來的埃及，中大部分的常備軍，是在大不列顛人指揮之下，差不多所有我們征服非洲的戰爭（除南非洲外）都是土人進行的。』

瓜分中國的前途，曾引起霍柏森作如下的經濟上的觀察：

『那時，大部分的西歐，也許都要帶着各國下列各地現在所有的形式與性質：英國南部，里維拉以及意大利與瑞士那部分爲游歷者所最常到的和富豪者所最常住的地方；在這裏，只有少數從遠東獲取股息與年金的富饒的貴人，稍多共同員和商人，爲數較衆的家僕，運輸的工人和從事於製造品最後一段工作的工人。最主要的 業部門行將消滅巨量的食品和半製造品將以貢品的形式而由亞、非兩洲輸送進來。』『我們可以預見一個較大的西歐諸國的同盟或歐洲列強的聯邦，這種聯邦，不僅不把全世界的文明往前推進，反而養成一種西方寄生性底大危險：劃分出幾個工業先進的國家，其上層階級由亞、非兩洲獲得巨量的貢品，並藉此貢品來喂養許多馴服的屈從和僕役，這些人已不從事於大批的工業農業品的生產，而祇担任於個人的服役，或執行一種在新式財政貴族指揮之下的次要的生產的工作。且讓那些輕視「這種理論」（應該說：前途）而認爲不值得考察的人們，去仔細考察考察那些現在已經歸向於這種情形的英國南部各區內的經濟條件和社會條件罷。讓他們細想一下，倘若中國已屈服於這樣的財政家集團。這樣的「投資人」及其政治上和工商業服務人底經濟管理之下時（那時，他們便能從這一個舉世無雙的極豐富的地帶吸取利潤，以消費之於歐洲），這種制度將可以擴大到如何的程度。當然，實際的情形，顯然是太複雜了，世上各種勢力的運動，實在是太難計算了，要把這個或任何別種前途確定地推斷出來，是很困難的。但是，那些現在統治着西歐帝國主義的影響，確是向着這個方向進行的。要是這些影響，不遇到甚麼反響，或不側轉另一個方向，那麼，這些影響，就恰好要朝着完成這種過程的方向上工作着。』

作者是完全對的。要是帝國主義底力量不遇見反對的力量，那麼牠恰好就要歸結於這樣的結果。他的估計『歐羅巴合衆國』在現代帝國主義條件之下的意義，一點也不錯。我們只須補充一點，即暫時在多數國內工人運動內部獲得勝利的機會主義者，便有系統地不折不撓地正向着這個方向上『工作着。』帝國主義就是瓜分世界，並且不祇是剝削一個中國，牠給少數最富國家以壟斷式的高利因此牠產生了經濟上的可能，去賄買無產階級的上層份子，以撫育和鞏固機會主義。可是，我們却不要忘掉那一般反抗帝國主義的力量和特別是反抗機會主義的力量。這些反抗力量，自然是社會自由主義者霍柏森所看見不到的。

德國機會主義者喜爾得布南（以前因擁護帝國主義被開除出黨，而現在已可以充當法國『社會民主黨』底領袖）很巧妙地補充過霍柏森底意見，他曾經宣傳必須—組織『西歐合衆國』（俄國除外）以便『共同』行動，去抵抗 去反對

『大同盟運動』去『維持强有力的陸軍和艦隊』以抵制『中日』聯合等等。

黑文寧關於『不列顛帝國主義』的敍述也給我們指出同樣的寄生性特徵。從一八六五年至一八九八年，英吉利國民的收入大約增加二倍，而在此時期中從『國外』來的收入，乃增加至九倍。倘若『教育黑人去勞動』（沒有强迫是不行的）是帝國主義底功勞，那麼，帝國主義底『危險，』便在乎：

『歐洲將拋棄體力上的勞動（起初從鄉村經濟和開採工業，然後蔓延及於較重的工業）而加之於黑色人種之上，而自己却藉閑逸生活以自慰，這樣也許就準備紅色人種和黑色人種的經濟上的以至於政治上的解放。』

英國所有大部分的土地，都不從事於農業的生産，而僅作爲富人游戲娛樂的場所。人們說蘇格蘭（最貴族化的狩獵及其他游戲的地方）是『藉舊有的産業和卡內基先生（美國的百萬富翁）來維持生活的。英國祇爲了一種賽馬和獵狐，每年就消耗一千四百萬金鎊（約一萬三千萬盧布。）英國食利者底數目約計一百萬名。生産人口底成分乃低落如下：

年代	英國人口（以百萬為單位）	主要工業部門中的工人數量（以百萬為單位）	工人與總人口之比
一八五一	一七·九	四·一	二三%
一九〇一	三二·五	四·九	一五%

研究『二十世紀初期的不列顛帝國主義』的資產階級學者，在論及英國工人階級的時候，不得不有系統地說到工人階級的『上層分子』和眞正『無產階級的下層分子』間的區別，上層分子便是充當合作社社員，職工會會員，游戲團團員和無數教門門徒的羣衆，普選權恰好是適當於這種等級。在英國，普選權『還着實有限，還足以把眞正無產階級的下層分子除外！』為要裝飾英國工人階級底情形，資產階級的學者照例只講到這一種只居無產階級少數的上層分子，例如：

『失業問題是最有關於倫敦和無產階級下層分子的問題，而政治家卻很少注意到』

其實，我們應該說資產階級的政客和『社會主義的』機會主義者都很少注意到這個問題。

在那些和上述現象有關的帝國主義所有的特點中，尚有下列一點，即自帝國主義國家移往外國的移民逐漸減少而自落後各國和工資較低的國家移入帝國主義國家的移民（遷來的工人和移來的人民）逐漸增多。據霍柏森調查自英國移往國外的移民，自一八八四年起減少如下：一八八四年計有二十四萬二千人，而至一九〇〇年祇有十六萬九千人。自德國移往國外去的移民在一八八一年至一八九〇年的十年間達到了最高的限度，計有一百四十五萬三千人，可是在後來的二十年內乃跌到五十四萬四千人以至三十四萬一千人。而自奧地利、意大利、俄羅斯等處來到德國的工人數量卻由此增加。照一九〇七年的戶口調查在德國計有一百三十四萬二千二百九十四個外國人，其中有四十四萬零八百個工業工人和二十五萬七千三百二十九個農業工人。法國採礦工業中的工人，『極大部分』都是外國人，如波蘭人、意大利人和西班牙人等。在美國，從東歐南歐移入的僑民，乃從事於工資最低的工作。而美國的工人，則佔有大部分監工位置與從事於工資最高的工作。帝國主義並且有一種在工人中造成特權階層的傾向，使這些特權份子與廣大無產階級羣衆分離。

我們必須注意到：在英國，帝國主義底這一種傾向——分裂工人，促進工人中的機會主義，引起工人運動之暫時的衰落——遠在十九世紀末二十世紀初以前就發生了。因爲，帝國主義底兩個重大的特點，即巨大的殖民地的佔有和世界市場上的壟斷地位，從十九世紀中葉起，便存在於英國了。馬克思與恩格斯在數十年之中，有系統地考察過工人運動中的這個機會主義與英國資本主義底帝國主義的特點之間的關係。例如，恩格斯在一八五八年十月七日給馬克思信裏說道：

『英國無產階級實際上是在日益資產階級化，因此這一個在全世界上首屈一指的資產階級的國家，結果似乎是要造成這樣的局面，即造成資產階級的貴族和與資產階級並列的資產階級式的無產階級。在這一個剝削全世界的國家方面，這種情形在相當程度內顯然是要發生的』

大約經過二十五年之後，恩格斯在一八八一年八月十一日的信內曾說及：

『最壞的英國職工會，這些職工會容許受那些被資產階級所收買的或至少是領受資產階級的俸金的人們所領導』。

而恩格斯在一八八二年九月十二日給考茨基的信裏說道：

『你問我英國工人對於殖民政策是作如何的設想？他們是和對其他一般的政策一樣的設想的。這裏沒有工人的政黨，而只有保守的和自由的急進派，而工人却安然和他們共享英國殖民地的壟斷和世界市場上的壟斷』。（一八九二年恩格斯在英國工人階級底狀況第二版序言中，也是這樣敘述的）●●

這裏已經把因果關係明白指示出來了，原因是：第一，由英國對全世界的剝削；第二，牠在世界市場的壟斷地位；第三，牠的殖民地的壟斷。結果是：第一，一部分英國無產階級底資產階級化，第二，一部分無產階級讓資產階級所賄買的人們或資產階級所僱傭的人們來領導。二十世紀初的帝國主義，已把全世界在數個國家中間分割完竣，各國現在所剝削的（指吸取額外利潤而言）部分比一八五八年英國所剝削到的要少一點；每一個國家各利用其托拉斯、卡德爾、財政資本以及債權人與債務人的關係，而在全世界的市場上佔居壟斷的地位；各有相當的殖民地的壟斷。（我們知道在七千五百萬平方公里的全部殖民地內，有六千五百萬，即百分之八十六是集中於六個列强手中，其中六千一百萬平方公里，即百分之八十一，是集中於三個列强手中。）

現狀底特點，是在乎許多經濟和政治條件之形成，而這些條件已不得不促進機會主義和工人運動底一般的根本的利益間的矛盾。這些條件就是萌芽的帝國主義，已長成爲統治的制度；資本主義的壟斷在國民經濟和政策中佔居首要的位置；世界之分割，已經完結。而另一方面，我們所看到的，已經不是英國獨享的壟斷，而是二十世紀所特有的少數帝國主義列强間爲參與壟斷的爭鬥。所以，目前無論在那一國內，機會主義也不能如牠在十九世紀中葉的英國工人運動中那樣長期獨享勝利了；在許多國家裏面，機會主義已經最終成熟了，過熟了，以至於腐敗了，已經變爲社會國家主義而完全與資產階級的政治合併了。*

第九章　對於帝國主義的批評

我們現在把對於帝國主義的批評，當作廣義來說：社會上各階級根據各自的一般思想系統，對於帝國主義的政策採取怎樣的態度。

一方面大規模的財政資本已經集中於少數人之手，產生出異常廣泛而緊密的聯系和關係；不僅征服了中小資本家及中小私有主而且征服了最小的資本家及最小的私有主；而另一方面，這一國的財政資本家集團與其他各國的財政資本家集團，爲瓜分

*俄國波特列索夫、齊赫克爾和馬斯洛夫等所代表的俄國社會國家主義，無論他的公開的表現也好，暗藏表現也好（如齊赫芝、斯科別列夫、阿雪洛德及馬爾託夫之流，）也由俄國式的機會主義（即取消主義）裏面生長出來了。

世界和統治其他國家而作日趨緊張的鬥爭——這兩種情形使所有的有產階級都爭先恐後地轉變到帝國主義方面去。『普遍地』迷戀於帝國主義底前途，瘋狂似地擁護帝國主義，竭力掩飾帝國主義——這便是當代底標誌。帝國主義思想的系統，並且已經轉入工人階級隊伍中去了。萬里長城並不能把工人階級與其他階級分離。倘若現在的所謂德國『社會民主』黨首領，理應獲得『社會帝國主義』這一個尊號，即口頭的社會主義者實際的帝國主義者；那麼早在一九〇二年，霍柏森就已經指出屬於機會主義『費邊社』的英國『費邊式帝國主義者』之存在了。*

資產階級的學者和政論家，常以多少掩飾的形式出而作帝國主義的擁護人，掩蔽帝國主義之完全的統治及其深根，竭力把局部的次等的細節置之前列，竭力以不關緊要的『改良』計劃（如由警察機關來監督託拉斯或銀行等等）去引誘人們離開重

* 『費邊社』是英國資產階級知識分子的組織，在一八八三年成立，其目的就是使工人階級離開階級鬥爭，其方法就是實際在資本主義下實行改良與逐漸生長成為社會主義。（譯者註）

要的問題至於大胆的坦白的敢於說關於改良帝國主義之基本特質的思想爲荒謬思想的帝國主義者，那是很少看到的。

試舉一例。德國帝國主義者，在出版全世界經濟記錄時，企圖搜集殖民地民族解放運動的材料，這當然尤其是要搜集非德意志的殖民地中民族運動的材料。他們指出印度的騷動和抗議，納塔耳（南非洲）的運動，荷屬印度的運動等等。作者之一，在關於英文本的聲明內，論及隸屬於外國的亞、非、歐各民族的代表在一九一〇年六月二十八日至三十日所召集的附屬民族和附屬人種的代表大會，作者對於大會上的演說詞作了如下的估計：

『他們對我們說，必須與帝國主義鬥爭；統治的國家必須承認附屬民族之獨立權；國際法庭必須監視列強與弱小民族間所訂條約之履行。這個代表大會並不曾超出這些幼稚的希望以外。他們毫不了解，帝國主義是與資本主義現在的形式緊相關聯的，因此（!!）與帝國主義作直接的鬥爭是沒有希望的；至多也只能限於反對個別的特別不成樣的過火行爲。』—

既然改良主義者修改帝國主義基礎的企圖，是一種欺騙，是一種『幼稚的願望』既然被壓迫民族中的資產階級代表，沒有向前『超出』所以壓迫民族中的資產階級代表，就要向後『超出』了，就要走向假冒『科學的分析』以崇拜帝國主義了。這也是一種『邏輯』呵！

改良主義式的變更帝國主義底基礎，是否可能，帝國主義所產生出來的矛盾，是向前緊張並加深，還是減少——這便是批評帝國主義的根本問題。因各方面的反動，因財政寡頭制底壓迫和自由競爭底消滅而引起的殖民地壓迫底加緊，乃是帝國主義政治上的特質，所以在二十世紀初對帝國主義持反對態度的小資產階級民主反對派，幾乎在一切帝國主義國家裏面都發生起來了。考茨基及廣泛的國際考茨基主義之與馬克思主義的分裂，恰巧是因爲考茨基不僅不理會或不能對抗這種小資產階級的、改良主義的、在經濟上根本反動的反對派，而在事實上却反而與他們聯成一氣了。

一八九八年帝國主義的反西戰爭㊆，在美國引起了『反帝國主義者』底反對運動，這是資產階級民主主義最後的殘餘。他們稱這次戰爭為『罪惡』的戰爭，以為侵犯異域是違犯憲法的，宣佈對菲律賓土人領袖阿奎納多的行動是『國家主義者底欺騙』（最初美國允許向阿氏允諾給菲律賓以自由，後來美國軍隊卻將菲律賓佔領了，）並引用林肯＊底話作根據：

『當白人統治白人時，這便是自治，當白人統治白人而又統治他人時，這已經不是自治而是專制了。』

但是，全部這樣的批評，既然還怕於承認帝國主義與託拉斯以及資本主義的基礎間不可分離的關係，怕於把帝國主義與資本主義及其發展中所產生出來的暴力連合起來，那麼這種批評始終還是一種『幼稚的希望。』

霍柏森在批評帝國主義時所抱的根本態度也是這樣。霍柏森要比考茨基高明一

＊林肯是美國的第十六任總統（一八六一至一八六五年，）當美國『南北戰爭』時為了美國資本主義發展底利益，林肯曾主張美國境內黑人之解放。（譯者註）

點，他反對『帝國主義底必然性，』主張必須『提高人民底消費力』（在資本主義之下！）至於常被我們引用的阿格德藍、司布愛思維以及法國作家貝拉爾（即那本在一九〇〇年出版的標題爲英國與帝國主義的浮淺書籍底作者）等在批評帝國主義、銀行萬能、財政寡頭制的時候，都是站在小資產階級的觀點上的。這一夥子人們，並不冒充馬克思主義，祇是提出自由競爭與民主制來對抗帝國主義，批評巴格達鐵道之『陰謀』⑮，說牠能引起衝突和戰爭，提出對於和平的『幼稚希望』等等。那位研究國際證券發行的統計家賴馬克，在一九一二年計算數千萬萬佛郎『國際』價值時，甚至大聲驚嘆道：『能不能假定說，和平會受破壞呢？……在這樣大的數字之下，會有人冒險開戰呢？』

在資產階級經濟學者方面，這樣的幼稚氣當然是不足爲奇的。對於他們，扮作這種幼稚的模樣，在帝國主義下面『像煞有介事地』說說和平，是有利的。但是，當考茨基在一九一四年、一九一五年、一九一六年站在同樣的資產階級機會主義的觀點上，肯定說

「誰都同意於」（帝國主義者，僞社會主義者與社會和平主義者）和平時，這個考茨基還有絲毫馬克思主義的氣味麽?他並不去分析和揭露帝國主義矛盾底深刻的內幕，却只是以改良主義的態度『幼稚地希望』逃避這些矛盾而置之不問。

下列便是考茨基對帝國主義作經濟上的批評的模範：他取了一八七二年至一九一二年自埃及到英國的進出口的統計，說這種進出口增加得比英國總進出口要慢。於是考茨基推論道：

『我們沒有任何的根據來假定，要是不用武力地佔據埃及，在純粹經濟『原素』底影響之下，商業就要發展得慢些。資本之企圖擴大，最好是可以不用帝國主義強力的方法，而用和平的民主主義的和平方法去達到的。』

考茨基這種推斷會獲得他在他的俄國信徒（社會國家主義在俄國的掩護人）斯培克達特爾君方面拚命的附和。這正是考茨基對帝國主義所下批評底基礎，因此，我們必須詳細考察一下。我們且從引證希法亭底話開始。考茨基曾數次（連一九一五年四月那次也在內）說希法亭底結論，是『一切社會主義的理論家所一致同意的。』

希法亭說：

『拿一個已成過去的自由競爭及仇視國家的時代，來和比較進步的資本主義政策對立，這不是無產階級底事情。無產階級對於財政資本底經濟政策的答覆，對於帝國主義的答覆，不會是自由貿易而只是社會主義。現在，想恢復自由競爭的這一種理想（牠現在變成反動的理想了）不應當成爲現在無產階級政策底目的，而唯一的目的只是以消滅資本主義的方法去完全消滅競爭。』

考茨基與馬克思主義分裂了，他在財政資本時代去擁護『反動的理想、』『和平民主制、』『經濟原素底單純作用；』因爲這種理想，在客觀上是向後轉的，是從壟斷的資本主義回復到非壟斷的資本主義，是改良主義的欺騙。

如果沒有武力的强佔，沒有帝國主義，沒有財政資本，與埃及（或與其他殖民地或半殖民地）的貿易也許要發展得快些。這是什麼意思呢？要是自由競爭，不受一般的壟

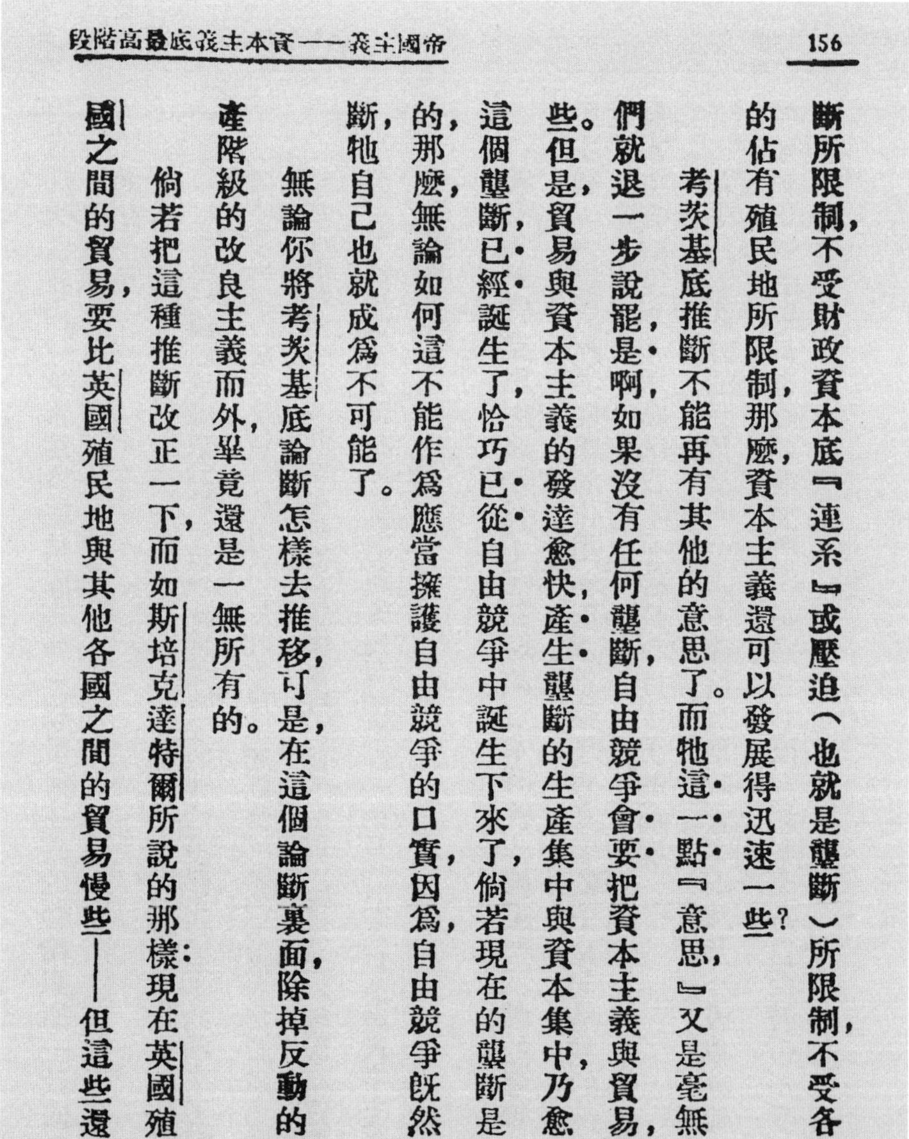

斷所限制，不受財政資本底『連系』或壓迫（也就是壟斷）所限制，不受各國壟斷式的佔有殖民地所限制，那麼資本主義還可以發展得迅速一些？

考茨基底推斷不能再有其他的意思了。而牠這一點『意思』又是毫無意思的。我們就退一步說罷，是啊，如果沒有任何壟斷，自由競爭會要把資本主義與貿易推進得快些。但是，貿易與資本主義的發達愈快，產生壟斷的生產集中與資本集中乃愈加迅速。而這個壟斷，已經誕生了，恰巧已從自由競爭中誕生下來了，倘若現在的壟斷是阻礙發展的，那麼，無論如何這不能作爲應當擁護自由競爭的口實，因爲，自由競爭既然產生出壟斷，牠自己也就成爲不可能了。

無論你將考茨基底論斷怎樣去推移，可是在這個論斷裏面除掉反動的原素和資產階級的改良主義而外，畢竟還是一無所有的。

倘若把這種推斷改正一下，而如斯培克達特爾所說的那樣：現在英國殖民地與英國之間的貿易，要比英國殖民地與其他各國之間的貿易慢些——但這些還是不能把考茨基救護過來因爲排擠英國的也同樣的是壟斷也是同樣的帝國主義——本質上其他國家（美國、德國）底帝國主義罷了。我們知道，卡德爾已經造成新式的保護稅制恰巧是保護（恩格斯在資本論第三卷上已經指出了）那些適宜於出口的生產品●●，我們並且知道，卡德爾和財政資本所有的特質是那種『照拋價出口的』制度，即英國人的所謂『拋賣』制度：卡德爾在本國內以壟斷式的高價出賣生產品，而在國外，即以廉三倍的價格去銷售，以便打倒自己的敵人以擴大自己的生產至最大限度等等。倘若德國和英屬殖民地的貿易比英國和英屬殖民地的貿易要發展得快，這只是證明，德國帝國主義比英國帝國主義，要更新鮮點，更強大點，更有組織點，更高級點罷了。但是這並不能證明自由競爭底『優越』，因爲，這不是自由競爭與保護關稅制或殖民地隸屬制作戰，而只是一個帝國主義與另一個帝國作戰，一個壟斷與另一個壟斷作戰，一個財政資本與另一個財政資本作戰罷了。德帝國主義之較優越於英帝國主義，比殖民地的界線和保護關稅的籬垣要搞害得多。由此而造成一個要求『自由貿易』與『和平的民主制」的「理由」便是忘掉帝國主義底根本特性與特質便是用小資產階級的改良主義來代替馬克思主義。

有趣得很，資產階級的經濟學者藍司布，在批評帝國主義時，也只是如考茨基一樣的庸俗，然而他對貿易統計所作的研究，卻還比考茨基底研究較爲科學一些。他不僅偶然選擇一國來比較，不僅拿一國殖民地以與其他國家去比較，而且是把帝國主義國家輸出中的兩部分，向財政上倚賴於牠而向牠借款的國家那裏的輸出與向財政上獨立的國家那裏的輸出，加以比較。其結果如下：

德國輸出量

（以百萬馬克爲單位）

	一八八九年	一九〇八年	增加的百分數
羅馬尼亞	四八・二	七〇・八	四七
葡萄牙	一九・〇	三二・八	七三

		一八八九年	一九〇八年	增加的百分數
財政上倚賴於德國的	阿根廷	六〇·七	一四七·〇	一四三
	巴西	四八·七	八四·五	七三
	智利	二八·三	五二·四	八五
	土耳其	二九·九	六四·〇	一一四
共計		二三四·八	四五一·五	九二
財政上不倚賴於德國	大不列顛	六五一·八	九九七·四	五三
	法蘭西	二一〇·二	四三七·九	一〇八
	比利時	一三七·二	三二二·八	一三五
	瑞士	一七七·四	四〇一·四	一二七
	奧大利亞	二一·二	六四·五	二〇五
	荷屬印度	八·八	四〇·七	三六三

共計	一、二〇六·六	二、六六四·四	八七

藍司布不曾做出總結來，所以很奇怪地未曾說到：如果這些數字是證明些什麼的話，那麼所證明出來的只是反對他自己的，因爲輸出至財政上依賴的國家比輸出至財政上獨立的國家到底要增加得快一些——雖然是快得不多（我們把『如果』兩字着重指出，因爲藍司布底統計還是很不完全的。）

藍司布考察輸出與借款的關係說道：

『一八九〇年至一八九一年，經由德國各銀行訂結了羅馬尼亞的借款。其實，在未訂條約的幾年以前，德國各銀行就已經把這筆借款借給羅馬尼亞了。大部分借款，是用來向德國購買鐵路材料的。一八九一年德國輸至羅馬尼亞的輸出量，計五千五百萬馬克。至第二年，跌至三千九百四十萬馬克；後來又發生各種周折，至一九〇〇年，便跌至二千五百四十萬馬克了。只到最近幾年內，才因二項新債之故，又達到一八九一年的程度。』

『德意志輸到葡萄牙的輸出量，在一八八八年至一八八九年，因借欵底結果，增加至二千一百十萬馬克（一八九〇年）；而在後兩年內跌至一千六百二十萬馬克和七百四十萬馬克，只到一九〇三年，才恢復到以前的程度。』

『德意志與阿根廷貿易的統計，尤其明顯。因一八八八年和一八九〇年借欵之故，德國輸至阿根廷的輸出量，在一八八九年計達六千零七十萬馬克。三年之後，輸出量計一千八百六十萬馬克，即不到以前的三分之一。只到一九〇一年，才達到一八八九年的程度，並超過之；其所以如此，是因爲德國那時又給阿根廷貸與幾次國債和市政的借欵，交付欵項以建築電氣工廠以及進行其他種種的信用事業。』

『輸出智利的輸出量，因一八八九年的借欵而漲至四千五百二十萬馬克（一八九二年），一年之後乃跌至二千二百五十萬馬克。至一九〇六年，經由德國各大銀行所締結的新借欵之後，輸出量乃漲至八千四百七十萬馬克（一九〇七年），而至一九〇八年又跌至五千二百四十萬馬克。』

監司布從這些事實，來發表他那種很滑稽的市儈的道德觀：出口貿易因與借款發生關係，遂成爲如何不穩固和不平衡輸出資本至國外而不『自然地』『和諧地』發展該國的工業，是如何不好；發行外債時，克虜伯工廠所付的數百萬的賄款，是如何之昂貴等等。但是，這些事實，卻很明白地告訴我們：道出口之增加，恰巧是和財政資本底欺詐相關連，財政資本並不顧念到資產階級的道德，卻想在一條牛上剝出兩層皮來；第一層是借款利息，第二層便是在用這筆借款來購買『克虜伯』廠*底產品或『鋼鐵新迪卡』底鐵路原料等等時所得的利潤。

我們再重說一遍，我們是絕不以藍司布底統計爲全備的，但我們必須把他的統計引用一下，因爲他的統計比考茨基底統計要科學得多，因爲藍司布發見出正確的研究問題的方法。爲要研究財政資本在出口事業中的意義，必須把出口事業與財政家底欺騙事業間特別的獨有的聯繫，與卡德爾生產品的銷售間的特別的獨有的聯繫指示出來。如果只是簡單地把一般殖民地與非殖民地比較一下，把一個帝國主義與另一個帝

*『克虜伯』是德國著名的砲廠，亦稱『砲王』。（譯者註）

國主義比較一下，一個半殖民地或殖民地（如埃及）與一切其他的國家比較一下，那恰巧是等於離開和掩蓋事實底本質。

考茨基對帝國主義所下的理論的批評之所以與馬克思主義毫不相同，其所以只能作宣傳和機會主義者及社會國家主義者締結和平與統一的門徑，就是因爲這種批評恰巧是逃避和掩飾了帝國主義底最深刻的根本的矛盾：壟斷和與之並存的自由競爭間的矛盾，財政資本偉大的『營業』（以及巨量的利益）與自由市場中『誠實無欺的』貿易間的矛盾，卡德爾托拉斯與未卡德爾化的企業間的矛盾等等。

考茨基所還述的著名的『超帝國主義』論，也帶着與此完全相同的反動的性質。試將考茨基在一九一五年關於這一問題的論斷去和霍柏森在一九〇二年的論斷，比較一下。

考茨基說：

『……現在的帝國主義的政策，難道沒有受新的帝國主義的政策所排擠的可能嗎？這一個新的超帝國主義的政策，將用國際聯合的財政資本來共同剝削全世界藉以代替各國財政資本間相互的鬥爭。無論如何，資本主義底這一個新的階段，是一件可能的事情。牠能否見諸實現呢？那末，我們現在還沒有充分的材料來解決這一問題。」

霍柏森說道：

「在少數各有許多未開化的殖民地或附屬國的大聯邦帝國裏，基督教是早已根深蒂固了。現在，很多人都認爲，基督化，便是現代趨勢之最合法的發展、而這一種發展，是最能保證在聯*帝國主義底鞏固基礎上得到恒久的和平的。」

考茨基所叫作超帝國主義的，便是霍柏森在考氏十三年以前所講的聯帝國主義。在考茨基，那裏除掉還述新的漂亮詞藻而外，除掉用這一個拉丁字冠代替另一個拉

* 考茨基所創的「超帝國主義」這一個概念的「超」字，是從拉丁文中借來的。原文爲Ultra其意即指高出或超於某物之上的意思。霍布森所創的「聯帝國主義」這一個概念底「聯」字，也是從拉丁文中借來的。原文爲Inter其意即指在某物之間或際於某物之間，此地以譯作「聯」字爲最宜。（譯者註）

丁字冠而外，*那考茨基之『科學』意見底進步處便只是在於，考茨基要把霍柏森所描寫的英國牧師們所宣傳的騙局，當作馬克思主義。在南非洲的戰爭中，英國的小私產者與工人，喪失了不少的生命；同時，政府爲保證財政資本家底高度利潤而不斷提高的重稅，把民衆底膏脂敲得乾淨了；因此在英布戰爭以後，英國這一個高貴的等級便自然而然地要集中力量來安慰英國的小私產者與工人了。說帝國主義並不很壞，牠不久就要變爲足以保障恆久和平的聯（或超）帝國主義，——這還不是最好不過的安慰嗎？無論英國的牧師和甜蜜的考茨基抱有何種慈善的目的，可是他們的『理論』底客觀的，即眞正的社會的意義，即始終只有一個：把羣衆注意力引出劇烈的矛盾與現代的緊張問題範圍之外，使之注意於虛空的什麼新的未來的『超帝國主義』的前途，使之希望在資本主義下面達到恆久和平的可能，以便給他們以極反動的安慰。在考茨基底『馬克思主義的』理論中，除掉欺騙羣衆而外，便一無所有了。

實際上，只要把人人皆知的無容爭辯的事實對照一下，就足以明白看出考茨基所竭力向德國工人（和各國工人）煽動的前途是如何的虛僞。試舉印度安南和中國爲例。誰都知道這三個殖民地和半殖民地的國家，有六七萬萬人口，是受數個帝國主義列强——英、法、日、美等國財政資本所剝削的。假定這些帝國主義的國家組織幾個聯盟；而這些聯盟，爲要保障或擴張其在上述亞細亞各國內的領土利益和『勢力範圍』又互相爭鬥着。這就成爲『聯帝國主義』或『超帝國主義的』聯盟了。又假定所有的帝國主義列强，爲要『和平』瓜分上述亞細亞諸國而聯合成一個聯盟底實際例子，在二十世紀歷史中是有過的，例如列强在共同對付中國時，就締結過這樣的聯盟。試問是否『可能』假定在保存着資本主義的條件之下（而考茨基恰巧就是以這樣的條件爲前提）這一種聯盟並不是短期的？這種聯盟可以除去任何的矛盾、衝突和鬥爭？

只要把問題弄得清楚，就可以看到對於這個假定，除給否定的答案以外，不能再有什麽其他的答案了。因爲在資本主義之下，瓜分勢力範圍，瓜分利益與瓜分殖民地等，除了計算參與者底力量——參與者一般經濟的財政的等等力量而外，其他根據是不可能的。而各參與者勢力的變更，是各不相同的，因爲在資本主義之下，各國、各部門工業、各託拉斯、各企業間的平衡的發展，是不可能的。半世紀以前，若將德國底資本主義勢力與當時英國底勢力相較，他還是小得可憐的；將日本與俄羅斯相較，日本也是小得可憐的。過了數十年之後，還『可能』假定帝國主義列强間的勢力關係還沒有變更嗎？是絕對不可以的。

所以，資本主義實際情形中的（而不是英國牧師或德國『馬克思主義者』考茨基庸俗的市儈的幻想中的）『聯帝國主義的』或『超帝國主義的』聯盟——無論這些聯盟採取那種形式，一個帝國主義聯合起來反對另一個帝國主義的聯合也好，一切帝國主義列强的總聯盟也好——必然地只能成爲國內戰爭中間的暫時息兵。和平聯盟——就是準備戰爭，並且是從戰爭中脫胎而來的，牠們互相爲用，並且在同一個帝國主義的聯系基礎上，同一個世界經濟和世界政策基礎上，產生和平的鬥爭與不和平的鬥爭，使這兩種鬥爭形式，彼此交換與代替。而聰明絕頂的考茨基，爲要鎮靜工人和使之與投降於資產階級的社會國家主義者調和起來所以把整個鎖鍊底一環節與另一環節隔離開來，把今天的各列強爲共同『鎮靜』中國（請回憶他們壓迫義和團暴動……的故事罷）所締結的和平的（並且是超帝國主義的，——甚至於是超帝國主義的）聯盟與明天的不和平的衝突（這種衝突在後天也許又要準備一個所謂『和平的』大聯盟以瓜分土耳其了）等等隔離開來。考茨基不去把帝國主義和平的時期和帝國主義戰爭的時期，活潑潑地聯接起來，却反而把死板板的抽象東西介紹給工人，使工人和他們的那些死板板的領袖們去和平共居。

美人喜爾在其歐洲國際外交發展史底序言中，把近代外交史分爲以下的時期：第一，革命時代；第二，憲法運動，第三，現代的『商業帝國主義』時代。另一個作者，把一八七〇年起的大不列顛『環球政治史』，分爲四個時代：（一）第一亞細亞時代（反對俄國在中亞細亞向印度的進展）；（二）阿非利加時代（約自一八八五年至一九〇二年，）即爲瓜分非洲而與法國進行的爭鬥（一八九八年的『法紹』事件，那時險些要與法蘭西開仗；）（三）第二亞細亞時代，與日本訂約以對俄；（四）『歐羅巴』時代，主要的是反對德意志。早在一九〇五年，銀行大家黎舍爾已指出法蘭西的財政資本怎樣在意大利經營一切，以準備兩國間的政治的聯合；德、英爲波斯而作的鬥爭，怎樣地緊張起來；所有歐洲的資本家爲借款給中國的問題而作的鬥爭，又怎樣地緊張起來等等，因此他說道：『前鋒隊底政治戰爭，是在財政基礎上開火的。』這便是那種與單純的帝國主義的衝突密切連繫的『超帝國主義的』和平聯盟底實際情形。

考茨基既掩藏帝國主義最深切的矛盾，就必然要轉而去掩飾帝國主義，並且在批評帝國主義底政治特性時，也不得不留下自己的痕跡。帝國主義是財政資本的和壟斷的時代，而壟斷則到處趨向於統治而不傾向於自由。這種趨向底結果，便是在一切政治制度方面都發生反動，而在政治方面的矛盾，也極端地緊張起來。民族的壓迫和吞併的傾向即對民族獨立的破壞（因爲吞併不是別的，恰是破壞民族自決）也緊張起來了。

希法亭很正確地指出帝國主義與民族壓迫緊張化之間的關係，他說道：

「至於說到新開闢的國家，那末，在這裏輸入的資本便是加緊種種的矛盾，引起各民族方面繼續緊張的反抗，這些民族日益覺醒起來，趨向於民族的自覺，反對外來的強人；這種反抗，很容易發展成爲危險的反對外資的行動。舊式的社會關係，根本地改革過來；數千年來「史外民族」農村的孤立性，完全破壞；他們日益捲入於資本主義的漩渦了。資本主義本身，漸漸給自己的俘虜以求得解放的工具。他們將提出那種曾經爲歐洲民族所認爲最高的目標，即創造統一的民族國家以作爲獲取經濟文化的解放的工具。這種獨立運動，將危及歐洲資本在最寶貴的含有光明前途的剝削區域以內的地位；而歐洲資本只有繼續增加武力，才能維持自己的統治。」

在這裏尚須補充一點。帝國主義不僅在新開闢的國家之中，就是在舊的國家裏面，也要實行吞併，加緊民族壓迫的，因此也促進別族的反抗。考茨基反對帝國主義政治反動的加緊，而把特別重要的關於帝國主義之下不能與機會主義者聯合的問題，置之一旁。他反對吞併政策，同時又把自己的反對，以最不侮辱於機會主義者的並爲機會主義者所最易接受的形式提起出來。他是直接對德意志的聽衆說話的但是他恰巧把一個最緊要的最迫切的問題（例如德國併吞愛爾薩斯、羅倫的事實）掩飾起來[14]。我們且舉例以批評考茨基這種『異想天開』假定日本人責備美國人在菲律賓的併吞行爲[15]，試問是否有很多人會相信這是日本人一般地仇視併吞而不是由自己希望併吞菲律賓呢？是否只有當日本人起來反對日本之侵略高麗[16]，要求高麗脫離日本而獨立的時候，才能把日本人這種『鬥爭』看作是誠心的政治上誠懇的態度呢？

無論考茨基對帝國主義的理論上的分析也好，無論他對帝國主義經濟上和政治上的批評也好，却是滲透了絕對與馬克思主義水火不能相容的精神，即蒙蔽和掩飾帝國主義底最主要的根本的矛盾，竭力要和歐洲工人運動中的機會主義保持日益破裂的一致。

第十章 帝國主義底歷史地位

我們已經看到，就其經濟本質來說，帝國主義是壟斷的資本主義。這一點已經把帝國主義底歷史地位決定了，因爲從自由競爭中生長起來的（正是因爲是從自由競爭中生長起來的）壟斷，是從資本主義變到較高級社會經濟制度的過渡點。我們現在必須特別指出現代所特有的四種主要的壟斷形式，或壟斷資本主義底四種主要的表現。

第一，壟斷是由生產集中到很高程度中發生起來的。這便是指壟斷式的資本家的聯合——如卡德爾，新迪卡與托拉斯。我們已經知道，牠們在現在經濟生活中是佔有怎樣重要的地位。在二十世紀初期，牠們已在先進諸國中取得完全的優勢。倘若首先走入卡德爾化道路的是高度關稅制的國家（德意志和美利堅），那末，自由貿易制的英吉利之表明這一種從生產集中而產生壟斷的基本事實也不過稍遲一點罷了。

第二，壟斷加緊了奪取最主要的原料來源尤其是資本主義社會中最主要的最卡德爾化的工業（如石炭業和鋼鐵製造業）所需的原料來源的鬥爭。主要的原料來源之壟斷式的佔據，使大資本的權力，不可思議地增加，使卡德爾化和未卡德爾化工業間的矛盾，異常緊張起來。

第三，壟斷是由銀行中發生起來的。銀行已由平庸的中人企業，轉變爲財政資本的壟斷者。在任何最先進的資本主義國家中三、五個最大的銀行，成立了工業資本與銀行資本間的『個人聯合，』將數百萬萬的資本——全國大部分的資本和大部分貨幣的收入，都收歸自己的掌握。財政寡頭制，將依賴關係的密網，籠罩在資本主義社會中所有一切（無一例外）經濟的和政治的機關上面來，——這便是這種壟斷底最顯著的表現。

第四壟斷是由殖民地政策中發生出來的。財政資本除有無數『舊有的』殖民地政策底動機外，又加了爲原料，爲輸出資本，爲『勢力範圍』（即有利的協定、租讓、壟斷利潤及其他等等的範圍）以及爲一般經濟領土等而作的爭鬥。例如，當歐洲列强還只能佔領非洲十分之一的面積以作爲殖民地時（一八七六年還是如此），殖民地政策之發展，可以不是壟斷式的，還可以採取所謂『自由佔領』土地的形式。但是，當非洲十分之九的面積已被佔領的時候（一九〇〇年）全世界既已瓜分完竣，於是必然要開始壟斷式的佔據殖民地的時代，因此，爲瓜分世界和重分世界的鬥爭，也特別緊張起來。

壟斷資本主義把所有資本主義的矛盾，弄得緊張到了什麽程度，這是大家都知道的。我們只要提到物價的高漲和卡德爾底壓迫便夠了。這種矛盾的緊張，便是過渡的歷史時代中最大的動力；而這個歷史時代，在全世界財政資本完全勝利時，就已經開始了。

壟斷、寡頭統治，壟斷傾向之代替自由傾向，由少數最富強的國家剝削多數弱小的國家（各弱小國家，都先後受少數列強的剝削）——所有這些，便產生出帝國主義底各種特點，使人們不得不把帝國主義解作爲寄生的和腐化的資本主義。帝國主義的傾向之一——造成『食利國』或放利國，使這些國家裏面的資產階級專依賴輸出資本和『剪息票』爲生的現象日益明顯暴露出來，若以爲這種腐敗的傾向，消滅了資本主義急速發達的可能，那便錯誤了；事實並不是如此的，單個的工業部門，單個的資產階級階層，單個的國家，在帝國主義時代，常以相當的強度，各表顯這些傾向底某一種。整個說起來，在這個時候，資本主義還要發展得比以前更快，而且快得不可比擬；但是這種發展過程，不僅是一般的更不平衡，並且這種不平衡又表顯於最富於資本的國家（英吉利）底窩化中。

研究德國大銀行的作者黎舍爾關於德國經濟發展底速度說道：『德國前一時代（一八四八年至一八七〇）並不十分慢的進步和德國現代（一八七〇年至一九〇五年）全部經濟的發展的速度（而現代德國銀行發展的速度也在內）之比較，差不多與舊時郵車速度和近代汽車速度相比較一樣；近代汽車速度之快，對於不謹慎的步行者和坐汽車的人都是危險的。』而這個發展得異常迅速的財政資本正因爲牠發展得這樣的快，所以很願意把更富國底殖民地掠奪過來（不只以和平的方法）而更『安靜地』霸佔這些殖民地。在最近數十年來，美國經濟的發展，比德國還要快，而最近美國資本主義底寄生性也因此而特別明顯。從另一方面看來，甚至於共和的美國資產階級和君主的日本資產階級或德國資產階級比較一下，也可以證明在帝國主義的時代，他們中間政治上最大的差別也大大減弱了這並不是因爲這種差別本來就不重要的而是因爲所有這些資產階級都已經帶有相當的寄生性。

一個工業部門中與一個國家中的資本家獲得壟斷式的高度利潤之後，在經濟上便能賄買工人階級中某些階級（暫時的極少數的部分），吸引他們站在某部門或某國家資產階級方面去反對一切其餘的工人。帝國主義國家間因瓜分世界而緊張的矛盾，更是促進着這種傾向，這樣，便形成帝國主義與機會主義間的聯系，這在英國表顯得最早而又最顯著，因爲帝國主義底幾個特點在英國比其他各國要出現得早些。有些作家（如馬爾託夫）愛好用一種『官場的樂觀的』（本着考茨基與鳩思曼底精神）推論，——例如說，如果先進的資本主義恰巧是加緊機會主義的，或者，如果工資最高的工人恰巧是傾向於機會主義的，那末資本主義之敵人底事業就未免沒有希望了；他們愛好用這一種推論來逃避那種帝國主義與工人運動中的機會主義之間密切聯系的事實（而這一事實，在目前更是特別表現得明顯了。）切不要看錯這種樂觀主義底意義：

這是對機會主義的樂觀態度，這是用來掩飾機會主義的樂觀主義呵。事實上，機會主義之特別迅速的與特別討厭的發展，並不能成爲鞏固機會主義勝利的保障，這正如在一個健康身體上的膿瘡之迅速的膨脹，只足以加速膿瘡之暴裂與身體之恢復一樣，在這裏，最危險的，便是那般不願意了解下面一種眞理的人了：與帝國主義的鬥爭，如果不和反機會主義的鬥爭密切聯接起來，便是一種空洞的虛妄的廢話。

根據所有以上關於帝國主義底經濟本質的叙述，便應當把帝國主義解作過渡的資本主義，或更眞確點說，垂死的資本主義。特別耐人尋味的，便是叙述現代資本主義的資產階級經濟學者底時髦語調了（如『互相錯綜』與『不孤立』等等；）他們說，銀行是一種按其任務和發展講，都沒有單純的私有經濟性的企業，他是從私有經濟調節中脫化出來的。』同是那個黎舍爾，即講了這幾句話的黎舍爾，却又像煞有介事地說道：馬克思主義者關於『社會化』的『預言』是『沒有實現的！』

『互相錯綜』這個名詞，是什麽意思呢？牠只是概括現時過程中的最顯著的特點罷了。牠證明：觀察者只看到各[illegible]而沒有看到森林。牠很怯懦地抄襲外表的偶然的紛亂的現象。牠證明：觀察者是一種收有大堆材料而完全不能了解其中的意義及其重要的人。股票佔有，私有者底關係，是『偶然互相錯綜起來的。』但是隱藏在這種錯綜之下而爲其基礎的，却是正在變動的社會生產關係。當大企業成爲巨大無比而根據巨量的統計去作精確的推算，有計劃地獲得爲數千萬人民所必須的總額三分之二或四分之三的原料時；當牠有系統地轉運這些原料於最利於生產的區域時（常相距數千百里之遙；）當自一個中心來指揮一切順序製造的階級，以至於獲得許多熟製品時；當這些生產品根據一個總計劃以分配於數千萬數萬萬的消費者（如美國「煤油託拉斯」之供給煤油於美德二國）時；那末很顯然的，擺在我們目前的已經是生產底社會化，而決不是什麽簡單的『錯綜』了。私有經濟和私有財產關係，顯然已變成一種不適合於內心的外殼了，雖以人工的方法，來延長其末運，可是牠始終是要腐敗的；牠也許能在一個比較長期的時間以內（如果醫治機會主義的膿瘡，延緩了的話，）在腐化狀態中苟延其殘喘，但是牠終久還是必然要消滅的。

熱烈崇拜德帝國主義的黑文寧驚嘆道：

『倘若德國銀行的領導工作歸究到底是加在十多個人底身上，那末，他們現在的活動之關係於國民的福利，便已經比大多數政府總長們底活動更為重要了。』（關於銀行家們、總長們、工業家們、食利者們間的『互相錯綜』在這裏是樂於忘掉的）……『倘若把我們所知道的那些傾向之發展，徹底推想一番，那末就要得出這樣的結論：一國底貨幣資本統一於銀行之中；銀行又互相聯合成為卡德爾一國要求投殖的資本都化作有價證券。那時，聖西門*底預言，便要見諸實現：「現在生產中無政府狀態，是由於經濟關係不按一致的調節而發展的這種無政府的狀態必須讓位於生產組織化。管理生產的將不是彼此孤立的彼此無關的與不知人們底經濟要求的企業家了。這種事情將由相當的社會機關担任之。中央管理委員會（附有：能

*聖西門（生於一七六〇年，死於一八二五年）是法國最有名的空想社會主義代表之一。他主張以聯合生產的平等社會代替私人生產的階級社會。他認為為達到這一個目的就必須施行政府的改良和以新宗教精神來教育現社會。（譯者註）

以更高的眼光去觀察很大部分的社會經濟）調節所有的經濟，使之有利於全社會，而把生產工具交給適宜於這種經濟的人們，特別是要隨時留心於生產和消費間經常的調和。現在，已有一種機關，把某種組織經濟勞動的作用，包括於自己的職務以內了，這種機關便是銀行。」我們現在離聖西門這一段話的實現爲時尚遠；但是我們已經走上實現這一段話的軌道了。實現馬克思主義的方式，是和馬克思自己所想的方式不同的，但這只是方式的不同而已。』

不消說，這是對於馬克思的一種漂亮的『反駁，』從馬克思精確的科學的分析，倒退到聖西門底猜想上去了；然而聖西門底猜想雖是聰明，却終久是一種猜想。

一九一六年，一月至七月。

註釋

〇列寧給自己的帝國主義——資本主義底最高階段提名爲帝國主義淺說。實際上，這部書在論帝國主義的馬克思主義著作中佔有超絕的地位。此書是列寧最重要的基本著作之一，與馬克思資本論直接聯成一氣。列寧在此書中所闡明的關於帝國主義的學說，是馬克思對於資本主義所持學說之直接的繼續。馬克思闡發了資本主義底根本經濟矛盾、階級矛盾及其發展的法則。馬克思這種學說給自己無產階級革命與無產階級專政的理論，定下了科學的經濟的根據。可是，馬克思和恩格斯都沒有活到帝國主義底繁榮時代。他們只能看見帝國主義底初步（大體上，是英國底實例）所以他們只能很廣泛地預察資本主義這個新的最高階段底各種結果和特點。當時資本主義的聯合（股份公司、託拉斯、新迪卡）正在發展，生產不斷增大的集中，生產日益集中在極少數最大資本家（『資本大王』）手裏，極少數最大資本家獲得壟斷的地位——即他們對於國民經濟的絕對統治地位日益增長起來等等。馬克思與恩格斯根據這些事實，便看到一個將要到來的時代，此時資本主義之向前發展已無可能，資本主義的崩潰行將到來。馬克思在資本論第一卷（一九二三年俄文版第一卷第二十四章第七五六頁）中寫道『奪取並壟斷這個革命過程（即是資本主義在生產技術和一切國民經濟中所執行的革命——編者）中一切利益的資本大王之數量，是不斷縮小的同時，羣衆底貧困、壓迫、奴役、墮落和剝削卻隨之加劇，而工人階級底憤怒，也是同時發展着；這個工人階級，是資本主義生產過程本身結構所不斷增大、訓練、聯合並組織而成的。資本底壟斷，變成了束縛那個與此種壟斷一並存在、並藉助於牠而達到繁榮的生產方法的桎梏。生產資料底集中與勞動底社會化，已達到這樣的程度，在這種程度之下，牠們已與牠們底資本主義外殼，不能並存。這個外殼，行將破裂。資本主義的私有財產制，要壽終正寢了。剝奪者，要被剝奪了。』

恩格斯在其反杜林論（第三編：——社會主義第二章）裏面講到托拉斯底『壟斷』的時候，他所指的也是資本主義發展過程中這一個最高的最後的階段。恩格斯在那裏寫道：『無論何地的人民，都不會長期地忍受托拉斯支配下的生產和債券主人底小黨羽之公開剝削全社會的。』恩格斯還講道：即是此種生產之過渡到資本主義政府底手中（即資產階級政府下的國家資本主義）也不能免除資本主義底崩潰，因爲這種過渡『並不能免除資本主義式的關係，只使之更加劇烈化，』『而這個劇烈化，將是資本主義的發展中最後的一步。』這些預料，究竟是十分廣泛的結果揭發這些特點，說明在帝國主義時代，資本主義底經濟的和階級的衝突，究竟在那一種新的形式（而且是最緊張的形式）之下發展，牠們怎樣變這個時代爲『社會主義底前夜』和無產階級革命的時代，牠們怎樣爲這個轉變造成了一切必要的前提，——這一切任務，就落到列寧身上了。列寧在其帝國主義——資本主義底最高階段一書中，正完成了自己的任務，他給馬克思無產階級革命和無產階級專政學說之向前的發展及其轉變爲現在所稱爲列寧主義的這一個轉變作下了科學的根據。列寧主義，是根據馬克思主義底理論基礎而在帝國主義時代中發生起來的，列寧底無產階級革命和無產階級專政學說中的每一原理，都是以他在本書中所闡述的這些了解，爲其根據的。列寧對於帝國主義的學說，爲「蘇聯共產黨」黨綱以及整個「共產國際」綱領底基礎。這個學說是列寧本人、「蘇聯共產黨」以及整個「共產國際」過去和現在，據以解決反資本主義鬥爭中一切戰略和策略問題的出發點。這個學說，是反對「第二國際」、反對帝國主義底理論辯護、反對「第二國際」各政黨對於帝國主義之崇拜與效勞、以及反對「共產國際」本身以內的『左』『右』機會主義傾向的強有力的武器。

「第二國際」——以希法亭這一類的『理論家』爲其代表——以所謂『有組織的資本主義』的理論，爲他們出賣工人階級並效勞於資產階級之政策底基礎。所謂『有組織的資本主義，』

就是：緊張正在帝國主義時代資本主義能以除去那些會使資本主義潰裂的各種矛盾，並造成沒有恐慌的、有計劃的、不斷發展的生產。「第二國際」便根據這個理論來否認無產階級的革命，作反對無產階級革命的鬥爭，而主張自己機會主義的學說，好像經過與資產階級之合作，經過所謂『經濟的和政治的民主制，』資本主義便能轉變爲社會主義。這個『有組織的資本主義』論底淵源之一，其最初的表現，爲考茨基底『超帝國主義論』。這個理論也是發生於帝國主義大戰的時期，與列寧關於帝國主義的學說之發表，同一時代。考茨基創造這種理論的目的，是要辯護社會國家主義。考茨基這種理論認爲：帝國主義之發展，將經由『全世界帝國主義的聯合』和『國際聯合的財政資本』以消滅戰爭，首先就除去資本主義國際間的矛盾。列寧在本書（帝國主義——資本主義底最高階段）（第七章）以及其他前此的著作，如「第二國際」底破產（該文第四章與第九章）等等中，對於這種『超帝國主義』的理論，即是蒙蔽資本主義矛盾的改良主義的、反馬克思主義的理論（『超廢話』）給了致命的批評。列寧的這種批評及其關於帝國主義——資本主義一切矛盾達於最大緊張的時代——的一切學說，給了我們一個無可更代的武器，來反對「第二國際」領袖們所宜傳的、有組織資本主義的、現代的機會主義的理論。

一九二五到二七年，託洛茨基和季諾維夫加米業夫派起來反對列寧一國之內可以建設社會主義的學說實際上，這只是託洛茨基那種在帝國主義大戰時代反列寧主義的鬥爭底繼續。而列寧底這種學說則完全是導源於他對於帝國主義的了解。大戰時期中，託洛茨基由暗藏的取消主義，一變而爲『馬克思主義詞句』掩護下的暗藏的社會國家主義，在這一點上，託洛茨基已儕於考茨基諸人之列，——這些情形，列寧曾在許多著作中指出過。當時，託洛茨基反對列寧變帝國主義戰爭爲國內戰爭的口號和社會主義最初在一國或數國內有勝利可能的學說，而擁護『沒有帝制、沒有常備軍隊』的『歐洲聯邦』的口號，——即是歐洲資產階級民主聯合的口號（據託洛茨基底意見，這個聯合，應該是社會主義革命勝利底必要條件）以與列寧底口號相對立。託洛茨基底這個口號，無非就是考茨基式的承認由歐洲『帝國主義聯合』成爲統一的歐洲的超帝國主義之可能。他承認『現代經濟』即『帝國主義』有『眞正執行解放的歷史的使命——即造成一個不受民族和國家關稅等界限所限制的聯合的世界經濟』（參看託洛茨基所著的和平綱領，此文曾載入他所著的戰爭與革命第二卷）正是根據帝國主義時代下世界經濟底這個聯合的理由，託洛茨基認爲無論在那一單個國家內，尤其是在俄國，無產階級革命和社會主義的建設，沒有得到勝利的可能。這樣看來，託洛茨基否認社會主義有在一個國家以內取得勝利的可能所持的根據，正是他那種考茨基式的改良主義的，反列寧主義的，關於帝國主義的了解。大戰時代，託洛茨基反列寧主義的鬥爭，是一個以考茨基主義爲根據的鬥爭而一九二五到二七年，託洛茨基反列寧主義的鬥爭，實質上，仍然發生於相同的基礎上。列寧關於帝國主義的學說，列寧在大戰時期給考茨基主義和託洛茨基主義所下的致命的批評，便是「聯共」底一個無可替代的武器，因此牠能在「聯共」第十四次到第十五次大會之間戰勝託洛茨基主義。

同時列寧這些學說與批評，也是反對「聯共」黨內右傾機會主義的同樣無可更代的武器。在帝國主義問題上，「聯共」黨內的右傾機會主義也是滑到了從考茨基『超帝國主義論』誕生出來的『有組織資本主義』理論的泥坑。還在帝國主義大戰時期中，布哈林同志在帝國主義問題上，即發表了一種與考茨基和希法亭底觀點極其相近的觀點。布哈林在他於一九一五年寫成的作品——世界經濟與帝國主義——中寫道：

『……現在，各個零散的「國家的」資本集團，正向着統一的世界組織（環球託拉斯）方面去發展，而世界無產階級，正與這種組織對立着。

從抽象的理論方面來觀察這種託拉斯，是完全可以設想的，因爲，一般講起來，對於卡德爾化的過程，並沒有什麽經濟的限制。』（原書第四版第一三二頁）

以後，布哈林同志又援引希法亭認爲統一託拉斯有可能的意見，而表示他在這個問題上是完全與希法亭同意的。

此後，布哈林同志在自己理論著作帝國主義與資本主義積累（一九二五年出版）中，對於本問題的意見，也是同樣耐人尋味的。在這本書裏面，布哈林同志，也是『從抽象的理論來觀察』問題的，他說到『集體的資本主義的制度（國家資本主義）此時資本階級聯成一個統一的託拉斯，因此，這時擺在我們目前的就是一種有組織的、而從階級觀點上說來又是衝突的經濟。』

由此他作出一個結論：『因之，此時（即在統一的託拉斯條件之下——編者）不能發生任何生產過剩底經濟恐慌。一般講來，生產過程是流暢的，資本家們的需要——便是生產和生產計劃底動力。』（原書第八四頁，着重點是編者加的。）

從此可見，布哈林同志是認為，在帝國主義情形之下，有計劃的經濟是有可能的。他根據這點出發，遂作出機會主義的對於帝國主義現代時期的估計。他這種觀點，在他那兩篇於一九二九年中五六月發表於真理報上的論文上（資產階級理論家們觀察下的現代資本主義底幾個問題，和有組織非經濟性的理論）表現得很明顯。固然，布哈林同志現在已經不能講到什麼統一的世界託拉斯和有計劃的世界經濟之可能性了。可是，布哈林同志卻又陷入了別一個同樣機會主義的極端。布哈林同志將資本主義底一切矛盾及其劇烈化，都搬到國際方面去了，於是無產階級革命底一切可能，純然聯繫於國際矛盾底劇烈化（各帝國主義國家間國際衝突底劇烈化）純然聯繫於在此種基礎上所必然發生的帝國主義的戰爭。現在布哈林同志却以個別帝國主義國家內統一託拉斯之眞實的可能（其形式爲『國家資本主義』）來代替他從前所說的『統一世界託拉斯』之『抽象的』可能了。據他的意見，這個『國家資本主義』『即是帝國主義國家內部競爭底消滅和各帝國主義國家之間的競爭達於最大的緊張。』這就是說，在個別資本主義國家內，資本主義有一種無恐慌的有計劃的發展之可能，因之個別資本主義國家內資本主義底矛盾，不是日益加強，而是日益減弱。非常明顯的，這是一種機會主義的理論，牠與「第二國際」的『理論家』們底所謂有組織的資本主義的議論非常接近，因爲，這個理論所講的是『競爭底消滅』和個別帝國主義國家內無恐慌的資本主義，另一方面，牠是與列寧關於帝國主義時代的學說絕不相容的，因爲列寧說帝國主義時代，乃是資本主義的內外矛盾（不僅是國際方面的矛盾，而且也是每一個帝國主義國家內部的矛盾，）達於極端劇烈化的時代。列寧在帝國主義——資本主義底最高階段這本書當中以無情的批評，駁斥了考茨基以及資產階級經濟學家們關於帝國主義的觀點；同時，列寧還推倒了一切認爲帝國主義時代內有無恐慌的有計劃經濟之可能的議論，列寧說這些議論，是『無論如何都要裝飾資本主義的資產階級經濟學者底神話』反之，他却認定，在這個時期內，『整個資本主義生產所具有的紛亂性，不斷增大，不斷加緊』那怕資本家底聯合日益增多，那怕壟斷資本主義有一種消滅國內自由競爭的企圖，列寧在本書中所寫的這些議論，好像是預定來反對現代右傾機會主義對於帝國主義現有階段的解釋似的。

帝國主義——資本主義底最高階段一書，是列寧關於無產階級革命之學說底基礎。同時，本書也是使我們了解列寧在帝國主義大戰時期和爭取俄國無產階級專政（一九一七年）時期中各種立場和口號的良好的鎖鑰，同時本書也是引導我們去了解列寧所進行的兩條戰綫上的鬥爭的鎖鑰，是一方面反對一切形形色色的社會國家主義，別一方面反對布爾塞維主義隊伍中『左派的』傾向。（布哈林、皮亞達可夫派等等。）

㊀列寧關於本問題在國外作的許多文章曾登載於社會民主黨人報（『俄國社會民主工黨』（布爾塞維克）底中央機關報），共產主義者雜誌以及在瑞士出版的社會民主黨報論文選集上。一九一七年這幾篇文章又在反潮流論文集上出版行世。列寧介紹讀者參考的，便是這一本論文集。這些文章編在全集第十八卷和十九卷。其中一部份和最重要的一篇論文（第二國際底破產）已編入選集中文版第九卷。

㊁這篇敘言，只是在寫成一年以後，才發表於一九二一年第十八期的共產國際雜誌上面，其標

題爲資本主義與帝國主義。一九二〇年帝國主義——資本主義底最高階段德法文版上面，還沒有編入此篇序言。

⑫布勒斯特·立託夫斯基和約，簡稱布勒斯特和約，爲蘇維埃政府，與德、奧、匈、保和土等國家所簽訂的和約。此和約爲聯邦共產黨第七次代表大會通過列寧和中央關於決定議和的提議以後，蘇維埃代表團，於一九一八年三月一號到三號，在布勒斯特·立託夫斯基城所召集的和會中，與上述諸國所簽定，並於同年同月十五號經由蘇維埃第四次非常大會所批准。在此和約未簽定以前，同德國有過長期的談判，由一九一七年十一月二日（新曆十二月十九）起，一直拖延到和約簽定的時期，同時在聯共及其中央爭取議和以內，反布哈林同志和託洛茨基所領導的『左派共產主義者』的鬥爭，也是延長如許的時期。

列寧堅決的主張議和，以便『讓去地盤，贏得時間』，以便取得一個『暫時休養』來鞏固無產階級專政，組織紅軍並打破國內反革命的怠工與抵抗。

布哈林同志所領導的『左派共產主義者』一派，作反對列寧的鬥爭，認爲議和就是叛變無產階級革命。布哈林同志領導下的莫斯科州黨委員會通過決議，認爲可以犧牲俄國蘇維埃政權，以激起世界革命。這個決議，是表示不信任列寧所領導的中央。託洛茨基底立場與『左派共產主義者』

底立場很相接近，他主張『不戰不和』的政策。

列寧以最無情的批評駁斥了『左派共產主義者』和託洛茨基底觀點。他不僅在口頭發言——尤其在黨第七次大會上的發言——如此，而且還作文章，評論他們。『左派共產主義者』底抵抗和託洛茨基底立場，狠遲延了和議的成立，致使簽訂和約時的條件，比較一九一七年十一月所可能的條件惡劣得多。據布勒斯特和約，蘇維埃領土內，要割出萊多維亞、愛沙尼亞和白俄一部份；戰爭中德國所佔領的波蘭和立陶宛各部份，由德國領有，其次除萊多維亞和愛沙尼亞以外，蘇維埃政府還應該『撤退』烏克蘭和芬蘭境內的軍隊。一九一八年，德國發生革命，蘇維埃政府，宣布布勒斯特和約作廢。

關於布勒斯特和約底詳情、意義以及「聯共」黨內關於這個和約而發生的鬥爭，可以參看列寧選集中文版第十三卷，「聯共」第七次大會上列寧關於布勒斯特和約的報告和結論以及列寧所著的『左派』幼稚病和小資產階級性及其附錄。

⑤凡爾賽和約（凡爾賽為巴黎附近的地名，此和約簽定於此，故名凡爾賽和約）為一九一四年到一八年帝國主義大戰結束時，德國及同盟國與其對方各協約國（英法美塞爾維亞意日）之間所簽訂的和約。

如果布勒斯特和約表明出作戰的德國掠奪的目的，那末反之凡爾賽和約便是表明英法及其他協約國作戰的掠奪目的了。一九一八年十一月戰爭結束一九一九年六月二十八日凡爾賽和約經由雙方簽字成立。根據此和約，德奧底歐洲領土割去了許多，德國所有殖民地完全讓給戰勝國共同瓜分，德國差不多完全解除武裝了，而舊有武裝——戰艦也在內——都轉給戰勝國。德國應繳納駭人聽聞的巨量賠款，其一部份，應用現金償付，一部份用生產品償付（如煤、建築材料、機器、顏料等等。）而這項賠款現在正是德國工人階級和其他勞動者底重担，因爲資產階級，無論何時，都是把自己的國債轉壓在受資產階級及其政府所剝削的勞動階級肩上的。

㊅『凡爾賽派』和『公社派』是法國「巴黎公社」時代（一八七一年）稱呼反革命派和革命派的名稱。『凡爾賽派』（資產階級和資產階級的政府）以巴黎附近的凡爾賽爲根據地，以梯也爾爲首領，而『公社派』（無產階級、城市貧民一部份小資產階級）則在巴黎組織公社，以代替已逃往凡爾賽的政府。

㊆一八九八年的西美戰爭，爲美國向西班牙奪取太平洋和大西洋內菲律賓羣島和西印度羣島等地的戰爭，藉口『解放』西班牙對於這些羣島的壓迫。這個戰爭，正是列寧所論帝國主義國家瓜分世界的鬥爭底一個實例。西印度羣島中最大的兩島（古巴和波爾多利各）爲控制墨西哥、中

美各國和南美北部的根據地。美國除掠奪了大西洋內西印度羣島以外，牠還取得了聯貫太平洋和大西洋的鎖鑰——巴拿馬運河（參看本書註釋第十四條）而菲律賓羣島，又是美國在太平洋內侵略中國、印度支那並控制日本、澳大利亞以及歐洲艦隊在東亞活動的根據地。這些情勢在西美戰爭之發生上，有最重要的作用。

西美戰爭底結果，爲一八九八年十一月十號的巴黎和約。根據這個條約底規定，西班牙應撤退古巴、古亞明、波爾多·利各各島，和菲律賓羣島上的駐軍。古巴曾宣佈爲『獨立國』，可是，當西班牙軍隊退出該地以後，美國軍隊仍駐該地，美國就憑藉自己的軍隊，開始把古巴當作自己的殖民地來支配，以後，利用立法的手續以及一九〇一年和以後各年的古美協約，美國便正式變古巴爲自己的殖民地了。根據一八九八年條約，西軍從菲律賓羣島撤退，爲要化菲律賓爲自己的殖民地起見，美國又同菲律賓人宣佈了新的戰爭，這個戰爭結果，菲律賓人在一九〇一年表示『屈服』了（參看本書註釋第二十五條。）

● 一八九九年到一九〇二年的英布戰爭，爲英國反對南非洲權斯法爾和鄂蘭治兩個布爾共和國的戰爭。布爾（荷蘭字 Boers——譯音，意爲農民）人是十七世紀時代移往南非洲的荷蘭移民底後裔，十九世紀的時候，他們在此地組織起了兩個共和國，並不附屬荷蘭與[illegible]其他的國家。英國所有的殖民地逐漸擴張到這兩個國家底周圍，英國屢次企圖把牠們也變爲自己的殖民地。十九世紀之末，該兩地開始採取金礦和鑽石，英國即開始侵犯欖斯法爾，後來，竟正式和這兩個結訂軍事同盟的國家宣戰。戰爭延長將及四年，互有勝負。此兩地的居民總共只有六十四萬五千人而英國調往南非洲繼續作戰的兵士和軍官，便有五十萬人之多。要求有利的投資市場的英帝國主義，無情地屠殺布爾共和國底軍隊和人民。戰爭的結果此兩國合併於大不列顛。可是，此次戰爭，卻迫使英國資產階級花去約及二十萬萬的大洋。

❸列寧這裏所提及的希法亭在貨幣論上的錯誤，主要的是指的希法亭所著的財政資本第二章。希法亭在這一章內，引用英國和印度的經濟材料，企圖來『加深』並『修正』馬克思。馬克思在政治經濟學批評底序言和資本論第一卷第三章中，曾根據實金（金幣）底價值，來決定紙幣底價值，馬克思認爲紙幣是金幣底某種代理人。據馬克思底意見，只有在金幣流通法則的基礎上，才能了解紙幣流通底法則。希法亭卻同馬克思相反，認爲：『在紙幣流通的情形之下……紙幣……已經取得了**不依賴實金價值的完全獨立性**，並直接表示商品底價值』（見財政資本第五版第二十頁，）（着重點是編者加的。）希法亭曾將自己與馬克思意見不同的地方，說在原書註釋第四三到四四頁當中。

希法亭底這種修正派的議論，曾在馬克思主義著作（尤其是德文的）中受到嚴厲的反抗一九一一年，考茨基（此時他還沒有變成馬克思主義底叛徒）在「德國社會民主黨」理論雜誌新時代上面反對過希法亭。

❶ 創業利潤，通常就是在組織或改組股份企業時創辦人所得到的利潤。創業利潤取得的方法如下：例如十萬張股票，每張股額一百盧布，總股額共爲一千萬盧布。創辦人得一舉購買全部股票，並投資一千萬於本企業之中。設平均利潤爲百分之十，此時一千萬資本能『値』一千一百萬，而每張股票能賣得一百一十盧布，而不只一百盧布。如果情勢穩定，則創辦人能以按照增高的價格在交易所中發賣自己的股票，這樣就多獲得一百萬盧布，這就是創業利潤。如果情形惡化，購買這些股票的人，却便要大吃其虧了。

取得創業利潤的方法，百般繁雜。往往企業之創設，純粹是由於創業人希圖取得創業的利潤。

❷「俄國頓河流域鑛業燃料商務公司」簡稱爲「煤業商務」。本公司成立於一九〇六年。加入此公司的有十八個最大的煤礦企業，而這十八個企業，差不多完全與法國資本有密切聯繫。該十八個企業百分之九十的基本資本，皆爲法國營業人所佔有。大戰未開始以前，「煤業商務」在本地提高煤炭價格至百分之六十七，而在莫斯科市場內則將煤價提高到百分之一百六十二。爲提高

煤炭價格起見，該「煤業商務」曾　產額以引起煤荒。在帝國主義大戰時期內，「煤業商務」已改組爲受國家指揮的機關。

①②「俄國五金工廠製造品商務公司」簡稱爲「五金商務」。一九〇一年曾舉行南俄鑛務工業家第二十六次代表大會，討論恐慌底原因及消滅恐慌的辦法，該大會即議定組織此公司，同年十月，本公司開始成立。工程師雅蘇考維甚曾向大會提出南俄五金工廠聯合代表團計劃。雅蘇考維甚底計劃，沒有全部實現，結果，祇把幾個製鐵工業部門聯合起來，並沒有使一切生產新迪卡化。實際上，「五金商務」只包含五種新迪卡：（一）鐵板，（二）鐵軌與鐵枕，（三）鐵車梁和車軸，（四）鐵管和（五）各色鐵條。

加入「五金商務」的，都是南俄最大的五金企業，每企業所有的基本資本由六百萬以至四千一百萬不等。在這些企業中，外國資本（主要的是法國資本）佔有領導的作用，他們經過彼得堡各最大銀行，指揮牠們的活動。

這個新迪卡曾採用縮減供給的方法，以提高國內市場上該新迪卡商品在國內市場上的價格（高過國外市場上的價格百分之二十至三十以上），以致釀成一九一一年的塊鐵的鐵荒。

一九〇八年該新迪卡曾企圖改組爲五金託拉斯。在形式上，此託拉斯未爲政府所批准，而實際

上，該託拉斯却很巧妙地『工作過』用有系統的提高價格的方法掠奪消費者，

(十三) 資本底攙水就是實有資本底額外誇大（例如把五百萬的資本浮報爲五千萬）並據誇大額而發賣股票。這種欺詐行動能使企業家欺騙人收集巨量的金錢。在一定時間以內（即在初次破產以前）他們償付自己股票購買人以通常的利息。在企業破產以後，企業經理人攫取騙來的資本，而廣大的股票購買人羣衆則陷於破產。

(十四) 巴拿馬運河，聯貫大西洋和太平洋。巴拿馬爲北美洲和南美洲之間的地峽。此運河首先由法國李塞勃士公司於一八八二年着手開辦，該公司於一八八八年破產，直到美國接手建築以後，才於一九一三年完成。法國李塞勃士公司破產以後，發覺該公司之破產中還聯帶着極大規模的舞弊、賄賂欺騙和其他狡騙的行動，除李塞勃士公司底領導人以外，參加此項活動的還有許多著名的法國政治家（克里曼梭、陸別等人）。自此以後，凡遇有大規模的狡騙的行動，即稱爲『巴拿馬』。

(十五) 巴格達爲阿拉伯底格里河岸的一個城市。德國計劃建築著名的『三B』鐵路即由柏林經過君士坦丁（亦名 Bizantium）達於巴格達的鐵路（柏林、君士坦丁和巴格達三地歐文名稱底首「字母均爲B。故稱爲『三B』鐵路，或『三B』政策——譯者。）這條鐵路的目的是在於鞏固德國在小亞細亞和阿拉伯半島上的統治地位，並援助德國向印度和埃及伸張自己的經濟勢力。

牠當然是英國在印度和埃及統治地位的一個威嚇。一九一四到一九一八年的帝國主義大戰，打破了德國這一個計劃。爲抵抗德國這條鐵路起見，曾實現別兩個偉大的鐵路計劃：（一）爲英國的『三C』計劃，即由南非洲的開普敦經過開羅（埃及）而達印度加爾各答的鐵路；和（二）俄國的『兩P』計劃，即由彼得堡達於波斯灣的鐵路。

〔十六〕俄法商約，是在一九〇五年九月二十九（舊歷十六）訂立的。當時俄國第一次革命正在洶湧高漲，沙皇政府不能不向法國要求大批的債款以鞏固自己的地位並鎮壓革命的運動。祇是利用一九〇五年的俄國革命，法國才得在此項商約訂立中『勒索』沙皇政府。此條約規定法國商品能廣泛地輸入俄國。此條約中規定允許法國輸入俄國的商品類數，比較所規定俄國商品能輸入法國的類數，差不多多過三倍。俄國輸入法國的，純是原料（五穀、皮革、木材、煤油）而法國輸入俄國的則爲製造品（食品、化裝品和汽車等等）。法國商品所須繳納的關稅，也比俄國商品所須繳納的關稅低些。雖然該條約也曾規定關稅率得商議修改，可是實際的情勢，卻讓法國利用此種便宜，一直達於一九一七年革命時爲止。

〔十七〕一九一一年九月一日（舊歷八月十九）的日法商約之訂立，法國佔有明顯的便宜。因爲：（一）法國人在日本一切殖民地上，都能享受減稅的待遇，而日本人只能在法屬一個殖民地（阿爾吉）上，享受這樣的待遇，而這一個殖民地差不多又是完全不購買日本輸入的生絲的；（二）據該項條約之規定法國輸入日本的許多商品（如沙汀魚、酒類、肥皂、各種化裝品、汽車、機器等等。）能享受減稅的待遇，而日本輸入法國的商品，只有生絲一項，才能享受這種待遇。

（七）關稅戰爭就是兩國或幾國之間的劇烈的經濟鬥爭。鬥爭之法，就是由甲國提高乙國輸入商品底關稅。而乙國，轉過來又提高甲國輸入商品底關稅。而這種答覆，又要使甲國再度提高自己的關稅。關稅鬥爭結果，便是雙方的閉關。關稅鬥爭，就是資本主義國家間發生戰爭的先聲。

一九〇六年上半年，奧地利與塞爾維亞間的關稅鬥爭開始。這個鬥爭的表面原因，爲塞爾維亞與保加利亞訂立了有害於奧地利的協定，奧地利乃起而抗議，並對塞爾維亞閉關，這種舉動，對塞爾維亞在奧地利出賣牲畜的商業資產階級和地主給了一個慘痛的打擊。

一九〇六年下半年，此種鬥爭，又重新發作。奧地利要給自己的軍事工業，開闢市場。塞爾維亞向在法國購買軍器並須對法國担任許多的義務。法國資產階級要求保持軍用供給市場之壟斷，而塞爾維亞的政府，不能不屈受法國的要求，那怕同奧地利絕斷對外貿易，對於塞爾維亞有明顯的損失。奧地利政府底代表公開地申稱甚至於在報紙上公開登載，只有在塞爾維亞購買奧地利軍器的時候，奧地利纔能給塞爾維亞底牲畜開放出售的市場。

(十九)『古羅馬帝國主義』曾厲行掠奪侵佔的政策，牠曾利用武裝的力量將歐亞非許多國家，收歸自己的統治。可是絕對不能將『古羅馬帝國主義』與現代帝國主義混淆，正和不能將資本主義前的高利貸資本與帝國主義時代的高利貸資本銀行資本相混淆一樣。『古羅馬帝國主義』與現代帝國主義之差別，在於生產基礎之不同。前者是小農生產手工業生產與商業資本，而後者則是偉大的機器生產和壟斷的資本。這個事實，同時也就是說明把現代帝國主義只了解為『某種政策』而不了解為資本主義經濟整個系統的觀點是如何的不正確。這一種觀點，使得我們無從了解『古羅馬帝國主義』與現代帝國主義之間的差別。

(二十)列寧所以說巴格達對於英國那樣重要，是因為該地在當時是英帝國主義用以反對德國侵略小亞細亞、波斯半島，印度和埃及的計劃的要塞，特別是反對德國『三B鐵路』的鬥爭中的要塞（參看註釋第十五項。）

(二十一)恩格斯在這篇敘言中，除旁的談論以外，他還寫道：『在英國工業底壟斷地位繼續保持時，英國工人階級曾經是從這個壟斷中分得相當利益的。此種利益，在工人階級間的分配，極不平均，少數工人貴族，吞去大部份，而留給廣大的工人羣衆的，却只是很少的殘餘……一俟壟斷地位發生崩潰，英國工人階級底這種特權地位便要跟着消滅的……』（恩格斯：英國工人階級底狀況。）

●● 恩格斯在馬克思資本論第三卷第一部序文裏曾經申斥過一段（完全與列寧此處所援引的話一樣。）

●● 義和團暴動——是一九〇〇年春天中國北部農民反外國帝國主義者的農民暴動。此暴動得到中國資產階級的擁護，當時中國資產階級利用農民暴動，打擊當時中國的專制政府。暴動以前，有幾個荒年，這個暴動就在這個饑荒的基礎上，得到廣大農民群衆參加。領導這個暴動的爲「義和團」（即是爭正義與和平的拳術團體）因此這次暴動名爲「義和團」之役。世界資產階級取統一戰線來打擊暴動群衆，以英俄西歐各國及日本的聯軍張殘殺暴動群衆。打平暴動以後，『列強』向中國提出侵略的要求，擴大各最大城市中（北京、天津、上海等地）的外國租界，外僑有武裝自衛的權利，無數萬的軍事賠款，此項賠款，直到現在，還是中國的債務。蘇俄在此項賠款中所分額，蘇聯政府早已宣佈放棄。

●● 愛爾薩斯、羅倫是一八七〇到一八七一年普法戰爭以前法國所有的兩個省份，戰爭結果，此兩省被德意志吞併，而帝國主義大戰結果，還兩個省份仍然歸還法國。列寧說愛爾薩斯、羅倫問題，是『重要而險惡的問題』，因此兩省是德法帝國主義者戰爭的一個目標，而擁護『自己』資產階級的德國社會民主黨逐漸不提起一八七一年時被奪去的愛爾薩斯、羅倫的事實。

●●菲律賓羣島之佔領，是美國用武力完成的根據一八九八年西美戰爭戰爭後巴黎和約（參看本書註釋第七條）之規定，菲律賓羣島應由西班牙轉屬美國。美國在菲律賓羣島上之戰勝西班牙，主要的是因爲有菲人革命家阿奎納多領導下三萬菲人軍隊底幫助，美國曾以欺騙的方法將阿氏吸收到自己方面來。反西戰爭結束，西班牙人退出菲律賓，阿奎納多反對美政府自行管理菲律賓的消息，而宣佈菲律賓羣島爲獨立共和國。美國調遣十四萬軍隊到菲律賓。菲人底鬥爭，延長將及兩年，終於爲美國壓服，阿奎納多被美軍生擒。接着就是對於菲人革命家的蹂躪（屠殺與長期監禁。）即據美人底計算，菲人在爭自己獨立的鬥爭中，也犧牲了六十萬人。當時，美國大總統瑪克、亨利，深信這項犧牲完全是上帝底意旨。他說：『菲律賓人，和古巴、波爾多利各（參看本書註釋第七條）一樣，這是上帝旨意委託我們的。我們的國家可以不完成這個責任嗎？瑪克·亨利認爲美國對這種『上帝旨意』所担負的『責任』便是『菲律賓羣島永遠是我們的。直接隨着菲律賓的，還有中國那一片無限廣大的市場。我們現不能放棄前者，也不能放棄後者。』

●●高麗是東亞的國家，處在高麗半島之上，在中國和日本中間，曾爲爭奪高麗的問題進行長期的苦戰。十九世紀九十年代，又引起日俄爲爭奪高麗的鬥爭。一九〇四至一九〇五年日俄戰爭結束時，高麗遂被日本所佔領。日本把高麗一切的財政郵電與對外的交通，都抓入自己的掌握，並向高國取得「保護人」的尊號。（藉保護之名行吞併之實。）

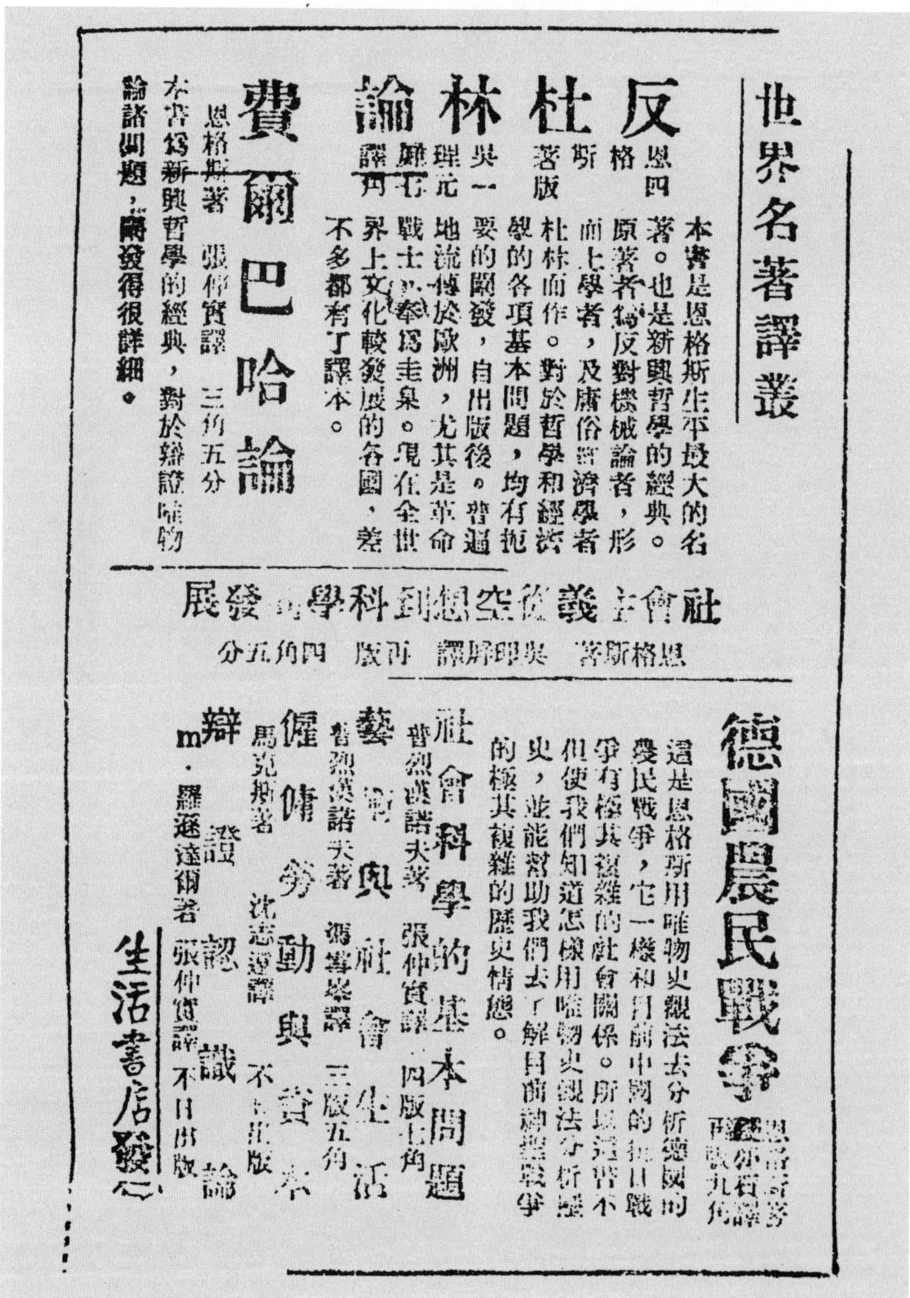

世界名著譯叢

反杜林論

恩格斯著 四版 吳理屏譯 一元五角

本書是恩格斯生平最大的名著。也是新興哲學的經典。原著者為反對機械論者，形而上學者，及庸俗經濟學者杜林而作。對於哲學和經濟學的各項基本問題，均有扼要的闡發，自出版後。普遍地流傳於歐洲，尤其是革命戰士所奉為圭臬。現在全世界上文化較發展的各國，差不多都有了譯本。

費爾巴哈論

恩格斯著 張仲實譯 三角五分

本書為新興哲學的經典，對於辯證唯物論諸問題，闡發得很詳細。

社會主義從空想到科學的發展

恩格斯著 吳理屏譯 再版 四角五分

德國農民戰爭

恩格斯著 錢亦石譯 再版 九角

這是恩格斯用唯物史觀法去分析德國的農民戰爭，它一樣和目前中國的抗日戰爭有極其複雜的社會關係。所以這書不但使我們知道怎樣用唯物史觀法分析歷史，並能幫助我們去了解目前神聖戰爭的極其複雜的歷史情態。

社會科學的基本問題

普烈漢諾夫著 張仲實譯 四版七角

藝術與社會生活

普烈漢諾夫著 [illegible]譯 三版五角

僱傭勞動與資本

馬克斯著 沈志遠譯 不日出版

辯證認識論

m·羅遜達爾著 張仲實譯 不日出版

生活書店發行

后记

“马克思主义经典文献传播通考”丛书经过三年多的立项、写作、编辑，终于呈现在广大读者面前。

“十月革命一声炮响，给我们送来了马克思列宁主义。”从此，以李大钊为代表的中国先进分子选择了这一思想并积极推动马克思主义政党的建立。中国共产党成立后，坚定地把马克思主义作为指导思想和理论基础，推动着中国革命、建设和改革事业不断胜利，推动着中华民族复兴伟业不断前行。2018年是马克思诞辰200周年，2020年是《共产党宣言》第一个完整中译本出版100周年，2021年是中国共产党成立100周年。在这样的背景下，我们推出了“马克思主义经典文献传播通考”，就是要探寻马克思主义经典文献是如何传入中国的；在传播过程中，无数前辈付出了怎样的努力和牺牲；这些经典思想又怎样与中国实际相结合、与中国文化相融合，从而成为指导中国革命和建设的强大思想力量。

辽宁出版集团和辽宁人民出版社秉承出版理想，担当出版使命，以强烈的主题出版意识，承担了这一重大出版工程的编辑出版工作；积极组建工作团队，配备优秀编辑力量，为此项出版工程的顺利推进提供了多维度保障。

在出版项目实施过程中，杨金海、李惠斌、艾四林三位主编以高度的责任意识、严谨的治学态度、扎实的学术功底和深厚的专业素养，为丛书的研究方向、学术内容、逻辑结构、作者选择、书稿质量把关等贡献了大量的智慧，是这套丛书得以顺利出版的根本保证。王宪明、李成旺、姜海波三位副主编全力配合丛书主编工作，为丛书的编写付出了大量心血。特别是常务副主编姜海波全身心投入丛书的编写工作，从丛书所附影印底本资料的搜集，到书稿编写的整体协调和联络，都精心负责，其认真的工作精神和勤奋的工作态度，令我们感动。原中央编译局的领导和研究人员为本丛书的出版作出了积极贡献。原副局长张卫峰在选题立项、主编人选的推荐和丛书的设计上给予热心指导；中央编译出版社原社长和龑先生和我们一起全力推动丛书的出版，贡献了智慧和力量。清华大学马克思主义学院作为项目的主持方，为项目的平台建设和未来学术发展提供了强有力的支持。每本书的作者都殚精竭虑、勤奋写作，奉献了自己的学术和研究成果，成就了如此大规模丛书的出版。我国理论界和翻译界的著名专家陈先达教授、赵家祥教授、宋书声译审等对丛书的出版给予鼎力支持，为丛书的出版立项积极推荐，给我们以巨大鼓舞。我们出版行业的老领导柳斌杰对丛书的出版给予大力支持，提出许多宝贵建议，提升了其出版价值。辽宁出版集团专家委员会的许多成员对该丛书的出版给予了智力和业务上的支持帮助。作为丛书的出版方，我们向他们表示深深的谢意！

一项浩大出版工程的背后，必定有一批人的智慧付出和竭诚奉献。今天，当出版成果摆在读者面前之时，我们由衷地向每一位对本丛书问世作出贡献的人致以崇高的敬意和诚挚的谢意。由于我们水平有限，在编辑出版过程中难免出现疏漏，还望广大读者批评指正。

编　者

2019年7月